333 Keywords Arbeitsrecht

Springer Fachmedien Wiesbaden
(Hrsg.)

333 Keywords Arbeitsrecht

Grundwissen für Fach- und
Führungskräfte

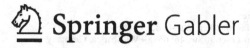

ISBN 978-3-658-08724-1   ISBN 978-3-658-08725-8 (eBook)
https://doi.org/10.1007/978-3-658-08725-8

Die Deutsche Nationalbibliothek verzeichnet diese Publikation in der Deutschen Nationalbibliografie; detaillierte bibliografische Daten sind im Internet über http://dnb.d-nb.de abrufbar.

Springer Gabler
© Springer Fachmedien Wiesbaden GmbH 2018

Lektorat: Claudia Hasenbalg

Gedruckt auf säurefreiem und chlorfrei gebleichtem Papier

Springer Gabler ist Teil von Springer Nature
Die eingetragene Gesellschaft ist Springer Fachmedien Wiesbaden GmbH
Die Anschrift der Gesellschaft ist: Abraham-Lincoln-Str. 46, 65189 Wiesbaden, Germany

Autorenverzeichnis

Prof. Dr. **Thomas Bartscher**, Technische Hochschule Deggendorf, Deggendorf

Themengebiet: Grundlagen und Funktionen der Personalführung, Arbeitswissenschaften

Jan-Hendrik Krumme, Referatsleiter Personalwesen, Organisation, Rechts- und Grundsatzangelegenheiten beim Sekretariat der Kultusministerkonferenz, Bonn

Themengebiet: Verwaltungsrecht

Dipl. Kffr. **Regina Nissen**, IPP-Institut GmbH, Norderstedt

Themengebiet: Grundlagen und Funktionen der Personalführung, Arbeitswissenschaften

Dr. **Joachim Wichert**, Aclanz Rechtsanwälte, Frankfurt

Themengebiet: Arbeitsrecht (Individualarbeitsrecht, Kollektives Arbeitsrecht, Tarifrecht, Betriebsverfassung, Unternehmensmitbestimmung, Gewinnbeteiligung, betriebliche Altersvorsorge, technischer Arbeitsschutz, Arbeitsgerichtsbarkeit)

Abfindung

1. *Abfindung wegen Beendigung des Arbeitsverhältnisses:*

a) *gesetzlich vorgeschrieben nur in folgenden Fällen:*

(1) Der Arbeitnehmer hat Anspruch auf eine Abfindung, wenn der Arbeitgeber in der Kündigungserklärung darauf hinweist, dass die Kündigung auf dringende betriebliche Erfordernisse gestützt wird und der Arbeitnehmer eine Abfindung beanspruchen kann, wenn er die dreiwöchige Frist für die Kündigungsschutzklage verstreichen lässt und dies auch tut (§ 1a KSchG).

(2) Auflösungsurteil im Kündigungsschutzprozess: Der Arbeitgeber wird vom Arbeitsgericht zu einer Abfindung verurteilt, wenn seine Kündigung unwirksam ist, aber das Arbeitsverhältnis auf Antrag des Arbeitgebers oder des Arbeitnehmers vom Gericht aufgelöst wird. Voraussetzung für den Antrag des Arbeitnehmers ist, dass Tatsachen vorliegen, die ihm die dauerhafte Fortsetzung des Arbeitsverhältnisses unzumutbar machen; für den des Arbeitgebers, dass tatsächlich Gründe vorliegen, die eine den Betriebszwecken dienliche weitere Zusammenarbeit nicht erwarten lassen (§§ 9 I 1, 13 I 3 KSchG). Die vorzutragenden Tatsachen werden vom Arbeitsgericht geprüft und bewertet.

(3) Bei Entlassung wegen Betriebsänderung ohne Versuch eines Interessenausgleichs mit dem Betriebsrat (so vorhanden) oder Abweichung von diesem (§ 113 BetrVG).

b) In *Sozialplänen* (§§ 112, 112a BetrVG) zum Ausgleich oder zur Milderung wirtschaftlicher Nachteile, die Arbeitnehmer infolge einer geplanten Betriebsänderung erleiden.

c) Am häufigsten in *Aufhebungsverträgen oder Prozessvergleichen.* Eine gesetzliche Regelung hierfür besteht nicht. Die Abfindung dient hier der Vermeidung oder Beendigung von Kündigungsschutzprozessen.

2. *Höhe der* Abfindung im Fall a):

(1) für jedes Jahr des Bestehens des Arbeitsverhältnisses 0,5 Monatsverdienste. Zeiträume über sechs Monate werden aufgerundet (§ 1a II KSchG).

(2) und (3): Betrag bis zu zwölf Monatsverdiensten (§ 10 I KSchG); bis 15 oder 18 Monatsverdiensten bei Überschreiten bestimmter Alters- und Betriebszugehörigkeitsgrenzen (§ 10 II KSchG).

Im Fall b): Sozialplan.

Im Fall c): Verhandlungssache; die Faustregeln der Gerichte für Vergleichsvorschläge sind unterschiedlich, meist aus § 10 KSchG abgeleitet (z.B. halbes Monatsgehalt pro Beschäftigungsjahr, altersabhängig auch mehr), und berücksichtigen bes. nach längerer Prozessdauer oft auch das Prozessrisiko.

3. Die Abfindung unterliegt nicht dem *Pfändungsschutz* für Arbeitsentgelt (Lohnpfändung).

4. Abfindungen nach 1a) und c) genießen im Insolvenzverfahren kein Vorrecht.

5. Bei Nichteinhaltung der ordentlichen *Kündigungsfrist,* v.a. bei außerordentlicher Kündigung, können in der Abfindung Lohnteile enthalten sein, die nach § 143a SGB III in bestimmten Grenzen zum Ruhen des Arbeitslosengeldes führen.

Abmahnung

Förmlicher Ausdruck der Missbilligung wegen Verletzung arbeitsvertraglicher Pflichten durch den Arbeitgeber, verbunden mit dem Hinweis auf arbeitsrechtliche Konsequenzen, insbesondere Kündigung im Wiederholungsfall.

Die Pflichtverletzung muss ganz konkret bezeichnet sein, anderenfalls ist die Abmahnung unwirksam. Eine Abmahnung kann auch mehrere Pflichtverletzungen zusammenfassen. Ist aber nur eine Pflichtverletzung unzutreffend oder ungenau bezeichnet, ist die Abmahnung insgesamt unwirksam. Daher wird in der Praxis für jeden arbeitsvertraglichen Verstoß eine gesonderte Abmahnung ausgesprochen. Weiterhin muss die Abmahnung eine klare Sanktionsdrohung (arbeitsrechtliche Konsequenzen) für den Wiederholungsfall enthalten, sonst ist die ebenfalls unwirksam. Die Abmahnung bedarf nicht der Schriftform, aus Gründen der Beweissicherung sollte sie aber unbedingt schriftlich erfolgen. Die Abmahnung muss nicht innerhalb einer bestimmten Frist erfolgen. Wartet der Arbeitgeber aber zu lange, kann die Abmahnung verwirkt sein. Vor der Abmahnung muss der Arbeitnehmer nicht angehört werden. Eine Anhörung empfiehlt sich aber, schon um die Stellungnahme des Arbeitnehmers zu kennen und um darauf ggf. reagieren zu können.

Die Abmahnung unterliegt grundsätzlich nicht der *Mitbestimmung des Betriebsrats* (mitbestimmungsfreie Abmahnung); mitbestimmungspflichtig in sozialen Angelegenheiten ist aber eine über die Abmahnung hinausgehende, Disziplincharakter tragende Sanktion. Die Abmahnung hat Warnfunktion. Sie geht i.d.R. einer außerordentlichen oder ordentlichen Kündigung voraus und muss ihr auch vorausgehen, sonst ist die Kündigung unwirksam. Eine vorherige Abmahnung kann ausnahmsweise in Fällen evident unzumutbaren Verhaltens, bes. im Vertrauensbereich, entbehrlich sein (z.B. Unterschlagung, Betrug, vorsätzliche Arbeitsverweigerung).

Abschlussnormen
Normative Bestimmungen im Tarifvertrag über den Abschluss von Arbeitsverträgen, z.B. Formvorschriften, Abschlussgebote als Wiedereinstellungsklauseln nach Arbeitskampf (§ 1 I TVG).

Abwerbung
Ausnutzung des Vertragsbruchs eines Beschäftigten ist für sich kein wettbewerbswidriger Umstand, es müssen unlautere Begleitumstände hinzukommen, d.h. unlautere Mittel eingesetzt oder unlautere Zwecke verfolgt werden (vgl. BGH, 9.2.2006 – I ZR 73/02 – NZA 2006, 500). Das ist etwa der Fall bei Verleiten zum Vertragsbruch, Beschäftigung unter bewusster

Missachtung bestehender Wettbewerbsverbote, Anwerbung unter irreführenden oder herabsetzenden Äußerungen über den bisherigen Arbeitgeber, planmäßiges Ausspannen von Beschäftigten zur Lähmung des Konkurrenzunternehmens oder zur Ausbeutung seiner Fabrikations- und Geschäftsgeheimnisse. Der neue Arbeitsvertrag ist wirksam, es sei denn, der Abgeworbene hat sich an dem Wettbewerbsverstoß in sittenwidriger Weise beteiligt (§ 138 BGB). Rechtsfolge: Es kann, ggf. im Wege der einstweiligen Verfügung, ein befristetes Beschäftigungsverbot ausgesprochen werden, wenn und solange der durch die wettbewerbswidrige Abwerbung erzielte Wettbewerbsvorsprung dadurch beseitigt werden kann (Naturalrestitution, § 249 BGB); andernfalls geht der Schadensersatzanspruch auf Geld. Vereinbaren Unternehmen untereinander ein Abwerbeverbot, so ist dies entsprechend § 75 f HGB gerichtlich nicht durchsetzbar. Anders kann es sein, wenn zwischen den Unternehmen ein besonderes Vertrauensverhältnis besteht oder ein Unternehmen besonders schutzbedürftig ist (vgl. BGH, 30.4.2014 – I ZR 245/12 – NZA 2015, 111).

AGG im Arbeitsrecht

Rechtsgrundlage: Mit dem Allgemeinen Gleichbehandlungsgesetz (AGG) vom 14.8.2006 (BGBl. 1897) m.spät.Änd. sind verschiedene EG-Richtlinien zur Verwirklichung der Gleichbehandlung (2000/43/EG vom 29.6.2000; 2000/78/EG vom 27.11.2000; 2002/73/EG vom 23.9.2002, konsolidierte Neufassung durch RL 2006/54 EG vom 5.7.2006); 2004/113/EG vom 13.12.2004; 2005/36/EG vom 7.9.2005) umgesetzt und frühere einschlägige Vorschriften (z.B. in §§ 611a, 611b, 612 III BGB) abgelöst worden. Nach § 1 AGG ist Ziel des Gesetzes, „Benachteiligungen aus Gründen der Rasse oder wegen der ethnischen Herkunft, des Geschlechts, der Religion oder Weltanschauung, einer Behinderung, des Alters oder der sexuellen Identität zu verhindern oder zu beseitigen". Es geht also nicht um eine allgemeine Gleichbehandlung, wie der Name des Gesetzes suggeriert, sondern um Gleichbehandlung bzw. ein Diskriminierungsverbot im Hinblick auf bestimmte Merkmale. Rechtsfolgen eines Verstoßes gegen das AGG sind insbesondere Ansprüche auf Schadensersatz und ideelle Entschädigung (§ 15 AGG). Dabei gelten zugunsten des Arbeitnehmers besondere Regelung der Darlegungs- und Beweislast (§ 22 AGG). Kann der Arbeitnehmer Indizien darlegen und beweisen, die für eine Diskriminierung wegen der genannten Merkmale sprechen, obliegt dem Arbeitgeber die volle Beweislast dafür, dass keine Benachteiligung stattgefunden hat. Beispiele für Verstöße gegen das AGG sind etwa: Altersvorgaben in Stellenanzeigen; bevorzugte Beförderung von Männern oder Frauen; Staffelung von Urlaub nach Alter der Arbeitnehmer.

Allgemeine Geschäftsbedingungen im Arbeitsrecht

1. *Geltung für Arbeitsverträge*: Seit der Schuldrechtsreform im Jahre 2002 gilt das Recht der allgemeinen Geschäftsbedingungen auch für Arbeitsverhältnisse. Demnach unterliegen vorformulierte Arbeitsverträge einer AGB-Kontrolle anhand der §§ 305 bis 310 BGB. Dabei sind allerdings die Besonderheiten des Arbeitsrechts ausreichend zu berücksichtigen (§ 310 IV 2 BGB). Was genau mit dieser Einschränkung gemeint ist, ist nach wie vor umstritten.

2. *Keine Geltung für Tarifverträge und Betriebsvereinbarungen*: Die §§ 305 bis 310 BGB sind nicht auf Tarifverträge und Betriebsvereinbarungen anwendbar (§ 310 IV 1 BGB). Nimmt der Arbeitsvertrag allerdings auf einzelne Regelungen eines Tarifvertrags Bezug, kann das eine AGB-Kontrolle dieser einzelvertraglichen Regelungen rechtfertigen.

3. *Praktische Bedeutung*: Die praktische Bedeutung der AGB-Kontrolle ist erheblich. Seit 2002 haben die Arbeitsgerichte eine Vielzahl von arbeitsvertraglichen Klauseln anhand des AGB-Rechts überprüft. Zwei Prüfungskriterien stechen hervor: Ist eine arbeitsvertragliche Klausel ausreichend klar und transparent formuliert? Stellt eine arbeitsvertragliche Klausel eine unangemessene Benachteiligung des Arbeitnehmers dar?

4. *Einzelne Klauseln*: Bislang wurden etwa folgende arbeitsvertragliche Klauseln unter AGB-Gesichtspunkten beurteilt:

a) *Anrechnungsvorbehalte* übertariflicher Vergütung: Wird von der Rechtsprechung weitgehend für zulässig gehalten.

b) *Arbeitszeit:* Unbestimmte Regelungen über Arbeitszeit oder einseitige Möglichkeiten des Arbeitgebers, die Arbeitszeit zu reduzieren oder zu verlängern, sind nur unter engen Voraussetzungen zulässig.

c) *Ausgleichsquittungen:* Sind unzulässig, wenn sie einen Klageverzicht ohne Gegenleistung enthalten.

d) *Ausschlussfristen:* Müssen klar formuliert sein und dürfen keine Fristen unter 3 Monaten enthalten.

e) *Entzug von Dienstwagennutzung:* Nur unter engen Voraussetzungen zulässig.

f) *Freistellung des Arbeitnehmers:* Wegen des Beschäftigungsanspruchs des Arbeitnehmers nur unter engen Voraussetzungen zulässig.

g) *Freiwilligkeitsvorbehalte:* Müssen klar formuliert sein, dürfen v.a. nicht kombiniert werden mit Widerrufsvorbehalten.

h) *Mehrarbeits- oder Überstundenvergütung:* Ausschluss oder Abgeltung mit Gehalt nur unter engen Voraussetzungen zulässig.

i) *Versetzungsklauseln:* Einseitige Möglichkeiten, den Arbeitnehmer örtlich zu versetzen oder ihm inhaltlich andere Tätigkeiten zuzuweisen, müssen klar formuliert sein und dürfen den Arbeitnehmer nicht unangemessen benachteiligen.

j) *Widerrufsvorbehalte:* Dürfen nicht mit Freiwilligkeitsvorbehalt kombiniert werden. Die Widerrufsgründe müssen genannt werden. Der widerrufliche Teil finanzieller Leistungen darf nicht mehr als 25 bis 30 Prozent der Gesamtvergütung betragen.

Altersteilzeitgesetz (ATG)

1. *Allgemein:* Das Altersteilzeitgesetz (AltTZG) i.d.F.vom 28.3.2009 (BGBl. I 634) soll Arbeitnehmern ab Vollendung des 55. Lebensjahres einen gleitenden Übergang in die Altersrente ermöglichen.

2. *Regelungsinhalt:* Das Altersteilzeitgesetz gewährt Arbeitgebern Leistungen durch die Bundesagentur für Arbeit für Arbeitnehmer, die das 55. Lebensjahr vollendet und nach dem 14.2.1996 ihre Arbeitszeit um

die Hälfte ihrer bisherigen wöchentlichen Arbeitszeit vermindert haben (damit einen Arbeitsplatz teilweise frei machen), wenn der Arbeitgeber auf dem aus Anlass der Altersteilzeit frei gewordenen Arbeitsplatz einen arbeitslos gemeldeten Arbeitnehmer versicherungspflichtig beschäftigt.

3. *Voraussetzung der Förderung:* Gefördert werden Altersteilzeitverhältnisse mit Arbeitnehmern, die bis (und einschließlich) 1954 geboren sind; das Altersteilzeitverhältnis muss spätestens am 31.12.2009 beginnen. Ansonsten ist Voraussetzung für Förderungsleistungen der Bundesagentur für Arbeit zum einen die Wiederbesetzung des frei gewordenen Arbeitsplatzes und die soziale Absicherung des in Teilzeit arbeitenden Arbeitnehmers; zum anderen, dass der Arbeitgeber aufgrund eines Tarifvertrages, einer Betriebsvereinbarung oder eines Einzelvertrages folgende Leistungen erbringt:

a) Aufstockung des Arbeitsentgelts von mind. 20 Prozent des für die Altersteilzeitarbeit gezahlten Bruttoarbeitsentgelts, jedenfalls aber so viel, dass der Arbeitnehmer dadurch mind. 70 Prozent des pauschalierten Nettoarbeitsentgelts erhält, das er erhalten würde, wenn er seine Arbeitszeit nicht vermindert hätte.

b) Entrichtung von zusätzlichen Beiträgen zur gesetzlichen Rentenversicherung mind. in Höhe des Betrages der auf den Unterschiedsbetrag zwischen 90 Prozent des Vollarbeitsentgelts und dem Arbeitsentgelt für Altersteilzeit entfällt. Die Bundesagentur für Arbeit erstattet dann dem Arbeitgeber den Aufstockungsbetrag und die zusätzlichen Aufwendungen für die Beiträge zur Rentenversicherung für längstens fünf Jahre.

4. *Vorzeitiger Rentenbezug:* Nach Altersteilzeit kann vorzeitig Rente beansprucht werden. Die Altersgrenze liegt inzwischen bei 63 Jahren.

5. *Anspruch auf Altersteilzeit:* Der Arbeitnehmer hat gegen den Arbeitgeber keinen gesetzlichen Anspruch auf Altersteilzeit. Allerdings kann sich ein Anspruch aus Tarifvertrag oder aus einer Betriebsvereinbarung ergeben.

Änderungskündigung

Kündigung eines Arbeitsvertrags, verbunden mit dem Angebot auf Abschluss eines neuen Vertrags. I.d.R. ist die neue Regelung für den Gekündigten ungünstiger als die alte.

Angelernter Arbeiter

Im Unterschied zum Facharbeiter erwirbt diese Arbeitnehmergruppe in einer kurzen Ausbildungszeit (mind. 3 Monate bis unter 2 Jahren) eingeschränkte Spezialkenntnisse und -fertigkeiten. Der angelernte Arbeiter erwirbt keine abgeschlossene Ausbildung in einem Ausbildungsberuf, allerdings besteht die Möglichkeit, die erworbene Qualifikation auf einen Ausbildungsberuf anrechnen zu lassen. Tarifrechtlich üben angelernte Arbeiter im Gegensatz zum ungelernten Arbeiter eine anerkannte und eingruppierte Tätigkeit aus, die eine Sonderausbildung verlangt.

Angestellter

Ein Angestellter ist ein Arbeitnehmer, der sich vom Begriff des Arbeiters in gewissen Punkten unterscheidet. Begriffsbestimmung nach eindeutigen Kriterien nicht möglich, wird aber durch das Arbeitsrecht und Sozialversicherungsrecht, so weit möglich, festgelegt, kann sich aber je nach Anwendungsbereich unterscheiden. Im Unterschied zum Arbeiter ist der Angestellte nach herkömmlicher Anschauung ein Arbeitnehmer, der überwiegend geistige Aufgaben (kaufmännischer, höherer technischer, büromäßiger oder überwiegend leitender Tätigkeit) zu erfüllen hat; in zahlreichen Berufen und Tätigkeiten ist diese Zurechnung zweifelhaft. Maßgeblich ist die Verkehrsanschauung, die durch die Praxis des Sozialversicherungsrechts beeinflusst ist. § 133 II SGB VI a.F. führte einen nicht abschließenden Katalog von acht Arbeitnehmergruppen auf, die zu den Angestellten gehören. Danach sind Angestellte v.a. leitende(r) Angestellte(r), Betriebsbeamte, Werkmeister und andere Angestellte in einer ähnlich gehobenen oder höheren Stellung (AT-Angestellte(r)); Büroangestellte, die nicht ausschließlich mit Botengängen, Reinigung, Aufräumung und ähnlichen Arbeiten beschäftigt werden, einschließlich

Werkstattschreiber; Handlungsgehilfen (§ 59 HGB) und andere Angestellte für kaufmännische Dienste; Gehilfen in Apotheken; Bühnenmit-
glieder und Musiker ohne Rücksicht auf den Kunstwert ihrer Leistungen; Angestellte in Berufen der Erziehung, des Unterrichts, der Fürsorge,
der Kranken- und Wohlfahrtspflege. Diese Einteilung hat nur noch wenig
Bedeutung.

Im modernen Arbeitsrecht herrschen *einheitliche Vorschriften* für beide
Gruppen vor; dies auch deshalb, weil eine Differenzierung zwischen Arbeitern und Angestellten regelmäßig gegen den Gleichbehandlungsgrundatz
verstößt.

Anhörung des Betriebsrats

1. *Anhörungspflicht:* Der Betriebsrat ist nach § 102 BetrVG vor jeder Kündigung (ordentliche, außerordentliche oder Änderungskündigung) anzuhö-
ren. An die Stelle des Betriebsrats kann ein Betriebsausschuss (§§ 27, 28
BetrVG) treten. Eine Kündigung ohne vorherige Anhörung des Betriebsrats ist unwirksam.

2. *Verfahren und Form:* Eine Anhörung des Betriebsrats ist *ordnungsgemäß*, wenn sie vor Ausspruch der Kündigung erfolgt und der Arbeitgeber mind. die betroffene Person, die Art der Kündigung, Kündigungster-
min und -gründe angibt. Gründe, die dem Betriebsrat nicht genannt wurden, können in einem Kündigungsschutzprozess nicht verwertet werden.
Die Anhörung bedarf nicht der Schriftform, aus Beweisgründen erfolgt sie
aber regelmäßig in Schriftform. Grundsätzlich ersetzt die Anhörung des
Betriebsrats zu einer außerordentlichen Kündigung nicht die Anhörung
des Betriebsrats zu einer (hilfsweisen) ordentlichen Kündigung. Die Regelung gilt nicht für leitende Angestellte; ihre Entlassung ist dem Betriebsrat
nur rechtzeitig mitzuteilen (§ 105 BetrVG).

3. *Reaktion des Betriebsrats:* Der Betriebsrat hat eine *Überlegungsfrist*. Bei
ordentlicher Kündigung eine Woche, bei außerordentlicher Kündigung
drei Tage. Vorher kann eine Kündigung nur wirksam ausgesprochen werden, wenn sich der Betriebsrat abschließend geäußert hat. Der Betriebsrat

kann der Kündigung zustimmen, ihr widersprechen oder keine Stellungnahme abgeben.

4. *Widerspruch des Betriebsrats:* Dieser hindert den Arbeitgeber nicht an der Kündigung. *Vorteile* des Widerspruchs aus den in § 102 III BetrVG genannten Gründen für den Arbeitnehmer bei ordentlicher Kündigung:

a) Evtl. zusätzliche Gründe für die Unwirksamkeit der Kündigung (§ 1 II 2 KSchG) im Rahmen eines Kündigungsschutzprozesses;

b) Beschäftigungsanspruch für die Dauer des laufenden Kündigungsschutzprozesses (§ 102 V BetrVG).

5. *(Außerordentliche) Kündigung eines Betriebsratsmitglieds:* Auch hier muss der Betriebsrat zuvor angehört werden. Allerdings muss er der Kündigung zustimmen; tut er das nicht, so muss der Arbeitgeber zunächst die Zustimmung des Betriebsrats durch das Arbeitsgericht ersetzen lassen, ehe er das betroffene Betriebsratsmitglied kündigen kann (§ 103 BetrVG).

Anwartschaft

Recht auf in der Zukunft fällige einmalige oder wiederkehrende Leistung, die auch vom Eintritt gewisser Ereignisse (biometrisches Risiko: Alter, Tod, Invalidität) abhängen kann. In der gesetzlichen Rentenversicherung (GRV) und in der betrieblichen Altersversorgung (bAV) werden die jeweils erworbenen Rentenansprüche als Anwartschaften bezeichnet.

Arbeit auf Abruf

Vereinbarung zwischen Arbeitgeber und -nehmer, dass der Arbeitnehmer seine Arbeitsleistung entsprechend dem Arbeitsanfall erbringt.

Gesetzliche Regelung: § 12 Teilzeit- und Befristungsgesetz (TzBfG) vom 21.12.2000 (BGBl. I 1966).

Die *Dauer der Arbeitszeit* ist vertraglich zu regeln; sie kann nur in geringem Umfang und bei klarer arbeitsvertraglicher Regelung (Allgemeine Geschäftsbedingungen im Arbeitsrecht) der Weisung des Arbeitgebers (Direktionsrecht) überlassen werden, nämlich im Umfang von 25 Prozent der Gesamtarbeitszeit (BAG, 7.12.2005 – 5 AZR 535/04 -, NZA 2006,

423) (Arbeitszeit). Ist eine bestimmte Dauer der Arbeitszeit nicht festgelegt, gilt eine *wöchentliche Arbeitszeit von zehn Stunden* als vereinbart.

Es kann vereinbart werden, dass die *Lage der Arbeitszeit* am Tag (oder Woche oder Monat) nach Bedarf angesetzt wird, allerdings mit viertägiger Ankündigungsfrist. Ist die tägliche Dauer der Arbeitszeit nicht vereinbart, ist der Arbeitgeber verpflichtet, den Arbeitnehmer jeweils für mind. *drei aufeinander folgende Stunden* zur Arbeitsleistung in Anspruch zu nehmen.

Arbeiter

1. *Begriff:* Arbeitnehmer, der nicht die Merkmale des Begriffs des Angestellten erfüllt. Eine Unterscheidung nach begrifflich eindeutigen Merkmalen ist kaum möglich; die ursprüngliche Unterscheidung nach dem Gesichtspunkt, dass Angestellte geistige, Arbeiter manuelle Arbeit verrichten, ist heute nicht aufrechtzuerhalten (Facharbeitertätigkeit mit hohen geistigen Anforderungen verbunden). Maßgebend für die Einordnung ist die Verkehrsanschauung, Beispiele: Büroarbeit, kaufmännische Tätigkeit (auch einfacher Art) sowie Verkaufstätigkeit im Warenhaus begründen Angestellteneigenschaft; Kellner und Straßenbahnschaffner sind Arbeiter. Bei gemischter Tätigkeit ist entscheidend, welche Tätigkeitsart der Arbeitsleistung das Gepräge gibt.

Auszubildende sind entsprechend der Gruppe des Ausbildungsberufes zuzurechnen. Die Einstufung des Arbeitnehmers als Angestellter oder als Arbeiter richtet sich nach der tatsächlich ausgeübten Tätigkeit.

2. *Einteilung:* Gelernte Arbeiter, angelernte Arbeiter und ungelernte Arbeiter; wichtig für Entlohnung.

3. *Bedeutung:* Die Unterscheidung von Arbeitern und Angestellten hat weitgehend an Bedeutung verloren. Sie spielt noch eine schwindende Rolle in Tarifverträgen und in der Rentenversicherung.

Arbeitgeber

1. *Begriff:* Arbeitgeber ist jeder, der einen Arbeitnehmer beschäftigt. Wer Arbeitgeber ist, bestimmt sich danach, mit wem der Arbeitsvertrag

geschlossen wurde. Arbeitgeber kann auch eine juristische Person sein. Unter bes. arbeitsvertraglichen Verhältnissen, in denen die Arbeit einer anderen Person zu leisten ist als dem Vertragspartner (z.B. Leiharbeitsverhältnis, mittelbares Arbeitsverhältnis), kann eine *Aufspaltung der Arbeitgeberstellung* in Betracht kommen. Beim Konzern kann je nach Vertragsgestaltung die Konzernobergesellschaft oder eine Tochtergesellschaft oder beide Arbeitgeber sein. Bei der (Außen-)Gesellschaft bürgerlichen Rechts (GbR) ist seit der bahnbrechenden Entscheidung des BGH, 29.1.2001 – II ZR 331/01 – die Gesellschaft Arbeitgeber; insofern hat eine Angleichung an die übrigen Personengesellschaften (OHG, KG) stattgefunden, bei denen ebenfalls die Gesellschaft als Arbeitgeber auftritt.

Der Begriff Arbeitgeber ist arbeitsrechtlicher Natur und zu unterscheiden vom Begriff des Unternehmers, der wirtschaftliche und wirtschaftsrechtliche Bedeutung hat.

2. *Pflichten des Arbeitgebers:*

a) *Hauptpflicht:* Zahlung von Arbeitsentgelt (§ 611 BGB). Eine Vergütung gilt als stillschweigend vereinbart, wenn die Dienstleistung den Umständen nach nur gegen eine Vergütung zu erwarten ist (§ 612 BGB).

b) *Nebenpflichten:* Wahrung schutzwürdiger Interessen des Arbeitnehmers, die Fürsorgepflicht des Arbeitgebers; Gleichbehandlung der Arbeitnehmer.

Arbeitgeberverbände

Freiwillige Zusammenschlüsse von Arbeitgebern zwecks Wahrnehmung gemeinsamer Interessen in arbeitsrechtlicher und sozialpolitischer Hinsicht. Tarifverhandlungen stellen dabei die größte und häufigste Tätigkeit dar. Art. 9 GG garantiert das Recht, zur Wahrnehmung und Förderung der Arbeits- und Wirtschaftsbedingungen Vereinigungen zu bilden. Arbeitgeberverbände können gemäß § 2 TVG – Tarifvertragsgesetz (TVG) – wie Gewerkschaften Tarifvertragspartei sein, wenn der Arbeitgeberverband eine Vereinigung kollektiver Arbeitgeberinteressen ist.

Arbeitgeberverbände sind i.d.R. privatrechtliche Vereine. Arbeitgeberverbände sind fachlich und regional organisiert. Zwei Mitgliedsformen (klassisch tarifbindende Mitgliedschaft oder OT-Mitgliedschaft) haben sich im Laufe der Zeit herauskristallisiert.

In Deutschland ist die Bundesvereinigung der Deutschen Arbeitgeberverbände e.V. (BDA) die Dachorganisation der deutschen Wirtschaft.

Arbeitgeberzuschuss

Arbeitgeberzuschuss wird gewährt bei der freiwilligen oder privaten Krankenversicherung von Beschäftigten, der privaten Lebensversicherung, der privaten Zusatzversicherung, dem Kurzarbeitergeld, dem Krankengeld, dem Mutterschaftsgeld, zu Darlehnszinsen, zur Pflegeversicherung und zur Rentenversicherung.

Arbeitnehmer

I. *Begriff:*

1. *Arbeitnehmer ist,* wer aufgrund eines privatrechtlichen Vertrages (Arbeitsvertrag) unselbstständige, fremdbestimmte Dienstleistungen zu erbringen hat. Bedeutsam ist die Arbeitnehmereigenschaft u.a. dafür, ob Arbeitsrecht mit seinem spezifischen Kündigungsschutz anzuwenden ist.

2. *Abgrenzungsmerkmale:*

a) Durch die *persönliche Abhängigkeit* unterscheidet sich der Arbeitnehmer von sonstigen aufgrund eines Dienstvertrages (§§ 611 ff. BGB) zur Erbringung von Diensten verpflichteten Personen (z.B. Rechtsanwälte, Architekten, Ärzte); Dauer und Art der erbrachten Dienste ist nicht entscheidend.

b) *Fremdbestimmte Arbeit* (arbeitsorganisatorische Abhängigkeit): Indizien für abhängige und unselbstständige Arbeit sind die Übernahme fremdbestimmter Arbeitsleistung (vgl. § 84 I 2 HGB) und die Einbezogenheit in einen fremden Organisations- und Produktionsbereich. Kriterien sind persönliche und fachliche Weisungsgebundenheit und ausgeübte Arbeitskontrolle. Die Abgrenzung von selbstständiger Arbeit ist vielfach schwierig (Scheinselbstständigkeit).

c) *Formale Abgrenzungsindizien* wie die Abführung von Lohnsteuern und Sozialversicherungsbeiträgen sind für die Abgrenzung von untergeordneter Bedeutung.

3. *Keine Arbeitnehmer sind:* Beamte und Richter; Ehegatten und Kinder, soweit sie aufgrund familienrechtlicher Grundlage Arbeit leisten; Vorstandsmitglieder juristischer Personen; Gesellschafter, die für die Gesellschaft tätig werden; Strafgefangene (Arbeitsleistung im Rahmen eines öffentlich-rechtlichen Gewaltverhältnisses); Ordensleute, deren Beschäftigung durch Gründe karitativer oder religiöser Art bestimmt ist; bei Diakonissen strittig.

II. *Arbeitnehmergruppen:*

Angestellte und Arbeiter, leitende Angestellte, Auszubildende.

Nach *beruflicher Gliederung:* gewerbliche Arbeitnehmer, kaufmännische Angestellte (Handlungsgehilfe), Bergarbeiter und Angestellte des Bergbaus, Schiffsbesatzungen, Arbeitnehmer des öffentlichen Dienstes, sonstige Arbeitnehmer.

Für diejenigen Arbeitnehmer, die keiner Sonderregelung unterliegen, gilt i.Allg. das Dienstvertragsrecht der §§ 611 ff. BGB.

III. *Pflichten:*

1. *Arbeitspflicht:* Der Arbeitnehmer ist zur Leistung der „versprochenen Dienste" verpflichtet (§ 611 I BGB). Die Leistung der versprochenen Arbeit hat der Arbeitnehmer persönlich zu erbringen (§ 613 BGB). Der Arbeitnehmer kann dem Arbeitgeber keinen Ersatzmann aufdrängen.

2. *Nebenpflichten:* Treuepflicht des Arbeitnehmers.

Arbeitnehmerähnliche Personen

1. *Begriff:* Personen, die – ohne Arbeitnehmer zu sein – in wirtschaftlich abhängiger Stellung für andere Arbeit leisten und wegen ihrer wirtschaftlichen Abhängigkeit sozialen Schutz verdienen. Arbeitnehmerähnliche

Personen im Sinn des ArbGG sind z.B. die in Heimarbeit Beschäftigten (Heimarbeit) und die ihnen Gleichgestellten gemäß § 1 des HAG (Hausgewerbetreibende) sowie selbstständige Handelsvertreter, die Einfirmenvertreter (§ 92a HGB) sind und während der letzten sechs Monate durchschnittlich nicht mehr als 1.000 Euro monatlich bezogen haben (§ 5 III ArbGG); ggf. auch freie Mitarbeiter z.B. des Rundfunks und Fernsehens.

2. *Rechtliche Stellung:* Die arbeitnehmerähnlichen Personen unterstehen nach § 5 ArbGG der Arbeitsgerichtsbarkeit. Das materielle Arbeitsrecht gilt für sie aber grundsätzlich nicht, soweit nicht einzelne arbeitsrechtliche Gesetze etwas anderes bestimmen (z.B. §§ 2, 12 BUrlG; für die tarifliche Regelung von Arbeitsbedingungen vgl. § 12a TVG).

Arbeitnehmererfindung

Erfindungen und technische Verbesserungsvorschläge von Arbeitnehmern sowie Beamten und Soldaten. Patent- und Gebrauchsmustergesetz gehen vom Erfindergrundsatz aus, demzufolge das Recht an der Erfindung mit deren Fertigstellung in der Person des Erfinders entsteht (§ 6 PatG, § 13 III GebrMG). Trifft er keine Verfügung über sein Recht, ist er zur Anmeldung berechtigt. Eine Ausnahme davon macht das Gesetz über Arbeitnehmererfindungen (ANEG) vom 25.7.1957 (BGBl. I 756) m.spät. Änd. Es trägt dem Umstand Rechnung, dass sich die Entwicklungstätigkeit mit fortschreitender Industrialisierung zunehmend in die Betriebe verlagert hat.

Arbeitnehmerüberlassung

1. *Begriff:* Überlassung von Arbeitnehmern durch ihren Arbeitgeber (Verleiher) zur Arbeitsleistung an Dritte (Entleiher). Die Arbeitnehmerüberlassung ist im Gegensatz zu allen anderen ein dreiseitiges Beschäftigungs- bzw. Arbeitsverhältnis zwischen Arbeitnehmer, Verleih- und Entleihfirma. Sie ist für letztere ein Instrument zur externen Flexibilisierung des Personaleinsatzes.

2. *Entwicklung:* Sie wurde erstmals im Gesetz zur Regelung der Arbeitnehmerüberlassung (AÜG) von 1972 verankert. Der Verleiher unterliegt grundsätzlich der Erlaubnispflicht (§ 1 AÜG).

Wesentliche Änderungen erfuhr das AÜG durch das Erste Gesetz für moderne Dienstleistungen am Arbeitsmarkt vom 23.12.2002 (BGBl. I 4607) (Hartz-Gesetze). Mit Wirkung zum 1.1.2003 wurden mehrere Einschränkungen aufgehoben: das besondere Befristungsverbot (Verbot der wiederholten Befristung eines Leiharbeitsverhältnisses, ohne dass ein sachlicher Grund in der Person des Leiharbeitnehmers vorlag), das Synchronisationsverbot (Verbot der Einstellung eines Arbeitnehmers für nur eine einzelne Überlassung an einen Entleiher), das Wiedereinstellungsverbot (desselben Arbeitnehmers innerhalb von drei Monaten) und die Beschränkung der Überlassungsdauer (auf höchstens zwei Jahre). Diese Deregulierung hat zu einer deutlichen Ausweitung geführt (auf die höchste, jemals erreichte Zahl von ca. einer Mio. Arbeitsverhältnissen im Jahr 2016). Die Entwicklung der Arbeitnehmerüberlassung verläuft deutlich prozyklischer als die aller anderen Formen. Die Hälfte aller Überlassungen endet nach weniger als drei Monaten. Die Mehrheit der Leiharbeitnehmer ist unmittelbar vor Aufnahme ihrer Tätigkeit ohne Beschäftigung, sodass keine systematische Verdrängung von Stammbelegschaften zu erkennen ist. Allerdings treten auch „Klebeeffekte" im Sinne eines Übergangs in ein unbefristetes Arbeitsverhältnis bei dem Entleihunternehmen eher selten ein. Zugunsten der Leiharbeitnehmer wurde der Gleichstellungsgrundsatz im Gesetz verankert: Leiharbeitnehmer müssen grundsätzlich zu denselben Bedingungen beschäftigt werden wie die Stammarbeitnehmer des entleihenden Unternehmens.

Aufgrund der notwendigen Umsetzung der Europäischen Richtlinie über Leiharbeit (2008/104/EG) (*EU-Leiharbeitsrichtlinie*) untersagt schließlich das neu gefasste AÜG seit dem 1.12.2011 einen *dauerhaften* Leiharbeitnehmereinsatz (Erstes Gesetz zur Änderung des Arbeitnehmerüberlassungsgesetzes – Verhinderung von Missbrauch der Arbeitnehmerüberlassung vom 28.4.2011 [BGBl. I 642]). Sein Anwendungsbereich wird ferner auf die *nicht* gewerbsmäßige Arbeitnehmerüberlassung ausgedehnt, mithin werden auch konzerninterne Personaldienstleistungsgesellschaften vom AÜG erfasst.

Auf Basis des § 3a AÜG trat schließlich am 1.1.2012 ein absoluter Mindestlohn (*Lohnuntergrenze*) in Höhe von 7,89 Euro im Westen und 7,01 Euro im Osten Deutschlands in Kraft, und zwar durch Verordnung des Bundesministeriums für Arbeit und Soziales (BMAS) nach Beteiligung des Tarifausschusses.

Mit Wirkung zum 01.4.2017 wird das Arbeitnehmerüberlassungsgesetz (AÜG) erneut reformiert, dies mit dem Ziel, tatsächlichen oder vermeintlichen Missbrauch des Einsatzes von Leiharbeit und Werkverträgen zu verhindern. Die wesentlichen Neuerungen sind:

a) Es wird eine Überlassungshöchstdauer eingeführt, die grundsätzlich 18 Monate beträgt. Die Überlassungshöchstdauer ist nicht arbeitsplatzbezogen, sondern bezogen auf einen konkreten Leiharbeitnehmer, der an denselben Entleiher überlassen wird.

b) Die Umsetzung des Grundsatzes Equal Pay wird erleichtert. Grundsätzlich müssen Leiharbeitnehmer hinsichtlich des Arbeitsentgelts spätestens nach neun Monaten mit den Stammarbeitnehmern gleichgestellt werden.

c) Verdeckte Arbeitnehmerüberlassungen werden nicht mehr durch eine sog. Vorratserlaubnis gerechtfertigt, mithin missbräuchliche Werkvertragsgestaltungen verhindert sowie der Weiterverleih von Leiharbeitnehmern verboten.

d) Leiharbeitnehmer dürfen nicht als Streikbrecher eingesetzt werden.

e) Schließlich werden Leiharbeitnehmer bei den Schwellenwerten des Betriebsverfassungsgesetzes (BetrVG) und der Unternehmensmitbestimmung berücksichtigt; sie zählen also im Einsatzbetrieb bzw. -unternehmen mit.

Arbeitsbereitschaft

1. Arbeitsbereitschaft liegt dann vor, wenn der Arbeitnehmer nicht seine volle, angespannte Tätigkeit entfalten braucht, sondern nur an der Arbeitsstelle anwesend ist, um jederzeit in den Arbeitsprozess einzugreifen.

2. *Unterscheidung* von:

a) Bereitschaftsdienst: Der Arbeitnehmer hat sich an einer vom Arbeitgeber bestimmten Stelle aufzuhalten, um auf Weisung sofort tätig zu werden.

b) Rufbereitschaft: Die Anwesenheit des Arbeitnehmers ist nicht erforderlich, die bloße Erreichbarkeit genügt.

3. *Vergütung:* Arbeitsbereitschaft ist grundsätzlich wie Vollarbeit zu vergüten.

4. *Arbeitszeit i.S.d. ArbZG:* Arbeitsbereitschaft ist grundsätzlich Arbeitszeit im Sinn der §§ 2, 3 ArbZG (Arbeitszeit). Arbeitsbereitschaft im Sinn von § 7 I Nr. 4 ArbZG (Arbeitszeit) liegt dann vor, wenn der Arbeitnehmer an der vollen Entspannung gehindert ist, aber durch die Bereitschaft erheblich weniger als bei voller Arbeitsleistung beansprucht wird (z.B. Kabinenzeit eines Fernfahrers).

Arbeitsentgelt

I. *Charakterisierung:*

Inbegriff aller aus nichtselbstständiger Arbeit erzielten Einkünfte, d.h. aus einem Arbeits- oder Dienstverhältnis. Arbeitsentgelt ist das Bruttoentgelt, das sich aus dem an den Arbeitnehmer auszubezahlenden Nettoentgeltbetrag und den vom Arbeitgeber einbehaltenen öffentlich-rechtlichen Lohnabzügen (Lohnsteuer und Sozialversicherungsbeiträge) zusammensetzt.

Grundsätze: Für gleiche oder gleichwertige Arbeit darf nicht wegen des Geschlechts des Arbeitnehmers eine geringere Vergütung vereinbart werden (Gleichbehandlung). Die Höhe des Arbeitsentgelts sollte grundsätzlich dem Wert der geleisteten Arbeit entsprechen; Zuschläge (z.B.

für Mehrarbeit, Sonn- und Feiertagsarbeit) sind unabhängig von diesem Grundsatz zu sehen.

Regelung i.d.R. im Arbeitsvertrag. Arbeitsentgelte, die nicht üblicherweise in den Tarifverträgen des betreffenden Wirtschaftszweiges geregelt sind, können durch Betriebsvereinbarung geregelt werden (§ 77 III BetrVG). Auch ohne bes. Abmachung ist der Arbeitgeber zur Zahlung des Arbeitsentgelts an den Arbeitnehmer in Höhe des ortsüblichen Lohns (§ 612 BGB) als Entgelt für geleistete Arbeit verpflichtet.

II. *Formen:*

1. *Lohn:* Arbeitsentgelt des Arbeiters.

2. *Gehalt:* Arbeitsentgelt des Angestellten.

3. *Zusätzliche Entlohnungen:* Entlohnung für bes. betriebliche Leistungen: *Prämie;* Beteiligung am Gesamtumsatz: *Gratifikation,* Sonderzuwendungen; Beteiligung am Gesamtgewinn: *Tantiemen;* Beteiligung an dem speziell durch den Arbeitnehmer veranlassten Umsatz: *Provision;* Anspruch auf einen Bonus aufgrund einer individuellen Zielvereinbarung; Entgelt für früher geleistete Arbeit: *Ruhegeld.*

4. *Gewinnbeteiligung* (Erfolgsbeteiligung) der Belegschaft als Rechtsanspruch.

5. *Sozialversicherung:* Zum Entgelt werden außerdem Zulagen gerechnet, nicht dagegen reine Aufwandsentschädigungen (§ 14 SGB IV). Ob und inwieweit eine Leistung dem Arbeitsentgelt zuzurechnen ist, entscheidet über Versicherungspflicht und/oder Beitragsberechnung.

III. *Fälligkeit:*

Nachträglich, wenn nichts anderes vereinbart (§ 614 BGB); Gehalt monatlich, Löhne wöchentlich, für Hilfsarbeiter evtl. auch täglich.

IV. *Zahlung:*

Arbeitsentgelt ist bar oder bargeldlos zu zahlen. Arbeitsentgelt darf nicht in Sachleistungen ausgezahlt werden; Sachleistungen (z.B. Deputate, Mittagessen, Dienstwohnung) können nur zusätzlich gewährt werden.

Zahlungszeit, Zahlungsort und die Art und Weise der Lohnzahlung bestimmen sich nach den in Tarifverträgen und Arbeitsverträgen getroffenen Vereinbarungen. Besteht keine tarifvertragliche Regelung, kann eine Regelung auch vom Betriebsrat nach § 87 I Nr. 4 BetrVG im Rahmen des Mitbestimmungsrechts in sozialen Angelegenheiten erzwungen werden. Eine Betriebsvereinbarung kann dem Arbeitgeber die Kontoführungskosten insoweit auferlegen, als diese dadurch verursacht werden, dass das Arbeitsentgelt überwiesen wird, nicht aber die weiteren Kontoführungskosten.

V. *Verjährung/Ausschlussfristen:*

Der Anspruch auf Arbeitsentgelt verjährt in drei Jahren (§ 195 BGB), gerechnet vom Ende des Jahres an, in dem der Anspruch entstanden ist (§ 199 I BGB). Die Verjährung gibt nur ein Leistungsverweigerungsrecht (§ 214 I BGB), bei Ablauf einer vereinbarten Ausschlussfrist geht dagegen der Anspruch auf Arbeitsentgelt unter.

VI. *Lohnschutz:*

Lohnbestimmungen der Tarifverträge sowie auch die der Mindestarbeitsbedingungen setzen *Mindestlöhne* fest. Der Arbeitgeber ist gegenüber dem Arbeitnehmer zum Nachweis der ordnungsgemäßen Berechnung des Arbeitsentgelts verpflichtet (Lohnbuchführung). Verbot des Trucksystems. Aufrechnung gegen unpfändbare Lohn- und Gehaltsforderungen des Arbeitnehmers nur dann zulässig, wenn der Arbeitnehmer vorsätzlich eine unerlaubte Handlung begeht (z.B. mutwillige Beschädigung einer Betriebsmaschine). Schutz gegen Pfändung des Arbeitsentgelts durch Dritte (Lohnpfändung). Arbeitnehmer ist Vorrechtsgläubiger beim Insolvenzverfahren. Sicherung gegen Lohnausfall infolge von Kurzarbeit durch Kurzarbeitergeld (§§ 169 ff. SGB III), gewährt durch die Arbeitsverwaltung sowie durch Insolvenzgeld (§§ 183 ff. SGB III) im Fall von Insolvenz des Arbeitgebers.

Arbeitsergebnis

Ist das Arbeitsergebnis eine neue bewegliche Sache, die der Arbeitnehmer durch Verarbeitung oder Umbildung von Halb- oder Fertigprodukten herstellt, gilt der Arbeitgeber als Hersteller und wird damit regelmäßig Eigentümer (§ 950 BGB).

Arbeitsgericht

Das für Arbeitssachen im ersten Rechtszug zuständige Gericht der Arbeitsgerichtsbarkeit (§§ 14–31 ArbGG). Arbeitsgerichte sind Gerichte der Länder; Verwaltung und Dienstaufsicht obliegt der zuständigen Landesbehörde (meist Justiz- oder Sozialministerium).

Beim Arbeitsgericht werden Kammern – z.T. für Fachgebiete – mit je einem Berufsrichter als Vorsitzenden und je einem ehrenamtlichen Richter aus Kreisen der Arbeitnehmer und der Arbeitgeber eingerichtet.

Das Arbeitsgericht entscheidet im Urteils- oder Beschlussverfahren. Gegen seine Entscheidung ist Berufung oder Beschwerde zum Landesarbeitsgericht zulässig; es kann auch unmittelbar die Sprungrevision zum Bundesarbeitsgericht (BAG) eingelegt werden, wenn die Voraussetzungen des § 76 ArbGG gegeben sind.

Arbeitsgerichtsbarkeit

Zweig der Gerichtsbarkeit, dem die Rechtsstreitigkeiten aus dem Arbeitsrecht (die Arbeitssachen) aufgrund des Arbeitsgerichtsgesetzes (ArbGG) i.d.F. vom 2.7.1979 (BGBl. I 853) m.spät.Änd. zugewiesen sind.

Arbeitsgesetzbuch

Einheitliche Kodifikation des Arbeitsrechts. Die Verpflichtung zur Schaffung eines Arbeitsgesetzbuchs enthält der Einigungsvertrag (Art. 30 I) wie schon die Weimarer Reichsverfassung (Art. 157 II WRV). Eine baldige Umsetzung ist nicht zu erwarten.

Arbeitskampf

1. *Begriff:* die von Arbeitnehmer- oder Arbeitgeberseite aufgrund eines Kampfbeschlusses vorgenommene Störung des Arbeitsablaufs zu dem Zweck, durch gemeinsame (kollektive) Maßnahmen die andere Seite absichtlich unter wirtschaftlichen Druck zu setzen, um ein bestimmtes Verhandlungsziel zu erreichen.

2. *Gesetzliche Regelung:* Der Arbeitskampf ist gesetzlich nicht geregelt. Der Begriff Arbeitskampf findet sich, ohne definiert oder geregelt zu werden, in einigen Bundesgesetzen (vgl. § 2 I Nr. 2 ArbGG, § 74 II BetrVG, §§ 100, 160 SGB III; vgl. § 25 KSchG, § 91 SGB IX). Der Streik als Mittel des Arbeitskampfs wird in mehreren Länderverfassungen erwähnt.

3. *Rechtmäßigkeit:* Ob das Recht der Koalitionen, zur Wahrung und Förderung von Arbeits- und Wirtschaftsbedingungen bei Tarifkonflikten einen Arbeitskampf gegen den sozialen Gegenspieler zu führen, verfassungsrechtlich (Art. 9 III GG) gewährleistet ist, ist für die Aussperrung umstritten. Der Arbeitskampf ist in der freiheitlichen Gesellschafts- und Wirtschaftsordnung der Bundesrepublik Deutschland ein fester Bestandteil des kollektiven Arbeitsrechts und v.a. der Tarifautonomie. Nach der Rechtsprechung des Bundesarbeitsgerichts ist das Arbeitskampfrecht notwendiger Teil eines funktionierenden Tarifvertragssystems; es gewährleistet das erforderliche Verhandlungsgleichgewicht der sozialen Gegenspieler. Der Arbeitskampf wird i.d.R. dann geführt, nachdem Tarifvertragsverhandlungen und ein daran anschließendes Schlichtungsverfahren ohne Ergebnis geblieben sind.

Die nähere Ausgestaltung des Arbeitskampfs beruht überwiegend auf *Richterrecht;* v.a. das Bundesarbeitsgericht (BAG) hat eine Reihe von Kampfregeln entwickelt, die nicht unumstritten sind.

4. *Erscheinungsformen:* Mittel des Arbeitskampfs (im Wesentlichen): a) Streik bzw. Ausstand, b) Aussperrung und c) Boykott.

5. *Arbeitskampf und Arbeitsverhältnis:*

a) Kampfmaßnahmen im Rahmen eines rechtmäßigen Arbeitskampfs führen nicht zu einer Verletzung des Arbeitsvertrags. Nach der Rechtsprechung werden für die Streik- bzw. Aussperrungsdauer die Rechte und Pflichten aus dem Arbeitsverhältnis lediglich suspendiert; nach Beendigung des Arbeitskampfs leben sie wieder auf.

Ob der Arbeitgeber eines nicht umkämpften Betriebs von der Beschäftigungs- und Lohnzahlungspflicht befreit ist, wenn er Arbeitseinstellungen oder -verkürzungen infolge eines Arbeitskampfs in anderen Betrieben vornimmt, hängt nach der neueren Rechtsprechung des Bundesarbeitsgerichts davon ab, ob sich das Fortbestehen dieser Pflichten auf die Verhandlungsstärke der kampfführenden Verbände auswirkt. Eine derartige Beeinflussung ist dann anzunehmen, wenn umkämpfter und mittelbar betroffener Betrieb koalitionspolitisch verbunden sind, d.h. demselben kampfführenden Verband angehören oder diesem organisatorisch eng verbunden sind.

b) Folgen der Kampfmaßnahmen im Rahmen eines rechtswidrigen Arbeitskampfs: Streik, Aussperrung, Boykott.

6. *Neutralität der Bundesagentur für Arbeit im Arbeitskampf:* Bei Arbeitskampf kann der Anspruch auf Arbeitslosengeld sowie Kurzarbeitergeld nach den Bestimmungen der §§ 160, 100 SGB III ruhen. Durch die Leistung von Arbeitslosengeld darf nicht in einen Arbeitskampf eingegriffen werden. Ein solcher Eingriff liegt jedenfalls nicht vor, wenn der Arbeitnehmer zuletzt in einem Betrieb beschäftigt war, der nicht dem fachlichen Geltungsbereich des umkämpften Tarifvertrags zuzuordnen ist (§ 160 I SGB III). Andererseits ruht der Anspruch auf Arbeitslosengeld jedenfalls, wenn der Arbeitnehmer durch Beteiligung an einem Arbeitskampf, der die Arbeitslosigkeit verursacht, Bezug auf die für den Betrieb geltenden Tarifverträge hat (Einzelheiten in § 160 III SGB III). Ob diese Voraussetzung gegeben ist, entscheidet ein *Neutralitätsausschuss* (§§ 160, 380 SGB III).

Arbeitsmittel

1. *Begriff:* Gegenstände, die unter Ausnutzung physikalischer, chemischer, biologischer oder sonstiger Naturgesetze technische Arbeit verrichten, d.h. Betriebsmittel i.e.S. *Beispiele* sind Maschinen, Werkzeuge und Vorrichtungen.

2. *Arbeitsrechtliche Regelungen:* Arbeitsmittel, die zur Durchführung der Arbeit benötigt werden, hat i.d.R. der Arbeitgeber dem Arbeitnehmer zur Verfügung zu stellen.

Da die Ausübung der Arbeit für den Arbeitgeber unter dessen Weisungsgewalt (Direktionsrecht) erfolgt, ist besitzrechtlich der Arbeitgeber Besitzer, der Arbeitnehmer Besitzdiener (§ 855 BGB).

Nach Beendigung des Arbeitsverhältnisses hat der Arbeitnehmer die ihm überlassenen Arbeitsmittel herauszugeben; er hat *kein Zurückbehaltungsrecht* wegen etwaiger Gegenansprüche.

Arbeitspapiere

Vom Arbeitnehmer bei Beginn eines Arbeitsverhältnisses vorzuweisende Unterlagen: *(Sozial-)Versicherungsnachweisheft* des Arbeitnehmers; Sozialversicherungsausweis (Versicherungsausweis); im Fall *ausländischer Arbeitnehmer:* Arbeitserlaubnis; *Unterlagen über vermögenswirksame Leistungen;* im *Baugewerbe* zusätzlich Lohnnachweiskarte für Urlaub, Lohnausgleich und Zusatzversorgung.

Sozialversicherungsausweis, Lohnsteuerkarte und ggf. Arbeitserlaubnis sind bei Dienstantritt dem Arbeitgeber vorzulegen. Bei Ausübung einer Beschäftigung im Baugewerbe, im Gaststätten- und Beherbergungsgewerbe, im Personen- und Güterbeförderungsgewerbe, im Schau- und Gebäudereinigungsgewerbe sowie bei Unternehmen, die sich am Auf- und Abbau bei Messen und Ausstellungen beteiligen, ist der Sozialversicherungsausweis (der in diesen Fällen mit einem Lichtbild versehen ist) von den Beschäftigten mitzuführen und auf Verlangen den zuständigen Prüfbehörden vorzuzeigen (§ 18h SGB IV). Im Fall der Gewährung von Arbeitslosengeld und Übergangsgeld ist der Sozialversicherungsausweis

bei der Arbeitsagentur und beim Bezug von laufender Hilfe zum Lebensunterhalt beim zuständigen Sozialhilfeträger zu hinterlegen. Auf Wunsch
des Arbeitnehmers muss der Arbeitgeber die Arbeitspapiere diesem für
kurze Zeit überlassen und bei Beendigung des Arbeitsverhältnisses stets
zurückgeben (kein Zurückbehaltungsrecht).

Der Arbeitgeber hat bei Beendigung der Beschäftigungsverhältnisse eine
Arbeitsbescheinigung (§ 312 SGB III) und u.U. eine Urlaubsbescheinigung
(§ 6 II BUrlG) auszustellen.

Rechtsstreite über die Ausstellung und Herausgabe der Arbeitspapiere
gehören zur Zuständigkeit der Arbeitsgerichte (BAGE 69, 204). Für Klagen auf Berichtigung einer Arbeitsbescheinigung ist der Rechtsweg zu den
Sozialgerichten gegeben (BSG SozR 3-4100 § 133 Nr. 1).

Arbeitsplatzmitbestimmung

1. *Mitwirkung* einzelner oder mehrerer Arbeitnehmer an Entscheidungen
ohne Einschaltung von Repräsentanten wie z.B. Betriebsrat.

a) *Basisdemokratisches Modell:* Willensbildung von unten nach oben
    über eine mehrstufige Mitbestimmung (Arbeitsplatz, Arbeitsgruppe,
    Abteilung, Betrieb, Unternehmensführung); partiell im BetrVG: indi-
    viduelle Mitwirkungs- und Beschwerderechte der Arbeitnehmer
    (§§ 81-86), Möglichkeit von Abteilungsversammlungen (§ 42 II) und
    mögliche Errichtung zusätzlicher betriebsverfassungsrechtlicher Ver-
    tretungen der Arbeitnehmer bestimmter Beschäftigungsarten oder
    Arbeitsbereiche (Arbeitsgruppen) durch Tarifvertrag (§ 3 I).

b) *Weitere Varianten* von Arbeitsplatzmitbestimmung werden in Projek-
    ten zur Humanisierung der Arbeit erprobt und in Formen von Partner-
    schaft realisiert.

2. Arbeitsplatzmitbestimmung wird von der *Arbeitgeberseite* ausschließlich als aktive Beteiligung der Mitarbeiter an Entscheidungen in ihrem
unmittelbaren Arbeitsumfeld verstanden; überwiegend als Mittel zur
Motivation der Arbeitnehmer und Instrument zur Steigerung der Produkti-
vität und Innovation in Betrieb und Unternehmen.

Arbeitsplatzwechsel

Vom Arbeitnehmer herbeigeführte Beendigung des Arbeitsverhältnisses zum bisherigen Arbeitgeber und Eingehung eines neuen Arbeitsverhältnisses.

1. *Recht zum Arbeitsplatzwechsel:* Es ist durch Art. 12 I 1, II 1 GG verfassungsrechtlich gewährleistet. *Ausnahme* für den Verteidigungsfall: Art. 12a VI GG).

2. Zum *rechtmäßigen Arbeitsplatzwechsel* ist erforderlich: *ordnungsgemäße Kündigung* des Arbeitsvertrags und *Einhaltung der Kündigungsfrist.* Findet der Arbeitnehmer ein bes. günstiges Stellenangebot, so ist er grundsätzlich nicht zur außerordentlichen Kündigung berechtigt; dies gilt auch dann, wenn er in der Lage ist, seinem Arbeitgeber eine gleichwertige Arbeitskraft zu stellen. Andernfalls handelt er rechtswidrig (Vertragsbruch) und ist dem Arbeitgeber zum Schadensersatz verpflichtet. Bei einem befristeten Arbeitsverhältnis ist die ordentliche Kündigung ausgeschlossen, es sei denn, im Arbeitsvertrag ist anderes vereinbarte (§ 15 III TzBfG). Beträgt die Befristung mehr als 5 Jahre, kann das Arbeitsverhältnis gemäß § 15 IV TzBfG ordentlich gekündigt werden.

3. Um zu vermeiden, dass der Arbeitnehmer einen doppelten Anspruch auf *Urlaub* geltend macht, schließt § 6 BUrlG den Anspruch gegen den neuen Arbeitgeber aus, soweit der frühere bereits Urlaub gewährt hat. Hat der frühere Arbeitgeber den Urlaub noch nicht gewährt, hat der Arbeitnehmer ein Wahlrecht: Er kann sich an den alten oder neuen Arbeitgeber halten.

Arbeitsrecht

I. *Begriff:*

Gesamtheit aller Rechtsregeln, die sich mit der unselbstständigen, abhängigen Arbeit befassen, d.h. der Arbeit, die von Personen geleistet wird, die in einem Betrieb eingegliedert fremdbestimmte Arbeit leisten und dabei an Weisungen hinsichtlich Art, Ausführung, Ort und Zeit der Arbeit gebunden sind.

Arbeitsrecht ist ein bes. Teil der Rechtsordnung. Gegenüber Privatrecht und öffentlichem Recht eigenständig; enthält beides, aber überwiegend Privatrecht.

II. *Gliederung:*

1. *Individuelles Arbeitsrecht:* Rechtliche Regelung der Beziehungen zwischen Arbeitgeber und -nehmern.

2. *Kollektives Arbeitsrecht:* Rechtliche Regelung der Beziehungen zwischen den Zusammenschlüssen von Arbeitgebern und -nehmern, und zwar der Beziehungen zwischen Gewerkschaften und Arbeitgeberverbänden (Koalition) oder einzelnen Arbeitgebern sowie zwischen Betriebsräten und Arbeitgebern, bes. das Zustandekommen von Gesamtvereinbarungen (Tarifvertrag, Betriebsvereinbarung).

III. *Rechtsquellen:*

1. *Allgemein:* Das Arbeitsrecht ist in viele Einzelgesetze (z.B. Betriebsverfassungs-, Kündigungsschutz-, Jugendarbeitsschutz-, Arbeitszeitgesetz) und in Einzelbestimmungen allg. Gesetze (z.B. §§ 611 ff., BGB, §§ 105 ff. GewO) zersplittert *(Rechtszersplitterung).* Ein zusammenfassendes Arbeitsgesetzbuch existiert nicht.

In weiten Bereichen, u.a. im Recht der Verbände und Arbeitskampfrecht, fehlt es an geschriebenen Rechtssätzen überhaupt. Aus dem Fehlen einer Kodifikation folgt, dass die maßgebenden Grundsätze nicht im Gesetzesrecht ausgeformt sind; das Arbeitsrecht ist zu einem erheblichen Teil *Richterrecht.* Die Gerichte für Arbeitssachen, v.a. das Bundesarbeitsgericht (BAG), sehen sich zur Schließung von Gesetzeslücken und zur Rechtsfortbildung veranlasst.

Arbeitsrecht ist überwiegend zwingendes Recht; abweichende Vereinbarungen sind möglich, wenn diese den Arbeitnehmer günstiger stellen (Günstigkeitsprinzip).

2. *Rangfolge arbeitsrechtlicher Regelungen* nach dem Rangprinzip: Gesetz; Tarifvertrag; Betriebsvereinbarung; Arbeitsvertrag; Direktionsrecht.

Im Arbeitsrecht gilt das Rangprinzip nur eingeschränkt; nach dem Günstigkeitsprinzip hat die nach dem Rangprinzip rangniedere Regelung vor der ranghöheren Vorrang, wenn diese einen für den Arbeitnehmer günstigeren Inhalt hat. Es gelten außerdem das im gesamten Recht gültige Spezialitätsprinzip (gleichrangige, widersprechende Regelungen) und das Ordnungsprinzip.

Arbeitsschutz

Die arbeitsschutzrechtlichen Pflichten des Arbeitgebers und die Pflichten und Rechte der Beschäftigten sind im Grundsatz im Arbeitsschutzgesetz (ArbSchG) vom 7.8.1996 (BGBl. I 1246) m.spät.Änd. geregelt. Danach ist der Arbeitgeber verpflichtet, die erforderlichen Maßnahmen des Arbeitsschutzes unter Berücksichtigung der Umstände zu treffen, die Sicherheit und Gesundheit der Beschäftigten bei der Arbeit beeinflussen.

Arbeitsverhältnis

Ein durch den Arbeitsvertrag auf Austausch von Arbeitsleistung und Vergütung gerichtetes Dauerschuldverhältnis, das z.T. bes. Regelungen unterliegt. Dadurch, dass der Arbeitnehmer mit seiner Person in die Erfüllung der Vertragspflichten einbezogen ist, enthält das auf den Austausch von Arbeitsleistung und Vergütung ausgerichtete Dauerschuldverhältnis ein *personales Element.*

Arbeitsversäumnis

Schuldhaftes Fernbleiben des Arbeitnehmers von der Arbeit, d.h. die Unmöglichkeit der Arbeitsleistung hat der Arbeitnehmer zu vertreten. Nach § 326 I BGB entfällt der Lohnanspruch.

Arbeitsverteilung

Im Rahmen der Personalkapazitätsplanung werden die Personalbedarfe in einem Arbeits- oder Geschäftsprozess zunächst ermittelt und dann entsprechend besetzt. Über eine vorausschauende Personalkapazitätsplanung lassen sich dann frühzeitig variierende Beschäftigungssituationen erfassen und in einem Planungsprozess berücksichtigen.

Arbeitsvertrag

I. *Begriff/gesetzliche Regelung:*

Schuldrechtlicher gegenseitiger Austauschvertrag, durch den sich der Arbeitnehmer zur Leistung abhängiger Arbeit und der Arbeitgeber zur Zahlung einer Vergütung verpflichtet. Der Arbeitsvertrag ist eine bes. Art des Dienstvertrags und ist Grundlage des Arbeitsverhältnisses; er unterliegt den Vorschriften der §§ 611–630 BGB. Die Regeln des Allgemeinen Teils des Bürgerlichen Rechts und des Allgemeinen Teils des Rechts der Schuldverhältnisse, bes. §§ 320 ff. BGB, gelten mit Einschränkungen für den Arbeitsvertrag. Seit der Schuldrechtsreform unterliegen vorformulierte Arbeitsverträge auch einer AGB-rechtlichen Überprüfung (§§ 305 ff. BGB).

Der Arbeitsvertrag enthält zahlreiche Nebenpflichten, die über die Hauptpflichten (Arbeit gegen Entgelt) hinausgehen, v.a. die *Treuepflicht des Arbeitnehmers* und die *Fürsorgepflicht* des Arbeitgebers. Der *Berufsausbildungsvertrag* ist ein Arbeitsvertrag bes. Art (§ 10 II BBiG); auch der *drittfinanzierte Arbeitsvertrag* ist eine Sonderform.

II. *Inhalt des Arbeitsvertrags:*

Der Arbeitsvertrag begründet das Arbeitsverhältnis und gestaltet seinen Inhalt. Der Inhalt des Arbeitsverhältnisses wird im Arbeitsvertrag angesichts des Verhandlungsübergewichts des Arbeitgebers in aller Regel nicht im Einzelfall ausgehandelt; die Inhaltsgestaltung wird oft einseitig vom Arbeitgeber vorgenommen. Lücken des Arbeitsvertrags kann der Arbeitgeber mittels seines Direktionsrechts (Direktionsrecht) einseitig ausfüllen, § 106 GewO. Allerdings unterliegen solche Maßnahmen einer Ausübungskontrolle (§ 315 BGB).

III. *Vertragsfreiheit:*

Arbeitgeber und Arbeitnehmer können Abschluss, Inhalt und Form des Arbeitsvertrags zwar grundsätzlich frei vereinbaren (§ 105 GewO). Zahlreiche Einschränkungen ergeben sich aber aus zwingenden gesetzlichen

Vorschriften, Bestimmungen eines anwendbaren Tarifvertrags oder einer Betriebsvereinbarung.

1. *Abschlussfreiheit:* Auf Seiten des Arbeitgebers ist sie mittelbar durch Regelungen des BetrVG (§§ 99 ff.) eingeschränkt, wonach der Betriebsrat die Einstellung von Arbeitnehmern unter bestimmten Voraussetzungen verhindern kann. Zu berücksichtigen sind auch die Diskriminierungsverbote im Allgemeinen Gleichbehandlungsgesetz (AGG im Arbeitsrecht), (Gleichbehandlung).

2. *Formfreiheit:* Der Abschluss von Arbeitsverträgen ist grundsätzlich formfrei. Tarifverträge können aber die Schriftform vorschreiben. Für den Ausbildungsvertrag vgl. § 11 BBiG. Das Nachweisgesetz vom 20.7.1995 (BGBl. I 946) schreibt eine vom Arbeitgeber zu unterzeichnende Niederschrift der wesentlichen Vertragsbestimmungen binnen Monatsfrist vor, wenn kein entsprechender schriftlicher Arbeitsvertrag vorliegt.

3. *Inhaltsfreiheit:* Die Gestaltungsfreiheit der Parteien des Arbeitsvertrags (§ 105 GewO) ist beschränkt durch zwingende gesetzliche Vorschriften, bes. durch AGB-Recht, §§ 305 ff BGB (Allgemeine Geschäftsbedingungen im Arbeitsrecht); daneben auch durch Vorschriften des Arbeitsschutzes und durch die zugunsten der Arbeitnehmer zwingenden Regelungen in Tarifverträgen und Betriebsvereinbarungen.

IV. *Nichtiger oder fehlerhafter Arbeitsvertrag:*

Die Geltendmachung von Willensmängeln und Gesetzesverstößen ist beim Arbeitsvertrag eingeschränkt. Die Nichtigkeit eines Arbeitsvertrags kann i.d.R. nicht für die Vergangenheit geltend gemacht werden; ist der Arbeitsvertrag nichtig oder ist der Arbeitnehmer entgegen einem bestimmten Beschäftigungsverbot eingestellt worden, behält der Arbeitnehmer für bereits geleistete Arbeit seinen Lohnanspruch (faktisches Arbeitsverhältnis). Auch die Anfechtung kann entgegen § 142 BGB i.d.R. keine Rückwirkung entfalten; in den Folgen kommt die Anfechtung einer außerordentlichen Kündigung gleich, ist aber dennoch von dieser zu unterscheiden. Bei *Teilnichtigkeit* des Arbeitsvertrags ist entgegen § 139

BGB für das Arbeitsverhältnis vom Fortbestand des Arbeitsvertrags im Übrigen auszugehen.

Arbeitsverweigerung

Rechtswidrige Ablehnung einer nach dem Arbeitsvertrag zu erbringenden Leistung seitens des Arbeitnehmers. Nach den Umständen des Einzelfalles kann Arbeitsverweigerung nach Abmahnung die ordentliche Kündigung (verhaltensbedingte Kündigung), in schweren Fällen (beharrliche Arbeitsverweigerung) auch die außerordentliche Kündigung rechtfertigen.

Die bloße *Ankündigung einer Arbeitsverweigerung* rechtfertigt i.Allg. die außerordentliche Kündigung noch nicht, es sei denn, der Arbeitnehmer zeigt keinerlei Verhandlungsbereitschaft, und dem Arbeitgeber drohen schwere Schäden.

Arbeitszeit

1. *Begriff:* Die Zeit, während der ein Arbeitnehmer seine Arbeitskraft dem Arbeitgeber zur Verfügung stellen muss. Nach der formalen Definition in § 2 I ArbZG ist Arbeitszeit die Zeit vom Beginn bis zum Ende der Arbeit ohne Ruhepause. Daneben gibt es noch einige wichtige Unterscheidungen, die im Wesentlichen bei der Beanspruchung des Arbeitnehmers ansetzen:

a) *Arbeitsbereitschaft* ist die Arbeitszeit, in der der Arbeitnehmer nicht seine volle, angespannte Tätigkeit entfalten braucht, sondern an seiner Arbeitsstelle anwesend ist und jederzeit bereit sein muss, in den Arbeitsprozess einzugreifen, z.B. der Nachtportier. Regelmäßig ist sie zu vergüten, meist nach gesonderter vertraglicher oder tariflicher Regelung.

b) *Bereitschaftsdienst* zählt nach der Entscheidung des EuGH vom 9.9.2003 (C-151/02) zur Arbeitszeit im Sinn der Arbeitsschutzbestimmungen. Er liegt vor, wenn der Arbeitnehmer sich an einer vom Arbeitgeber bestimmten Stelle aufzuhalten hat, um jederzeit bereit zu sein, die Arbeit aufzunehmen, z.B. in Krankenhäusern. Auch

Bereitschaftsdienst ist grundsätzlich zu vergüten, meist aufgrund bes. Regelungen.

c) *Rufbereitschaft* als die Verpflichtung des Arbeitnehmers, sich an einem von ihm selbst bestimmten Ort auf Abruf zur Arbeit bereitzuhalten, gehört nicht zur Arbeitszeit. Eine eingeschränkte Vergütung ist üblich.

2. *Regelungen der Arbeitszeit:* Es ist zu unterscheiden, um welche *Arbeitszeit* es geht:

a) Die maximal zulässige Arbeitszeit regelt das Arbeitszeitgesetz und einige andere öffentlich-rechtlichen Schutzgesetze. Dort geht es also nicht darum, zu welchen Arbeitszeiten der Arbeitnehmer verpflichtet ist und wie die Arbeitszeit vergütet wird.

b) Die wöchentliche Arbeitszeit der Arbeitnehmer ergibt sich aus dem Tarifvertrag und dem Arbeitsvertrag. Danach bestimmt sich auch, welche Arbeitszeit wie bezahlt wird und ob der Arbeitnehmer Überstunden leisten muss.

c) Die Lage der Arbeitszeit bestimmt der Arbeitgeber mittels seines *Weisungsrechts.* Dabei ist aber das *Mitbestimmungsrecht des Betriebsrats* zu berücksichtigen. Mitzubestimmen ist über Beginn und Ende der täglichen Arbeitszeit einschließlich der Pausen, Verteilung der Arbeitszeit auf die einzelnen Wochentage (Lage der Arbeitszeit), vorübergehende Verkürzung oder Verlängerung der betriebsüblichen Arbeitszeit (§ 87 I Nr. 2 und 3 BetrVG; Kurzarbeit, Überstunden).

3. *Funktion des Arbeitsschutzes:* Eine Überbeanspruchung des Arbeitnehmers durch überlange Arbeitszeiten soll verhindert werden. Im Arbeitszeitgesetz sowie zahlreichen bes. Schutzgesetzen und Verordnungen (Jugendarbeitsschutzgesetz, Mutterschutzgesetz, Ladenschlussgesetz des Bundes, Ladenschlussgesetze der Länder, Feiertagsgesetze der Länder, Sondervorschriften über die Lenk-, Ruhe- und Schichtzeiten des Fahrpersonals bes. EWG-Verordnung Nr. 3820/85 über die Harmonisierung bestimmter Sozialvorschriften im Straßenverkehr vom 20.12.1985, die Europäische Richtlinie 2002/15/EG zur Regelung der Arbeitszeit von

Fahrpersonal im Straßenverkehr u.a.) sind Höchstgrenzen oder andere Einschränkungen für die zulässige Arbeitszeit festgelegt. Bei Überschreiten dieser Grenzen sind vertragliche Abreden nach § 134 BGB nichtig. In Folge der in den letzten Jahrzehnten erfolgten tariflichen Arbeitszeitverkürzung bleibt die Arbeitspflicht des Arbeitnehmers oft hinter den durch das Arbeitszeitrecht bestehenden Grenzen zurück.

4. *Rechtslage nach dem Arbeitszeitgesetz:* Das Arbeitszeitgesetz vom 6.6.1994 (BGBl. I 1170) m.spät.Änd. ist die allg. Rechtsgrundlage für die maximal zulässige Arbeitszeit.

a) *Geltungsbereich:* Das Arbeitszeitgesetz gilt für Arbeitnehmer über 18 Jahre in Betrieben und Verwaltungen aller Art. Ausgenommen sind leitende Angestellte (§ 18 ArbZG mit weiteren Ausnahmen spezieller Gruppen). Für den öffentlichen Dienst, Luftfahrt, See- und Binnenschifffahrt gelten die speziellen Regelungen. Für Personen unter 18 Jahren gilt das Jugendarbeitsschutzgesetz vom 12.4.1976 (BGBl. I 965) m.spät.Änd.

b) *Regelmäßige Arbeitszeit:* Die regelmäßige werktägliche Arbeitszeit darf die Dauer von acht Stunden nicht überschreiten. Sie kann auf bis zu zehn Stunden nur verlängert werden, wenn innerhalb von sechs Kalenderwochen oder innerhalb von 24 Wochen im Durchschnitt acht Stunden werktäglich nicht überschritten werden (§ 3 ArbZG).

c) *Pausen- und Ruhezeiten:* Nach spätestens sechs Stunden ist die Arbeitszeit durch im Voraus feststehende *Ruhepausen* von mind. 30 Minuten (bei Arbeitszeit von neun Stunden: 45 Minuten) zu unterbrechen. Die Ruhepausen können auch in Viertelstunden aufgeteilt werden (§ 4 ArbZG). Die Ruhepausen zählen – außer im Bergbau – nicht zur Arbeitszeit (§ 2 I ArbZG) und sind deshalb nicht zu vergüten, wenn tariflich oder arbeitsvertraglich nichts anderes bestimmt ist. Nach Beendigung der täglichen Arbeitszeit müssen Arbeitnehmer eine ununterbrochene Ruhezeit von mind. elf Stunden haben (§ 5 I ArbZG). Abweichende Regelungen sind für Krankenhäuser, im Beherbergungsgewerbe, Verkehrsbetriebe, Rundfunk, Landwirtschaft und

Tierhaltung möglich (§ 5 II, III ArbZG). Für Kraftfahrer gelten die Vorschriften der Europäischen Gemeinschaft (§ 21a V ArbZG).

d) *Nacht- und Schichtarbeit:* Nachtarbeit ist Arbeit, die mehr als zwei Stunden der Nachtzeit (23 bis 6 Uhr) umfasst. Als Nachtarbeitnehmer gelten Arbeitnehmer, die Arbeit an mind. 48 Tagen im Kalenderjahr oder normalerweise in Wechselschicht zu leisten haben. Für Nacht- und Schichtarbeitnehmer gelten Schutzvorschriften hinsichtlich der Höchstarbeitszeit sowie des Gesundheitsschutzes, und sie haben unter bestimmten Bedingungen Anspruch auf einen geeigneten Tagesarbeitsplatz (§ 6 ArbZG). Für Nachtarbeit sind bezahlte freie Tage oder ein Zuschlag zu zahlen (§ 6 V ArbZG).

e) *Sonn- und Feiertagsarbeit:* Arbeitnehmer dürfen an Sonn- und gesetzlichen Feiertagen nicht beschäftigt werden. Für Arbeiten, die nicht an Werktagen erledigt werden können, gelten Ausnahmen in verschiedenen Bereichen, z.B. bei der Feuerwehr, Krankenhäusern, Hotels und Gaststätten, Versorgungs- und Verkehrsbetrieben, Rundfunk und Presse, Landwirtschaft und Tierhaltung zur Verhütung von Verderbnis, dem Misslingen von Arbeitsergebnissen oder der Beschädigung von Produktionseinrichtungen, bei der Vorbereitung des vollen werktätigen Betriebs und bei der Aufrechterhaltung der Funktionsfähigkeit von Datennetzen und Rechnersystemen (§ 10 I Nr. 1–16 ArbZG). Produktionsarbeiten dürfen erfolgen, wenn die infolge der Unterbrechung der Produktion noch zulässigen Arbeiten den Einsatz von mehr Arbeitnehmern als bei durch in der Produktion erforderten (§ 10 II ArbZG). Mind. 15 Sonntage im Jahr müssen beschäftigungsfrei bleiben. Für Sonn- und Feiertage muss ein Ersatzruhetag innerhalb von zwei bzw. acht Wochen gewährt werden. Vom Verbot der Sonn- und Feiertagsarbeit können durch Rechtsverordnung weitere generelle Ausnahmen zugelassen werden (§ 13 I, II ArbZG). Die Aufsichtsbehörde soll bewilligen, dass Arbeitnehmer an Sonn- und Feiertagen mit Arbeiten beschäftigt werden, die aus chemischen, biologischen, technischen oder physikalischen Gründen einen ununterbrochenen

Fortgang erfordern. Sie hat die Beschäftigung von Arbeitnehmern an Sonn- und Feiertagen zu bewilligen, wenn bei längeren Betriebszeiten im Ausland die Konkurrenzfähigkeit unzumutbar beeinträchtigt ist und durch die Genehmigung von Sonn- und Feiertagsarbeit die Beschäftigung gesichert werden kann.

f) *Abweichende Regelungen* können für viele Einzelheiten des Arbeitsrechts in Tarifverträgen oder Betriebsvereinbarungen getroffen werden (§§ 7, 12 ArbZG), z.B. hinsichtlich der Höchstarbeitszeit, wenn in die Arbeitszeit regelmäßig und in erheblichem Umfang Arbeitsbereitschaft fällt.

g) *Durchführung und Kontrolle:* Den Aufsichtsbehörden (Gewerbeaufsichtsämter) obliegt die Überwachung des Arbeitszeitgesetzes. Sie haben dafür Kontrollrechte (§ 17 ArbZG). Die Aufsichtsbehörden können unter bestimmten Voraussetzungen Ausnahmen zulassen (§ 15 ArbZG). Die Vorschrift des Arbeitsschutzes sind bußgeld- und strafbewehrt (§§ 22, 23 ArbZG).

Arbeitszeitverkürzung

Die lange Zeit zu beobachtende Verkürzung der Wochen-, Jahres- (durch Urlaubsverlängerung), aber auch Lebensarbeitszeit (gleitender Ruhestand, Senkung des Renteneintrittsalters) aus sozial-, familien-, gesundheits- oder arbeitsmarktpolitischen Gründen ist zum Stillstand gekommen bzw. hat sich – nicht zuletzt aufgrund der demografischen Entwicklung – in die entgegengesetzte Richtung der Arbeitszeitverlängerung (insbesondere Erhöhung des Renteneintrittsalters) entwickelt. Die in den 1980er- und 1990er-Jahren zu beobachtende Verkürzung der Wochenarbeitszeit („Einstieg in die 35-Stunden-Woche") führte zu deren Flexibilisierung und Differenzierung und zur Ent-Standardisierung sowie zur Delegation von Tarifkompetenz von der überbetrieblichen an die betriebliche Ebene (Dezentralisierung durch Betriebsvereinbarungen). Seit Mitte der 1990er-Jahre dominierte in verschiedenen Branchen eine qualitativ neuartige beschäftigungssichernde Arbeitszeitpolitik, bei der Arbeitszeitverkürzungen gegen temporäre Beschäftigungsgarantien getauscht wurden. In neuerer Zeit findet Beschäftigungssicherung auch durch Arbeitszeitverlängerungen ohne entsprechenden Lohnausgleich statt. Die Anpassung von Lage und Länge der Arbeitszeit spielt häufig eine wichtige Rolle im Rahmen betrieblicher Bündnisse für Beschäftigung und Wettbewerbsfähigkeit bzw. für Arbeit.

AT-Angestellter

Außertariflicher Angestellter; Angestellter, der eine über die höchste tarifliche Vergütungsgruppe (Bundes-Angestellten-Tarifvertrag (BAT)) hinausgehende Vergütung bezieht und nicht oder nicht in vollem Umfang unter den einschlägigen Tarifvertrag fällt. Die Höhe der Vergütung richtet sich nach der Vereinbarung im Arbeitsvertrag. AT-Angestellte sind abzugrenzen von leitenden Angestellten im Sinn von § 5 III BetrVG, für die das BetrVG, aber auch weitere arbeitsrechtliche Gesetze, wie das ArbZG, nicht gelten. AT-Angestellte unterfallen also in vollem Umfang dem BetrVG und anderen arbeitsrechtlichen Schutzgesetzen. Umstritten ist allerdings, inwieweit ihre Entlohnung dem Mitbestimmungsrecht des Betriebsrats nach § 87 I Nr. 10 BetrVG unterliegt.

Attest

Bei krankheitsbedingtem Fernbleiben vom Arbeitsplatz durch den Arbeitnehmer bei seinem Arbeitgeber vorzulegende ärztliche Bescheinigung. Nach § 5 I Entgeltfortzahlungsgesetz vorzulegen bei Krankheitsdauer über drei Tage, allerdings kann der Arbeitgeber auch eine frühere Vorlage verlangen (Bundesarbeitsgericht, Urteil vom 14. November 2012, Az: 5 AZR 886/11). Das Attest (die Arbeitsunfähigkeitsbescheinigung) muss dem Arbeitgeber spätestens an dem Arbeitstag vorliegen, der auf den dritten Arbeitsunfähigkeitstag folgt. Solange ihm das erforderliche Attest nicht vorliegt, kann der Arbeitgeber die Entgeltfortzahlung zurückbehalten.

Aufhebungsvertrag

1. *Begriff:* Vertrag zwischen Arbeitgeber und Arbeitnehmer, mit dem ein zwischen ihnen bestehendes Arbeitsverhältnis aufgehoben (beendet)

wird. Über den Aufhebungsvertrag gibt es keine bes. Schutzvorschriften; auch das Kündigungsschutzgesetz verbietet nicht die einvernehmliche Aufhebung des Arbeitsverhältnisses.

2. *Form*: Der Aufhebungsvertrag bedarf zwingend der Schriftform (§ 623 BGB). Eine Kündigung kann ausnahmsweise *umgedeutet* werden in ein Angebot, einen Aufhebungsvertrag abzuschließen. Dieses muss aber vom anderen auch schriftlich angenommen werden, was so gut wie nie der Fall ist.

3. *Bedingte Aufhebungsverträge* (z.B. für den Fall verspäteter Rückkehr aus dem Urlaub) sind unzulässig, da sie zwingenden Kündigungsschutz und -fristen umgehen.

4. Die *Anfechtung* eines Aufhebungsvertrages kann v.a. wegen Drohung erfolgen, wenn diese widerrechtlich ist. Das wird bei *Drohungen mit Kündigung* dann bejaht, wenn ein verständiger Arbeitgeber eine Kündigung nicht ernsthaft erwogen hätte.

5. Ein Aufhebungsvertrag kann aus *sonstigen Rechtsgründen* unwirksam sein, z.B. wegen Sittenwidrigkeit oder Verletzung der Fürsorgepflicht. Das wird verstärkt angenommen bei Aufhebungsverträgen, die den Arbeitnehmer grundlos grob benachteiligen und bei denen er keine gleichwertige Verhandlungschance hatte. Verzichtet der Arbeitnehmer in einer Vereinbarung auf die Erhebung einer Kündigungsschutzklage, ohne dass er dafür eine Gegenleistung erhält, kann das eine unangemessene Benachteiligung gemäß § 307 BGB und unwirksam sein (BAG, 25.9.2014 – 2 AZR 288/13 – NZA 2015, 351).

6. *Inhalt/Gegenstände eines Aufhebungsvertrages:* Zeitpunkt, Grund, Veranlasser der Beendigung; Vergütungsfortzahlung, Provisionen, Gratifikationen; Freistellung, Urlaub; Abfindung; Darlehen; Wettbewerbsverbot; Dienstwagen, sonstiges Firmeneigentum; Zeugnis, sonstige Bescheinigungen; Ausschluss sonstiger Ansprüche.

7. *Folgen:* Beendigung der Pflichten aus dem Arbeitsverhältnis. Sozialversicherungsrechtlich sind v.a. die Folgen für das Arbeitslosengeld zu beachten. Das Arbeitsamt kann Sperrzeiten verhängen.

Auflösung

Auflösung eines Arbeitsverhältnisses: durch ordentliche Kündigung; durch außerordentliche Kündigung; im beiderseitigen Einvernehmen (Aufhebungsvertrag); durch Zeitablauf (befristeter Arbeitsvertrag). Durch Urteil des Arbeitsgerichts auf Antrag des Arbeitgebers oder -nehmers gemäß § 9 KSchG, wenn die Fortsetzung des Arbeitsverhältnisses nicht zumutbar ist unter gleichzeitiger Verurteilung des Arbeitgebers auf Zahlung einer Abfindung. Ist eine außerordentliche Kündigung vorausgegangen, kann der Antrag auf Auflösung nur durch den Arbeitnehmer gestellt werden (§ 13 KSchG).

Aushilfskraft

Aushilfe; Person, die von Fall zu Fall für eine im Voraus bestimmte Arbeit von vorübergehender Dauer in ein Dienstverhältnis (Aushilfsarbeitsverhältnis) tritt. In einem solchen Fall kann die gesetzliche Kündigungsfrist verkürzt werden, § 622 V Nr. 1 BGB.

Ausländischer Arbeitnehmer

1. *Begriff:* Erwerbsperson, die in Deutschland einer entgeltlichen Beschäftigung nachgeht, ohne die dt. Staatsangehörigkeit zu besitzen (Ausländer).

2. Ausländische Arbeitnehmer bedürfen nach § 4 AufenthG zur Arbeitsaufnahme einer *Aufenthaltserlaubnis* und *Arbeitserlaubnis,* soweit nicht supranationale oder bilaterale Verträge ihnen Freizügigkeit einräumen. Erwerbspersonen aus EU-Mitgliedsstaaten benötigen aufgrund der Freizügigkeitsverordnung keine Aufenthalts- und Arbeitsgenehmigung.

3. Für *Arbeitsvertrag* und *Arbeitsverhältnis* gelten grundsätzlich die allg. Vorschriften. Ein ohne Arbeitserlaubnis geschlossener Arbeitsvertrag ist nicht nichtig. Dem Arbeitgeber kann gegenüber dem ausländischen

Arbeitnehmer eine gesteigerte Fürsorgepflicht, bes. zur Überwindung von Sprachschwierigkeiten, obliegen.

Bei der *Betriebsratswahl* (Betriebsrat) haben ausländische Arbeitnehmer das gleiche aktive und passive Wahlrecht wie dt. Arbeitnehmer (§§ 7, 8 BetrVG).

Auslandsbeschäftigung

Beschäftigung eines Arbeitnehmers im Ausland durch einen dt. oder ausländischen Arbeitgeber.

Das für das Arbeitsverhältnis *anzuwendende Arbeitsrecht* ist zu bestimmen. Ist keine ausdrückliche oder stillschweigende Vereinbarung getroffen, ist maßgebend, wo der Schwerpunkt des Arbeitsverhältnisses liegt: Grundsätzlich der Arbeitsort; sofern dieser ständig wechselt, der Sitz des Arbeitgebers.

Entsprechende Regelungen fanden sich im EGBGB (Art. 27 III, 30 II EGBGB). Das EGBGB gilt allerdings nur noch für Arbeitsverträge, die vor dem 17.12.2009 abgeschlossen wurden. Danach ist die Verordnung (EG) Nr 593/2008 des europäischen Parlaments und des Rates vom 17. Juni 2008 über das auf vertragliche Schuldverhältnisse anzuwendende Recht (Rom I-VO) 1 maßgeblich (Art. 8 Rom I-VO).

Ausschlussfrist

1. *Verfallsfristen:*

a)   Frist, innerhalb derer Ansprüche geltend zu machen sind.

b)   In Tarifverträgen sind meist Ausschlussfristen von recht kurzer Dauer (zwischen zwei und sechs Monaten) festgelegt. Diese Ausschlussfristen gelten, soweit Tarifgebundenheit besteht oder die Geltung des Tarifvertrags vereinbart ist.

c)   In Arbeitsverträgen oder Betriebsvereinbarungen enthaltene Ausschlussfristen sind nur wirksam, soweit sie keine tariflichen Ansprüche betreffen oder keine Tarifgebundenheit besteht. Arbeitsvertragliche Ausschlussfristen müssen zudem AGB-fest sein. Das

bedeutet, dass eine Ausschlussfrist klar und unmissverständlich formuliert, nicht nur für den Arbeitnehmer, sondern auch den Arbeitgeber gilt und nicht zu kurz ist. Das BAG geht davon aus, dass arbeitsvertragliche Ausschlussfristen nicht kürzer als 3 Monate sein dürfen
(BAG, 25.5.2005 - 5 AZR 572/04).

d) Werden Ansprüche nicht innerhalb der Ausschlussfrist geltend
gemacht, erlöschen sie ohne Rücksicht auf die Kenntnis der Parteien
von ihnen. Für die Geltendmachung ist oft Schriftform vorgeschrieben.
Einige Tarifverträge und viele Arbeitsverträge schreiben nach Ablehnung des geltend gemachten Anspruchs eine gerichtliche Geltendmachung (d.h. durch Klage beim Arbeitsgericht) innerhalb einer weiteren
Ausschlussfrist vor. Mit einer Kündigungsschutzklage wird für Lohnansprüche nicht nur die Ausschlussfrist für die schriftliche Geltendmachung gewahrt, sondern auch für eine etwa erforderliche gerichtliche Geltendmachung (BAG, 19.3.2008 - 5 AZR 429/07). Das gilt
zumindest bei arbeitsvertraglich vereinbarten Ausschlussfristen. In
Tarifverträgen enthaltene Ausschlussfristen sind von den Gerichten
von Amts wegen zu beachten.

2. Für die Ausübung des *Rechts zur fristlosen Kündigung* (außerordentliche
Kündigung) ist in § 626 II BGB eine zwingende Ausschlussfrist von zwei
Wochen ab Kenntnis des Kündigungsgrundes festgelegt.

3. Die *Kündigungsschutzklage* ist an eine Ausschlussfrist von drei Wochen
gebunden.

Aussperrung

1. *Begriff:* Die von einem oder mehreren Arbeitgebern planmäßig vorgenommene Nichtzulassung von Arbeitnehmern zur Arbeit unter Verweigerung der Lohnzahlung. Die Aussperrung kann alle Arbeitnehmer
eines Betriebs oder Wirtschaftszweigs betreffen; sie kann sich auch nur
gegen die Streikenden oder arbeitsunwilligen Arbeitnehmer richten.
I.d.R. reagiert die Arbeitgeberseite mit der Aussperrung auf einen zuvor

begonnenen Streik (Abwehraussperrung). Eine Aussperrung als Angriffs-
aussperrung ist denkbar, nach 1945 jedoch nicht mehr erfolgt.

2. *Rechtmäßigkeit:*

a) Nach der Rechtsprechung des Bundesarbeitsgerichts (bestätigt vom
BVerfG, 26.6.1991, 1 BvR 779/85) ergibt sich die Befugnis für eine
Abwehraussperrung aus der verfassungsrechtlich garantierten Tari-
fautonomie (Art. 9 III GG) und dem zu deren Funktionieren erforderli-
chen Verhandlungsgleichgewicht der Tarifparteien. Im Vergleich zum
Streik hat die Abwehraussperrung nur eine „begrenzte Funktion und
Legitimation", doch ist sie insoweit gerechtfertigt, wie die angreifende
Gewerkschaft durch bes. Kampftaktiken (z.B. eng begrenzte Teil-
streiks) ein Verhandlungsübergewicht erreichen kann.

b) Im Einzelnen geltende Grundsätze für Abwehraussperrungen:

(1) Ein generelles Aussperrungsverbot ist mit den Grundsätzen der Tarifautonomie nicht vereinbar. Deshalb ist Art. 29 V der Hessischen
Landverfassung (generelles Aussperrungsverbot) unwirksam (Bun-
desrecht geht Landesrecht vor).

(2) Abwehraussperrungen sind auf das *umkämpfte Tarifgebiet* zu
beschränken.

(3) Aussperrungen, die *gezielt* nur die Mitglieder einer streikenden
Gewerkschaft erfassen, nicht organisierte Arbeitnehmer aber ver-
schonen, sind als gegen die positive Koalitionsfreiheit gerichtete
Maßnahmen gemäß Art. 9 III GG rechtswidrig.

(4) Für eine rechtmäßige Aussperrung gelten die *Voraussetzungen,* die an
einen rechtmäßigen Streik zu stellen sind: von einer Tarifvertragspartei (Arbeitgeberverband oder Arbeitgeber) beschlossen und gegen
eine Gewerkschaft gerichtet; eine kollektive Regelung der Arbeitsbedingungen anstrebend; letztes Mittel (Ultima-Ratio-Prinzip); fair
geführt (Übermaßverbot).

3. *Rechtsfolgen:*

a) Eine *zulässige Aussperrung* führt i.d.R. zur Suspendierung des Arbeitsverhältnisses (Arbeitskampf), nur ausnahmsweise zu dessen Auflö-
sung/Beendigung. Letzteres ist nur dann der Fall, wenn der Arbeitgeber eindeutig erklärt, dass die Aussperrung auflösende Wirkung
haben soll, und wenn darüber hinaus die auflösende Wirkung der
Aussperrung als das weitergehende Kampfmittel der Arbeitgeber
nach dem Grundsatz der Verhältnismäßigkeit gerechtfertigt ist, z.B.
wenn sich der Arbeitskampf auf Arbeitnehmerseite zu bes. Intensität
entwickelt, wenn rechtswidrig gestreikt wird oder wenn der Arbeitgeber im Verlaufe eines Arbeitskampfes Arbeitsplätze einsparen oder
anderweitig besetzen will und infolgedessen Arbeitsplätze endgül-
tig wegfallen. Gegenüber Arbeitnehmern, deren Arbeitsplätze durch
bes. gesetzliche Kündigungsschutzregelungen geschützt sind, z.B.
Betriebsratsmitglieder, schwerbehinderte Menschen und Schwangere, ist eine Aussperrung in jedem Fall nur mit suspendierender Wirkung zulässig.

b) Bei einer *rechtswidrigen Aussperrung* bestehen alle Rechte und Pflichten von Arbeitgebern und Arbeitnehmern aus dem Arbeitsverhältnis
fort; d.h. u.a., dass der Arbeitnehmer Anspruch auf Beschäftigung und
Vergütung hat.

Außerordentliche Kündigung

1. *Begriff:* Rechtsgeschäftliche Erklärung, die es jedem Vertragsteil ermöglicht, sich von einem Arbeitsverhältnis (auch von einem befristeten
Arbeitsvertrag) zu lösen, dessen Fortsetzung ihm unzumutbar ist. I.d.R.
ist die außerordentliche Kündigung eine fristlose Kündigung. U.U. kann
eine „Sozialfrist" (außerordentliche Kündigung mit sozialer Auslauffrist)
gewährt werden.

2. Es gilt die *Generalklausel* des § 626 I BGB (für Berufsausbildungsverhält-
nisse § 22 I Nr. 1 BBiG): Das Arbeitsverhältnis kann von jedem Vertragsteil
aus wichtigem Grund ohne Einhaltung einer Kündigungsfrist gekündigt

werden, wenn Tatsachen vorliegen, aufgrund derer dem Kündigenden unter Berücksichtigung aller Umstände des Einzelfalls und unter Abwägung der Interessen beider Vertragsteile die Fortsetzung des Arbeitsverhältnisses bis zum Ablauf der Kündigungsfrist oder bis zu der vereinbarten Beendigung des Arbeitsverhältnisses nicht zugemutet werden kann. Als *wichtige Gründe* kommen v.a. in Frage:

a) *Gröbliche Pflichtverletzungen* (Vertragsbruch), wobei nicht notwendigerweise ein Verschulden vorliegen muss.

b) *Wiederholtes pflichtwidriges Verhalten,* auch wenn die Verfehlungen einzeln genommen nicht ausreichen. I.d.R. ist aber zumindest eine vorhergehende Abmahnung des Arbeitnehmers erforderlich.

c) *Strafbare Handlungen,* sofern sie im Betrieb begangen wurden oder mit dem Arbeitsverhältnis in Berührung stehen und nicht ganz unerheblich sind. Nach überwiegender, aber umstrittener Meinung kann bereits der dringende Verdacht einer strafbaren Handlung ausreichen (Verdachtskündigung).

3. Die *Ausübung des Rechts zur außerordentlichen Kündigung* hat innerhalb von zwei Wochen zu erfolgen (§ 626 II BGB). Die Frist beginnt mit dem Zeitpunkt, in dem der Kündigungsberechtigte von den für die Kündigung maßgebenden Tatsachen Kenntnis erlangt. Die Kündigung bedarf zu ihrer Wirksamkeit der Schriftform. Der Kündigende muss dem anderen Teil auf Verlangen den Kündigungsgrund unverzüglich schriftlich mitteilen.

4. Durch *Tarifvertrag* und *Einzelarbeitsvertrag* können die gesetzlichen Möglichkeiten zur außerordentlichen Kündigung weder beseitigt noch beschränkt, aber auch nicht erweitert werden.

5. *Unwirksamkeit der außerordentlichen Kündigung:* Fehlt ein wichtiger Grund, so ist die außerordentliche Kündigung mangels Rechtsgrundlage unwirksam. Allerdings muss der gekündigte Arbeitnehmer, wenn er dem Kündigungsschutz unterfällt, die Unwirksamkeit der außerordentlichen Kündigung binnen einer Dreiwochenfrist gerichtlich geltend machen, anderenfalls wird die Kündigung voll wirksam (§ 13 I 2 KSchG).

Folge der Unwirksamkeit: Die als außerordentliche Kündigung unwirksame Kündigung kann nach § 140 BGB in eine ordentliche Kündigung zum nächstzulässigen Termin umdeutbar sein. Das ist dann anzunehmen, wenn der Wille des Kündigenden unterstellt werden kann, das Arbeitsverhältnis auf jeden Fall so bald wie möglich zu beenden.

6. Die außerordentliche Kündigung des Arbeitgebers ist in einigen wichtigen Fällen an die *Zustimmung Dritter* gebunden:

a) Die außerordentliche Kündigung des *Mitglieds eines Betriebsrats, einer Jugendvertretung, eines Wahlvorstandes oder eines Wahlbewerbers* ist erst nach Zustimmung des Betriebsrats zulässig (§ 103 BetrVG, § 15 KSchG).

b) Die außerordentliche Kündigung einer *schwangeren Arbeitnehmerin oder schwangeren Auszubildenden* ist (wie die fristgemäße ordentliche Kündigung) nur nach behördlicher Zustimmung ausnahmsweise zulässig (§ 9 MuSchG).

c) Die außerordentliche Kündigung eines *anerkannten schwerbehinderten Menschen* ist nur nach Zustimmung des Integrationsamtes zulässig (§§ 85, 91 SGB IX); die Zustimmung soll erteilt werden, wenn die Kündigung aus einem Grund erfolgt, der nicht im Zusammenhang mit der Behinderung steht.

7. Wie die fristgemäße ordentliche Kündigung ist die außerordentliche Kündigung *unwirksam*, wenn der Betriebsrat *vor* dem Ausspruch der Kündigung nicht angehört wurde (§ 102 I BetrVG).

B

Beendigung des Arbeitsverhältnisses

1. Das Arbeitsverhältnis *endet:* Mit Zeitablauf, wenn eine festbestimmte Zeit vereinbart ist (befristeter Arbeitsvertrag) oder mit Zweckerreichung, wenn es für einen bestimmten Zweck eingegangen worden ist; durch Aufhebungsvertrag; mit dem Tod des Arbeitnehmers, da die Dienste gemäß § 613 BGB in Person zu leisten sind; durch Kündigung; nach umstrittener Ansicht durch lösende Aussperrung im Arbeitskampf; durch gerichtliche Entscheidung nach § 9 KSchG.

2. *Keine Beendigung, aber Wechsel des Arbeitgebers:* Tod des Arbeitgebers; Gesamtrechtsnachfolge der Erben; Übergang des Betriebs auf einen anderen Betriebsinhaber (§ 613a BGB, Betriebsnachfolge).

3. Mit *Erreichung des 65. (bzw. 67.) Lebensjahres* (die Regelaltersgrenze ist ab 1.1.2008 auf 67. Lebensjahre erhöht worden, § 35 SGB VI) findet das Arbeitsverhältnis nicht automatisch, sondern nur dann sein Ende, wenn diese Rechtsfolge ausdrücklich in einem Tarifvertrag, einer Betriebsvereinbarung oder im Einzelarbeitsvertrag festgelegt ist. Eine Vereinbarung, die die Beendigung des Arbeitsverhältnisses eines Arbeitnehmers ohne Kündigung zu einem Zeitpunkt vorsieht, in dem der Arbeitnehmer vor Vollendung des 65. (bzw. 67.) Lebensjahres Altersruhegeld der gesetzlichen Rentenversicherung beantragen kann, gilt dem Arbeitnehmer gegenüber als auf die Vollendung des 65. (bzw. 67.) Lebensjahres abgeschlossen, es sei denn, dass dieser die Vereinbarung innerhalb der letzten drei Jahre vor dem Zeitpunkt, in dem er erstmals den Antrag stellen könnte, schriftlich bestätigt; vgl. § 41 SGB VI.

4. Die Beendigung von Arbeitsverhältnissen durch *Kündigung oder Aufhebungsvertrag* sowie die Befristung bedürfen zu ihrer Wirksamkeit der Schriftform (§ 623 BGB).

Befristeter Arbeitsvertrag

1. *Begriff:* Arbeitsvertrag, der auf bestimmte Zeit abgeschlossen ist. In einem befristeten Vertrag ist die ordentliche Kündigung ausgeschlossen, es sei denn, der Arbeitsvertrag regelt das ausdrücklich anders.

2. *Arten der Befristung:*

a) Kalendermäßig genaue Festlegung des Endes;

b) nach Art, Zweck oder Beschaffenheit der Arbeitsleistung z.B. Einstellung einer Verkäuferin für die Dauer des Ausverkaufs oder zur Aushilfe für Erkrankte.

3. Die *Zulässigkeit* ist umfassend geregelt im Teilzeit- und Befristungsgesetz (TzBfG) von 21.12.2000 (BGBl. I 1966). Die Befristung muss immer *schriftlich* erfolgen, um wirksam zu sein.

a) Die Befristung von Arbeitsverträgen ist immer zulässig, wenn sie durch einen *sachlichen Grund* gerechtfertigt ist (§ 14 I TzBfG). Als sachliche Gründe nennt das Gesetz u.a. einen nur vorübergehenden Bedarf an der Arbeitsleistung, die Vertretung anderer Arbeitnehmer, Erprobung, gerichtlichen Vergleich.

b) Nach § 14 II TzBfG ist auch *ohne sachlichen Grund* die kalendermäßige Befristung bis zur Dauer von zwei Jahren zulässig. Innerhalb dieses Zeitraums ist die dreimalige Verlängerung eines befristeten Arbeitsvertrages zulässig. Für *neu gegründete Unternehmen* verlängert sich die Höchstdauer der Befristung auf vier Jahre, innerhalb derer auch eine mehrfache Befristung möglich ist (§ 14 IIa TzBfG). Voraussetzung einer Befristung ohne Sachgrund ist stets, dass es sich um eine Neueinstellung handelt.

c) *Ältere Arbeitnehmer:* Ist der Arbeitnehmer bei Beginn des Arbeitsverhältnisses über 52 Jahre alt und mehr als 4 Monate beschäftigungslos, sind Befristungen auch ohne sachlichen Grund bis zu 5 Jahren zulässig. Ob allerdings diese erleichterte Möglichkeit, befristete Arbeitsverhältnisse mit älteren Arbeitnehmern zu schließen, unionsrechtskonform ist, ist umstritten. Manche sehen darin eine *unzulässige Altersdiskriminierung*. Weiterhin sieht § 41 Satz 3 SGB VI Befristungsmöglichkeiten bei Erreichen der Regelaltersgrenze vor; aber auch dies ist umstritten, weil manche auch darin eine unzulässige Altersdiskriminierung sehen.

d) *Weitere Sonderregelungen:* Für wissenschaftliche Mitarbeiter an Hochschulen und Forschungseinrichtungen gelten die Sonderregelungen des Wissenschaftszeitvertragsgesetzes vom 12.4.2007 (BGBl. I 506).

4. *Klagefrist:* Die Unzulässigkeit einer Befristung muss vom Arbeitnehmer innerhalb von drei Wochen nach dem vereinbarten Ende durch Klage beim Arbeitsgericht geltend gemacht werden (§ 17 TzBfG).

5. *Folgen:* Der wirksame befristete Arbeitsvertrag endet mit Fristablauf automatisch, d.h. es bedarf keiner Kündigung und deshalb greifen der Kündigungsschutz und Kündigungsverbote nicht ein. Der befristete Arbeitsvertrag kann vor Fristablauf nur dann ordentlich gekündigt werden, wenn das vereinbart ist (§ 15 TzBfG). Wird der befristete Arbeitsvertrag über den Endzeitpunkt mit Wissen des Arbeitgebers fortgesetzt, geht es in ein Arbeitsverhältnis auf unbestimmte Zeit über. War die Befristung unwirksam, gilt der befristete Arbeitsvertrag als auf unbestimmte Zeit geschlossen (§ 16 TzBfG).

Belegschaft

Gesamtheit aller im Betrieb tätigen Arbeitnehmer: Arbeiter und Angestellte, einschließlich der Auszubildenden, ausschließlich leitende Angestellte.

Berufsausbildung

Ausbildung in einem staatlich anerkannten Ausbildungsberuf. Die Berufsausbildung hat die für die Ausübung einer qualifizierten beruflichen Tätigkeit in einer sich wandelnden Arbeitswelt notwendigen beruflichen Fertigkeiten, Kenntnisse und Fähigkeiten in einem geordneten Ausbildungsgang zu vermitteln. Sie hat ferner den Erwerb der erforderlichen Berufserfahrungen zu ermöglichen (§ 1 III BBiG). Die Berufsausbildung vollzieht sich überwiegend im dualen System und den Vollzeitberufsschulen.

Berufsständische Vereinigung

Körperschaften des öffentlichen Rechts, in denen kraft Gesetzes Angehörige bestimmter Berufe Mitglied sind (Zwangsmitgliedschaft). Aufgaben sind Interessenvertretung und Wahrung der inneren Ordnung des Berufsstandes.

Beschäftigungsanspruch

Anspruch auf tatsächliche Beschäftigung mit der vertraglich vereinbarten Tätigkeit. Nach h.M. hat im Hinblick auf den Persönlichkeitsschutz der Art. 1 und Art. 2 GG jeder Arbeitnehmer einen Anspruch auf eine vertragsmäßige Beschäftigung, der nur bei Unzumutbarkeit entfällt.

Beschäftigungsverhältnis

Zweiseitiges Verhältnis, in dem sich Arbeitgeber und Arbeitnehmer in der Art gegenüberstehen, dass der Arbeitnehmer sich gegenüber dem Arbeitgeber in persönlicher und wirtschaftlicher Abhängigkeit befindet und der Arbeitgeber seinerseits Verfügungsgewalt über die Arbeitskraft des Arbeitnehmers ausübt.

Ein *abhängiges Beschäftigungsverhältnis* im Sinn der *Sozialversicherung* besteht nur dann, wenn der Arbeitnehmer gegen Entgelt arbeitet, rechtlich und tatsächlich dem Arbeitgeber zur Verfügung steht und eine wirtschaftliche und persönliche Abhängigkeit vom Arbeitgeber vorliegt.

Beschlussverfahren

1. *Begriff:* Das Beschlussverfahren ist ein bes. gerichtliches Verfahren in der Arbeitsgerichtsbarkeit. Es dient v.a. der Entscheidung betriebsverfassungsrechtlicher Rechtsstreitigkeiten (§§ 2 a, 80 ff. ArbGG). Auch eine einstweilige Verfügung ist im Beschlussverfahren möglich.

2. Die Vorschriften über das Beschlussverfahren weisen *Besonderheiten gegenüber dem arbeitsgerichtlichen Urteilsverfahren* auf:

a) Das Verfahren wird durch einen „Antrag" eingeleitet.

b) Die Parteien heißen „Beteiligte".

c) Der Sachverhalt ist im Rahmen des gestellten Antrags von Amts wegen zu erforschen.

d) Es findet keine streitige Verhandlung, sondern ein „Anhörungstermin" statt.

e) Das Gericht entscheidet nicht durch Urteil, sondern durch „Beschluss".

f) Rechtsmittel gegen einen Beschluss der ersten Instanz ist die Beschwerde, gegen einen Beschluss der zweiten Instanz die Rechtsbeschwerde.

g) Gerichtskosten werden im Beschlussverfahren nicht erhoben (§ 12 V ArbGG).

Betrieb

Örtliche, technische und organisatorische Einheit zum Zwecke der Erstellung von Gütern und Dienstleistungen, charakterisiert durch einen räumlichen Zusammenhang und eine Organisation, „die auf die Regelung des Zusammenwirkens von Menschen und Menschen, Menschen und Sachen sowie von Sachen und Sachen im Hinblick auf gesetzte Ziele gerichtet ist" (Kosiol).

Betriebliche Altersversorgung (bAV)

Altersversorgung, die im Zusammenhang mit einem Arbeitsverhältnis aufgebaut wird. Gemäß § 1 I S. 1 handelt es sich um eine bAV, wenn einem Arbeitnehmer Leistungen der Alters-, Invaliditäts- oder Hinterbliebenenversorgung aus Anlass seines Arbeitsverhältnisses zugesagt werden. Durch die Absicherung biometrischer Risiken unterscheidet sie sich von einer reinen renditeorientierten Kapitalbildung (z.B. von einem Tagesgeldkonto o.ä.). Zur Durchführung der bAV stehen fünf Durchführungswege zur Verfügung: die Direktzusage als unmittelbare Versorgungszusage des Arbeitgebers sowie die mittelbaren Versorgungszusagen per Direktversicherung, Pensionskasse, Pensionsfonds und Unterstützungskasse (rückgedeckt/pauschaldotiert). Hinsichtlich der Leistungsplangestaltung stehen drei Zusageformen zur Auswahl: Leistungszusagen, beitragsorientierte Leistungszusagen und Beitragszusagen mit Mindestleistung. Die bAV zählt zur 2. Schicht der Altersversorgung, der Zusatzversorgung.

Sie ist grundsätzlich eine freiwillige Sozialleistung (im Gegensatz zur 1. Schicht, der Basisversorgung, dazu gehören die gesetzliche Rente oder dieser gleichgestellte Renten) aus Anlass eines Arbeitsverhältnisses, ausgelöst durch ein biologisches Ereignis mit Versorgungscharakter bzw. Versorgungszweck, und wird vom Staat gefördert (im Gegensatz zur rein privaten Vorsorge der 3. Schicht). Die bAV kann auch rein arbeitnehmerfinanziert sein (Entgeltumwandlung). Die deutsche bAV blickt auf eine lange Tradition zurück; bereits in der ersten Hälfte des 19. Jahrhunderts entstanden die ersten Versorgungswerke.

Betriebliche Lohngestaltung

1. *Begriff:* Aufstellung von Entlohnungsgrundsätzen und die Einführung und Anwendung von neuen Entlohnungsmethoden sowie deren Änderung. Betriebliche Lohngestaltung ist die Festlegung kollektiver, abstrakter Regelungen, nach denen die Entlohnung im Betrieb vorgenommen werden soll. Es geht um die Strukturformen des Entgelts einschließlich ihrer näheren Vollziehungsformen (betriebliche Lohngerechtigkeit), nicht aber unmittelbar um die Lohnhöhe.

2. Fragen der betrieblichen Lohngestaltung unterliegen dem erzwingbaren *Mitbestimmungsrecht* des Betriebsrats in sozialen Angelegenheiten, soweit die Angelegenheit nicht durch Tarifvertrag geregelt ist (§ 87 I Nr. 10 BetrVG). Die Mitbestimmung umfasst nicht die Festlegung der Vergütung im Einzelfall.

Der Begriff „*Lohn*" ist nach der Rechtsprechung hier weit zu verstehen, sodass auch Richtlinien über Prämien, zinsgünstige Darlehen des Arbeitgebers, Ruhegeldansprüche etc. mitbestimmungspflichtig sind.

Bei freiwilligen *zusätzlichen Leistungen* kann der Arbeitgeber aber nicht über das Mitbestimmungsrecht des Betriebsrats gezwungen werden, diese Leistungen zu erbringen. Die Mitbestimmung des Betriebsrats erstreckt sich auf den Verteilungsplan innerhalb des vom Arbeitgeber vorgegebenen Dotierungsrahmens. Der Arbeitgeber kann nach der Rechtsprechung allein darüber entscheiden, in welchem Umfang er finanzielle Mittel zur

Verfügung stellen will, welchen Zweck er mit den Leistungen verfolgen will und auf welchen Personenkreis sie sich erstrecken sollen.

Hinsichtlich des *eigentlichen Arbeitsentgelts* kommt ein Mitbestimmungsrecht des Betriebsrats i.d.R. nur als Ergänzung tarifvertraglicher Regelungen in Betracht, da die Entgelthöhe meist tarifvertraglich festgelegt ist. In Frage kann nur ein Mitbestimmungsrecht kommen hinsichtlich der Grundsätze des Lohnsystems (Zeitlohn, Leistungslohn) und der abstrakten Faktoren für eine gerechte betriebliche Lohngestaltung, d.h. für ein angemessenes Verhältnis von Leistung und Lohn.

3. Für außertarifliche Angestellte gibt es keinen Vorrang des Tarifvertrags (Betriebsvereinbarung). Deshalb besteht ein Mitbestimmungsrecht des Betriebsrats bei der Bildung von Gehaltsgruppen bei AT-Angestellten (aber nicht der Abstände zur höchsten Tarifgruppe) und der Wertunterschiede zwischen den Gruppen (umstritten).

Betriebliche Übung

Tatsächliche gleichmäßige Übung innerhalb eines Betriebs. Eine betriebliche Übung liegt dann vor, wenn die Arbeitnehmer aus dem Verhalten des Arbeitgebers folgern können, es handle sich um eine auf Dauer angelegte Handhabung, die auch künftig eingehalten wird. Entscheidend ist, dass der Arbeitnehmer aus dem Verhalten, bes. aus einer über längere Zeit vorbehaltlos geübten Praxis, auf das Vorliegen eines Verpflichtungswillens mit einem bestimmten Inhalt schließen durfte. *Beispiel:* Mehrfache Gewährung gleichartiger Sozialleistungen.

Ein *Anspruch des Arbeitnehmers aus betrieblicher Übung* wird zum Inhalt des Arbeitsvertrags und kann vom Arbeitgeber nicht wieder einseitig aufgehoben oder widerrufen werden. Sie kann nach der Rechtsprechung des Bundesarbeitsgerichts auch nicht durch eine *entgegengesetzte betriebliche Übung* wieder beseitigt werden (BAG, 18.3.2009 – 10 AZR 281/08). Die betriebliche Übung ist abzugrenzen von der Gesamtzusage. Diese beruht, anders als die betriebliche Übung, auf einer ausdrücklichen Erklärung des Arbeitgebers.

Betriebliches Bündnis für Arbeit

Bezeichnung für Vereinbarungen auf betrieblicher Ebene über den Erhalt von Arbeitsplätzen durch Entgeltverzicht, Arbeitszeitverlängerung oder Flexibilisierung. Ist der Arbeitgeber an einen Flächentarifvertrag gebunden, können dessen Normen nur durch einen speziellen Firmentarifvertrag unterschritten werden oder wenn eine Tariföffnungsklausel das erlaubt.

Betriebliches Vorschlagswesen

1. *Begriff:* System der organisatorischen Behandlung und Belohnung von technischen und nichttechnischen (z.B. kaufmännischen) Verbesserungen aus dem Kreis der Arbeitnehmer mit dem Ziel, die Leistungen des Betriebs ständig zu verbessern.

2. *Mitbestimmungsrecht:*

a) Hinsichtlich der *Grundsätze über das betriebliche Vorschlagswesen* besteht ein erzwingbares Mitbestimmungsrecht des Betriebsrats in sozialen Angelegenheiten (§ 87 I Nr. 12 BetrVG).

b) Für *technische Verbesserungsvorschläge* ist das Mitbestimmungsrecht i.d.R. auf die Regelung organisatorischer Fragen beschränkt, da im Übrigen eine gesetzliche Regelung über die Arbeitnehmererfindung besteht. Das Mitbestimmungsrecht greift ein, sobald für eine allg. Regelung des betrieblichen Vorschlagswesens ein Bedürfnis besteht; es erstreckt sich auf Fragen der Organisation des betrieblichen Vorschlagswesens und die Aufstellung allg. Grundsätze für die Bemessung der Prämien, nicht unmittelbar auf deren Höhe und Zahlung im Einzelfall.

Betriebs- und Geschäftsgeheimnis

1. Nebenpflicht aus dem *Arbeitsverhältnis* zur Wahrung von Betriebs- und Geschäftsgeheimnis; Treuepflicht des Arbeitnehmers, Schweigepflicht. Die Pflicht gilt auch für den *Auszubildenden* (§ 13 Nr. 6 BBiG). Alle Mitglieder des Betriebsrats, Mitglieder des Gesamtbetriebsrats, der Einigungsstelle, Schlichtungsstelle, Vertreter nach § 25 BetrVG sowie die Vertreter

von Gewerkschaften und Arbeitgeberverbänden haben über Betriebs- und Geschäftsgeheimnisse Stillschweigen zu wahren, wenn der Arbeitgeber diese ausdrücklich als geheim zu halten bezeichnet. Die Schweigepflicht gilt auch nach dem Ausscheiden, aber nicht gegenüber Betriebsratsmitgliedern (§ 79 BetrVG).

Betriebsänderung

1. *Begriff:* Jede Änderung der betrieblichen Organisation, der Struktur, des Tätigkeitsbereichs, der Arbeitsweise, der Fertigung, des Standorts etc.

2. Dem *Mitbestimmungsrecht* des Betriebsrats unterliegen in Unternehmen mit i.d.R. mehr als 20 wahlberechtigten Arbeitnehmern nur solche Betriebsänderungen, die *wesentliche Nachteile* für die Belegschaft oder erhebliche Teile derselben zur Folge haben können (§§ 111–113 BetrVG):

Als Betriebsänderungen gelten:

(1) Einschränkung und Stilllegung des ganzen Betriebs oder von wesentlichen Betriebsteilen,

(2) Verlegung des ganzen Betriebs oder von wesentlichen Betriebsteilen,

(3) Zusammenschluss mit anderen Betrieben oder Spaltung von Betrieben,

(4) grundlegende Änderungen von Betriebsorganisation, -zweck oder -anlagen und

(5) Einführung grundlegend neuer Arbeitsmethoden und Fertigungsverfahren.

3. An das Vorliegen einer Betriebsänderung knüpfen *Unterrichtungs- und Beratungspflichten* des Arbeitgebers und die *Pflicht zur Durchführung eines Interessenausgleichs und zur Aufstellung eines Sozialplans* an (§§ 111–113 BetrVG).

Betriebsausflug

Meist eintägige vom Arbeitgeber geförderte betriebliche Veranstaltung (Ausflug, Reise) mit geselligem Angebot. Die Teilnahme an einem

Betriebsausflug muss freiwillig sein und allen Betriebsangehörigen offen stehen; Druck, gleichgültig welcher Art, darf nicht ausgeübt werden. Zweck des Betriebsausfluges ist die Förderung der Zusammengehörigkeit („Verbesserung des Betriebsklimas"). Für die Veranstaltung eines Betriebsausfluges gibt es *keine zwingende rechtliche Grundlage*. Auch das Mitbestimmungsrecht des Betriebsrats beschränkt sich auf die vor- oder nachzuarbeitende Arbeitszeit bzw. das Ausmaß der anzurechnenden Arbeitszeit.

Sachzuwendungen des Arbeitgebers an die Arbeitnehmer aus Anlass eines Betriebsausfluges (z.B. Bewirtung, Geschenke, Fahrtkosten) gehören nicht zum Arbeitsentgelt, sind daher steuer- und sozialversicherungsfrei, solange sie einen gewissen Rahmen nicht überschreiten. Zuwendungen für teilnehmende Angehörige werden den jeweiligen Arbeitnehmern zugerechnet. Auch für den Arbeitgeber sind die Sachzuwendungen steuerfrei, wenn sie sich unterhalb der gesetzlichen Obergrenzen bewegen.

Betriebsausschuss

Organ des Betriebsrats. Betriebsräte mit neun oder mehr Mitgliedern wählen aus ihrer Mitte drei (in größeren Betrieben fünf bis neun) Ausschussmitglieder, die zusammen mit dem Vorsitzenden und dem stellvertretenden Vorsitzenden des Betriebsrats den Betriebsausschuss bilden (§ 27 BetrVG).

Aufgaben: Führung der laufenden Geschäfte des Betriebsrats; das Gesetz sieht die Möglichkeit vor, dass der Betriebsrat mit der Mehrheit seiner Mitglieder dem Betriebsausschuss auch Aufgaben zur selbstständigen Erledigung (nicht jedoch den Abschluss von Betriebsvereinbarungen) übertragen kann.

Betriebsbedingte Kündigung

Ordentliche Kündigung des Arbeitsverhältnisses, die durch dringende betriebliche Erfordernisse, die einer Weiterbeschäftigung des Arbeitnehmers entgegenstehen, bedingt ist (§ 1 II KSchG). Eine betriebsbedingte Kündigung ist gerechtfertigt, wenn eine unternehmerische Entscheidung vorliegt, wegen inner- oder außerbetrieblicher Ursachen (Rationalisierung, Auftragsmangel) Arbeiten nicht mehr im Betrieb erledigen zu lassen, und deshalb ein oder mehrere Arbeitsplätze überflüssig werden. Im Streitfall muss der Arbeitgeber dies nachvollziehbar darlegen und beweisen, auch, dass eine anderweitige Beschäftigung nicht möglich ist. Die unternehmerische Entscheidung wird vom Arbeitsgericht nicht auf ihre Zweckmäßigkeit überprüft. Die betriebsbedingte Kündigung ist trotzdem *sozial ungerechtfertigt,* wenn der Arbeitgeber bei der Auswahl des Arbeitnehmers soziale Gesichtspunkte (Betriebszugehörigkeit, Lebensalter, Unterhaltspflichten, Schwerbehinderung) nicht oder nicht ausreichend berücksichtigt hat. Die soziale Auswahlpflicht entfällt jedoch ausnahmsweise, soweit die Weiterbeschäftigung eines oder mehrerer Arbeitnehmer wegen *hervorgehobenen Kenntnissen, Fähigkeiten und Leistungen* oder zur *Sicherung einer ausgewogenen Personalstruktur* im betrieblichen Interesse liegt. In der Praxis gelingt es selten, auf diesem Weg eine Sozialauswahl zu vermeiden. Wird bei der sozialen Auswahl das Lebensalter zu stark berücksichtigt, kann das eine unzulässige Benachteiligung der jüngeren Mitarbeiter sein (BAG, 06.11.2008 – AZ 2 AZR 523/07). Im *Insolvenzverfahren* sind betriebsbedingte Kündigungen nach Maßgabe der §§ 113, 125–126 InsO erleichtert.

Betriebsferien

Vom Arbeitgeber gemeinsam mit dem Betriebsrat nach § 87 I Nr. 5 BetrVG festgelegte gleiche Urlaubszeit für alle oder einen Teil der Betriebsangehörigen, während der Betrieb oder ein Teil des Betriebs geschlossen wird. Eine dahingehende Betriebsvereinbarung bindet die Arbeitnehmer mit normativer Wirkung. In Betrieben ohne Betriebsrat kann der Arbeitgeber kraft Direktionsrechts Betriebsferien anordnen.

Betriebsfrieden

Begriff des BetrVG. Arbeitgeber und Betriebsrat, die nach § 2 I BetrVG vertrauensvoll zum Wohl der Arbeitnehmer und des Betriebs zusammenarbeiten sollen, sind zur Wahrung des Betriebsfriedens verpflichtet.

Beide Betriebspartner haben Betätigungen zu unterlassen, durch die der Arbeitsablauf oder der Frieden des Betriebs beeinträchtigt werden (§ 74 II 2 BetrVG); sie dürfen v.a. *keine Maßnahmen des Arbeitskampfes* gegeneinander ergreifen (§ 74 II 1 BetrVG). Das Gebot, den Betriebsfrieden zu wahren, hat ein *ausdrückliches Verbot der parteipolitischen Betätigung* von Arbeitgeber und Betriebsrat im Betrieb zur Folge (§ 74 II 3 BetrVG). Der Betriebsrat ist bei Konflikten auf das im BetrVG vorgesehene *Einigungs- und Ausgleichsverfahren* angewiesen (Einigungsstelle).

Betriebsrat

I. Begriff:

Gesetzlich berufenes Vertretungsorgan der Belegschaft eines Betriebs innerhalb der Betriebsverfassung. Als Organ der Betriebsverfassung wird der Betriebsrat im eigenen Namen kraft Amtes tätig. Im Rahmen der eigentlichen Betriebsverfassung ist der Betriebsrat der hauptsächliche Träger der Mitbestimmungs- und Mitwirkungsrechte der Arbeitnehmer. Der Betriebsrat ist die gemeinsame Vertretung der Arbeiter und Angestellten.

Im *öffentlichen Dienst:* Personalrat. Auf *Konzernebene:* Gesamtbetriebsrat, Konzernbetriebsrat. Im Fall *EU-weit operierender Unternehmen bzw. Unternehmensgruppen:* europäischer Betriebsrat.

II. Gesetzliche Grundlage:

Betriebsverfassungsgesetz i.d.F. vom 25.9.2001 (BGBl. I 2518) m.spät. Änd. Für die *Wahl des Betriebsrats und der Jugend- und Auszubildendenvertretung* gilt ergänzend die Wahlordnung vom 11.9.2001 (BGBl. I 3494); für die Wahl der Bordvertretung und des Seebetriebsrats, die auf Schiffen und im Seebetrieb die Beteiligungsrechte eines Betriebsrats ausüben, ist die Wahlordnung Seeschifffahrt (WOS 2002) vom 7.2.2002 (BGBl. I 594) maßgebend.

III. Voraussetzung/Zusammensetzung:

In allen Betrieben mit i.d.R. mind. fünf ständigen wahlberechtigten Arbeitnehmern, von denen drei wählbar sind, werden Betriebsräte gewählt (§ 1);

auch die Seeschifffahrt ist in die Betriebsverfassung einbezogen (§§ 114–
116). Die Belegschaft ist allerdings nicht verpflichtet, einen Betriebsrat zu
wählen. Auf der anderen Seite kann auch dann ein Betriebsrat gewählt
werden, wenn die Mehrheit der Belegschaft dagegen ist. *Wahlberechtigt*
zum Betriebsrat sind alle Arbeitnehmer, die das 18. Lebensjahr vollendet
haben (§ 7); grundsätzlich sind alle Wahlberechtigten wählbar, sofern sie
sechs Monate dem Betrieb angehören (§ 8). Die *Anzahl der Mitglieder im
Betriebsrat* ist von der Größe der Belegschaft abhängig (§ 9).

IV. *Wahl:*

Der Betriebsrat wird in *geheimer und unmittelbarer Wahl* von den Arbeitnehmern des Betriebes aufgrund von Wahlvorschlägen gewählt (§ 14).
In Kleinbetrieben (5-50 wahlberechtigte Arbeitnehmer) gilt ein verein-
fachtes Wahlverfahren nach § 14a BetrVG. Die regelmäßigen Betriebsratswahlen finden *alle vier Jahre* in der Zeit vom 1. März bis 31. Mai statt.
Die Amtszeit des Betriebsrats beträgt i.d.R. vier Jahre (§ 21). *Vorbereitung
und Durchführung* der Wahl obliegt dem Betriebswahlvorstand. *Anfechtung* der Wahl (§ 19 BetrVG): Bei Missachtung wesentlicher Vorschriften,
die das Wahlergebnis beeinflusst haben kann, binnen zwei Wochen beim
Arbeitsgericht. Unter bestimmten Voraussetzungen kann im Vorfeld auch
eine einstweilige Verfügung gegen die fehlerhafte Durchführung der Wahl
erwirkt werden, nämlich dann, wenn die Wahl aufgrund des Fehlers nichtig
wäre, BAG, 27.7.2011 – 7 ABR 61/10. Die Wahl des Betriebsrats (v.a. auch
die Bildung des Wahlvorstands) ist bes. geschützt (vgl. §§ 20, 103, 119 I Nr.
1 BetrVG; § 15 III-V KSchG).

V. *Geschäftsführung:*

1. Besteht der Betriebsrat aus mehr als einer Person, so wählt er aus seiner
Mitte den *Vorsitzenden* und dessen *Stellvertreter*. Der Vorsitzende oder im
Fall seiner Verhinderung der Stellvertreter vertritt den Betriebsrat im Rahmen der von ihm gefassten Beschlüsse und ist zur Entgegennahme von
Erklärungen, die gegenüber dem Betriebsrat abzugeben sind, berechtigt
(§ 26). Größere Betriebsräte (ab neun Mitglieder) müssen einen *Betriebsausschuss* bilden, der die laufenden Geschäfte des Betriebsrats führt

(§ 27). Besteht ein Betriebsausschuss, so kann der Betriebsrat auch weitere Ausschüsse bilden und ihnen bestimmte Aufgaben übertragen (§ 28).

2. Die Mitglieder des Betriebsrats führen ihr Amt unentgeltlich als *Ehrenamt* (§ 37 I). Aus seiner Wahrnehmung dürfen den Betriebsratsmitgliedern keine Vor- und Nachteile entstehen. Der Arbeitgeber ist verpflichtet, die Betriebsratsmitglieder in dem für die ordnungsgemäße Durchführung ihrer Aufgaben erforderlichen Umfang von der Arbeit *freizustellen* (§§ 37 II, 38). Er hat die für die Arbeit des Betriebsrats notwendigen Aufwendungen zu ersetzen; er hat die dafür erforderlichen sachlichen und räumlichen Mittel zur Verfügung zu stellen (§ 40). Die Betriebsratsmitglieder sollen gegenüber dem Arbeitgeber möglichst unabhängig sein; deshalb sind sie *bes. geschützt* (u.a. §§ 37 IV und V, 38 III und IV, 78, 78a, 119 I Nr. 2 und 3) und genießen einen bes. Kündigungsschutz (§ 103 BetrVG, § 15 I, IV und V KSchG).

3. Mitglieder des Betriebsrats können unter Fortzahlung des Arbeitsentgelts und unter Übernahme der angemessenen Kosten durch den Arbeitgeber vom Betriebsrat zur Teilnahme an solchen *Schulungs- und Bildungsveranstaltungen* entsandt werden, die für die Arbeit des Betriebsrats erforderliche Kenntnisse vermitteln (§ 37 VI). Darüber hinaus hat jedes Mitglied des Betriebsrats pro Amtsperiode Anspruch auf Freistellung von der Arbeit unter Fortzahlung des Arbeitsentgelts für die Dauer von drei Wochen (bei erstmals gewählten Mitgliedern für die Dauer von vier Wochen) zur Teilnahme an solchen Schulungs- und Bildungsveranstaltungen, die von den obersten Arbeitsbehörden der Länder als geeignet anerkannt sind (§ 37 VII).

VI. *Grundsätze für die Zusammenarbeit zwischen Betriebsrat und Arbeitgeber:*

Grundsatznorm des BetrVG ist, dass Arbeitgeber und Betriebsrat unter Beachtung der geltenden Tarifverträge und im Zusammenwirken mit den im Betrieb vertretenen Gewerkschaften und Arbeitgebervereinigungen zum Wohle der Arbeitnehmer und des Betriebes *vertrauensvoll zusammenzuarbeiten* haben (§ 2 I). Sie haben über strittige Fragen mit dem ernsten Willen zur Einigung zu verhandeln und Vorschläge für die Beilegung von Meinungsverschiedenheiten zu machen (§ 74 I). Arbeitgeber und Betriebsrat haben Betätigungen zu unterlassen, durch die der Arbeitsablauf oder der *Betriebsfrieden* beeinträchtigt werden; Maßnahmen des Arbeitskampfes sind zwischen Arbeitgeber und Betriebsrat unzulässig (§ 74 II). Auch parteipolitische Betätigungen sind zu unterlassen; die Behandlung von Angelegenheiten tarifpolitischer, sozialpolitischer und wirtschaftlicher Fragen, die den Betrieb oder seine Arbeitnehmer unmittelbar betreffen, ist jedoch erlaubt (§ 74 II).

VII. *Beteiligungsrechte des Betriebsrats:*

1. *Allgemeine Aufgaben* (§ 80 I): U.a.

a) darüber zu wachen, dass die zugunsten der Arbeitnehmer geltenden Gesetze, Verordnungen, Unfallverhütungsvorschriften, Tarifverträge und Betriebsvereinbarungen durchgeführt werden;

b) Maßnahmen, die dem Betrieb und der Belegschaft dienen, beim Arbeitgeber zu beantragen;

c) die Eingliederung Schwerbehinderter und sonstiger bes. schutzbedürftiger Personen zu fördern;

d) die Beschäftigung älterer Arbeitnehmer im Betrieb zu fördern;

e) die Eingliederung ausländischer Arbeitnehmer im Betrieb und das Verständnis zwischen ihnen und den dt. Arbeitnehmern zu fördern.

Unterrichtspflicht des Arbeitgebers: Zur Durchführung seiner Aufgaben nach dem BetrVG ist der Betriebsrat rechtzeitig und umfassend vom Arbeitgeber zu unterrichten. Ihm sind auf Verlangen jederzeit die zur Durchführung seiner Aufgaben erforderlichen Unterlagen zur Verfügung zu stellen (§ 80 II).

Arbeitgeber und Betriebsrat haben darüber zu wachen, dass alle im Betrieb *tätigen Personen nach Recht und Billigkeit behandelt* werden, v.a. dass jede unterschiedliche Behandlung aus Gründen des Geschlechts, der Abstammung, Religion, Nationalität, Herkunft, der politischen oder gewerkschaftlichen Betätigung oder Einstellung unterbleibt (§ 75 I). Arbeitgeber und Betriebsrat haben ferner die *freie Entfaltung der Persönlichkeit des Arbeitnehmers* zu fördern (§ 75 II).

2. *Bes. Beteiligungsrechte* (von erheblicher Bedeutung) in der Form der Mitbestimmung oder der Mitwirkung: soziale Angelegenheiten; personelle Angelegenheiten; wirtschaftliche Angelegenheiten.

VIII. *Haftung des Betriebsrats:*

Der Betriebsrat ist (mit Ausnahme seiner Beteiligungsfähigkeit im Beschlussverfahren) im allg. Rechtsverkehr nicht rechtsfähig; er ist auch nicht vermögensfähig. Er haftet daher als solcher weder aus Rechtsgeschäft noch aus unerlaubter Handlung für Verbindlichkeiten oder Schäden, die durch seine Beschlüsse oder Erklärungen entstehen. Allenfalls eine Haftung von einzelnen Mitgliedern des Betriebsrats kann in Betracht kommen, etwa wenn der Betriebsratsvorsitzende zu Unrecht ein Beratungsunternehmen beauftragt, vgl. BGH, 25.10.2012 – III ZR 266/11 (im Einzelnen umstritten).

IX. *Auflösung/Ausschluss:*

1. Der Betriebsrat kann durch eine *Entscheidung des Arbeitsgerichts im Beschlussverfahren (gerichtliche Auflösung)* aufgelöst werden, wenn er seine gesetzlichen Pflichten grob verletzt (§ 23). Fallen die Verfehlungen nur einzelnen Betriebsratsmitgliedern zur Last, so können diese aus dem Betriebsrat ausgeschlossen werden, ohne dass der Betriebsrat selbst aufgelöst wird. Eine *Abberufung* des Betriebsrats in einer Betriebsversammlung oder durch Mehrheitsbeschluss der Wahlberechtigten ist nach dem Gesetz nicht möglich.

2. Die Auflösung oder der Ausschluss kann vom Arbeitgeber, von einer im Betrieb vertretenen Gewerkschaft oder von einem Viertel der wahlberechtigten Arbeitnehmer beim Arbeitsgericht *beantragt* werden.

3. Nach der Auflösung ist der Betriebsrat *neu zu wählen.*

Betriebsrisiko

Bei dem Betriebsrisiko geht es um die Frage, ob das Arbeitsentgelt trotz unverschuldeter fehlender Beschäftigungsmöglichkeit (v.a. wegen Betriebsstörungen) gezahlt werden muss. Grundsätzlich trägt der

Arbeitgeber das Betriebsrisiko, er muss also das Arbeitsentgelt zahlen, vgl. § 615 S. 3 BGB.

Betriebsstilllegung

1. *Begriff:* Aufgabe des Betriebszwecks unter gleichzeitiger Auflösung der Betriebsorganisation aufgrund eines ernstlichen und endgültigen Willensentschlusses des Unternehmers für unbestimmte, nicht nur vorübergehende Zeit. Es muss sich um eine vom Unternehmer gewollte und durch Auflösung der betrieblichen Organisation auch tatsächlich durchgeführte Maßnahme handeln, wobei es auf die Gründe für die Unternehmerentscheidung nicht ankommt.

Die Weiterbeschäftigung weniger Arbeitnehmer mit *Abwicklungsarbeiten* steht der Annahme einer Betriebsstilllegung nicht entgegen.

2. *Mitbestimmung* des Betriebsrats in Betrieben mit i.d.R. mehr als 20 wahlberechtigten Arbeitnehmern (§§ 111–113 BetrVG).

3. Die Betriebsstilllegung kann Kündigungen sozial rechtfertigen und hat Einfluss auf *Kündigungsschutz* der Betriebsratsmitglieder (§ 15 IV KSchG).

Betriebsvereinbarung

Vereinbarung auf betrieblicher Ebene zwischen Arbeitgeber und Betriebsrat, durch die Bestimmungen getroffen werden können, die unmittelbar auf das Arbeitsverhältnis einwirken. Betriebsvereinbarungen werden als Verträge zwischen Arbeitgeber und Betriebsrat geschlossen.

Betriebsverfassung

Arbeitsrechtliche Grundordnung, die die Zusammenarbeit zwischen Arbeitgeber und -nehmern im Betrieb regelt. Die Zusammenarbeit zwischen Arbeitgebern und -nehmern im Betrieb wird ausgeübt durch den Arbeitgeber einerseits, den Betriebsrat und die anderen Organe der Betriebsverfassung im Sinn des nach dem BetrVG verfassungsartig gegliederten Betriebs andererseits. Der Betriebsrat nimmt an der Willensbildung und an der Entscheidung des Arbeitgebers durch Mitwirkung und Mitbestimmung teil. Gemeinsames Ziel ist das Wohl des Betriebs und der

Belegschaft (§ 2 I BetrVG). Die Betriebsverfassung regelt die Rechtsstellung der Organe und die Form der Zusammenarbeit zwischen den Organen.

Unberührt bleiben die Aufgaben der *Gewerkschaften* und der *Arbeitgebervereinigungen* (Berufsverbände); vgl. § 2 III BetrVG.

Betriebsverfassungsrechtliche Normen

Normative Bestimmungen im Tarifvertrag, durch die Angelegenheiten der Betriebsverfassung geregelt werden (§ 1 TVG). Fraglich ist, ob durch das Betriebsverfassungsgesetz 1972 (BetrVG) die Regelungskompetenz der Tarifvertragsparteien nicht zumindest in Teilen eingeschränkt worden ist. Bes. umstritten ist, ob die Beteiligungsrechte des Betriebsrats tarifvertraglich erweitert werden können. Dagegen soll eine Einschränkung der Beteiligungsrechte des Betriebsrates auf jeden Fall unzulässig sein. Rechtsnormen des Tarifvertrags über betriebsverfassungsrechtliche Fragen *gelten* für alle Betriebe, deren Arbeitgeber tarifgebunden (Tarifgebundenheit) ist (§ 3 II TVG).

Betriebsversammlung

1. *Begriff*: Nicht öffentliche Versammlung der Belegschaft eines Betriebes unter Leitung des Vorsitzenden des Betriebsrats (§§ 42 ff. BetrVG).

2. *Befugnis:* Die Betriebsversammlung kann dem Betriebsrat Anträge unterbreiten und zu seinen Entschlüssen Stellung nehmen. Behandlung nur solcher Angelegenheiten zulässig, die die Belange des Betriebs oder seiner Arbeitnehmer berühren. Die Betriebsversammlung dient auch der Unterrichtung der Belegschaft und der allg. innerbetrieblichen Kommunikation.

3. *Einberufung:*

a) *Ordentliche Einberufung* von Betriebsversammlungen einmal im Vierteljahr vorgeschrieben, auf der der Betriebsrat Tätigkeitsbericht zu erstatten hat. Arbeitgeber ist einzuladen und auf der Betriebsversammlung zu sprechen berechtigt. Die Nichteinberufung der vorgeschriebenen ordentlichen Betriebsversammlung stellt eine Pflichtverletzung des Betriebsrates dar, die dessen Abberufung gemäß § 23 I BetrVG rechtfertigen kann.

b) *Außerordentliche Einberufung* von Betriebsversammlungen im pflicht- gemäßen Ermessen des Betriebsrats, der aber auf Wunsch des Arbeitgebers oder von mind. einem Viertel der wahlberechtigten Arbeitnehmer einberufen und beantragte Beratungsgegenstände auf Tagesordnung setzen muss.

Ordentliche Betriebsversammlungen und außerordentliche Betriebs- versammlungen auf Wunsch des Arbeitgebers finden i.d.R. *während der Arbeitszeit* statt, sonstige Betriebsversammlungen außerhalb der Arbeits- zeit. Abweichungen im Einvernehmen mit dem Arbeitgeber zulässig. Kein Lohnausfall durch Teilnahme an Betriebsversammlung.

4. *Teilnahmeberechtigung* für Beauftragte der im Betrieb vertretenen Gewerkschaften; der Arbeitgeber kann Beauftragte des Arbeitgeberver- bandes hinzuziehen.

Betriebswahlvorstand

Gremium zur Vorbereitung und Durchführung der Betriebswahl (Betriebs- rat); bestehend aus i.d.R. drei Mitgliedern. Der Betriebswahlvorstand ist vom Betriebsrat spätestens acht Wochen vor Ablauf seiner Amtszeit zu bestellen; hilfsweise wird der Betriebswahlvorstand vom Arbeitsgericht (§§ 16 II, 18, 23 II BetrVG), in bes. Fällen auch von einer Betriebsversamm- lung (§ 17 II BetrVG) bestellt. Im vereinfachten Wahlverfahren für Klein- betriebe (5-50 wahlberechtigte Arbeitnehmer) wird der Betriebswahlvor- stand in einer Wahlversammlung gewählt (§§ 14a, 17a BetrVG).

Aufgaben: Rechtzeitige Einleitung und Durchführung der Wahl sowie die Feststellung des Wahlergebnisses.

Beurteilung des Arbeitnehmers

1. *Rechte des Arbeitnehmers:* Der Arbeitnehmer kann verlangen, dass mit ihm die Beurteilung seiner Leistungen sowie die Möglichkeiten seiner

beruflichen Entwicklung im Betrieb erörtert werden; er kann ein Mitglied des Betriebsrats hinzuziehen (§ 82 II BetrVG). Der Arbeitgeber hat seine Beurteilung zu begründen.

2. *Allgemeine Grundsätze für die Beurteilung des Arbeitnehmers* durch den Arbeitgeber bedürfen der Zustimmung des Betriebsrats (§ 94 II BetrVG).

Beurteilungsgrundsätze

Allg. Grundsätze, nach denen der Arbeitgeber bei der Beurteilung der Arbeitnehmer sowie neu einzustellender Bewerber in fachlicher oder persönlicher Hinsicht verfahren will. Beurteilungsgrundsätze sind Grundlage für die Beurteilung der Arbeitnehmer im Einzelfall. Die Aufstellung von Beurteilungsgrundsätzen (nicht die Beurteilung im Einzelfall) unterliegt dem Mitbestimmungsrecht des Betriebsrats, soweit sie der Arbeitgeber einführt oder verwendet (§ 94 II BetrVG).

Bonusanspruch

Anspruch auf eine Sonderzahlung neben der vereinbarten Grundvergütung. I.d.R. ist der Bonus an das Erreichen von individuellen Zielen (Zielvereinbarung) oder von Unternehmenszielen geknüpft. In bestimmten Branchen (etwa Banken) übersteigt der Bonus bisweilen die Grundvergütung um ein Vielfaches. Die damit verbundenen Fragestellungen (etwa: Verbindung mit Freiwilligkeitsvorbehalt, Widerrufsvorbehalt, Stichtagsregelung) sind von der Rechtsprechung noch nicht hinreichend geklärt.

Boykott

1. *Begriff:* Maßnahme des Arbeitskampfes; Aufforderung durch Arbeitgeber oder mehrere Arbeitnehmer oder deren Verbände (Boykottierer) an Dritte (Boykottanten), Vertragsabschlüsse mit einer Partei des Arbeitslebens (Boykottierter) zu meiden, damit die Boykottierer einen bestimmten Kampfzweck erreichen.

Beispiel: Eine Gewerkschaft fordert ihre Mitglieder auf, mit einem bestimmten Arbeitgeber keine Arbeitsverträge abzuschließen.

2. *Rechtmäßigkeit* eines Boykotts: Es gelten dieselben Grundsätze wie für die Rechtmäßigkeit eines Streiks oder einer Aussperrung.

3. *Rechtsfolge:* Ist ein Boykott rechtswidrig, kann der Boykottierte gegen schuldhaft handelnde Boykottierer Schadensersatzansprüche geltend machen.

Bruttoarbeitsentgelt

Bruttolohn; Arbeitsentgelt vor Abzug von Steuern (Lohnsteuer, Solidaritätsbeitrag, ggf. Kirchensteuer) und Sozialversicherungsbeiträgen (i.d.R. Rentenversicherung, Krankenversicherung, Arbeitslosenversicherung, Pflegeversicherung), das Entgeltempfängern (Arbeitern, Angestellten, Beamten, Auszubildenden und ähnlichen Arbeitnehmergruppen) aus ihrem Arbeits oder Dienstverhältnis zufließt. Der Bruttolohn dient als Grundlage zur Berechnung von Steuer- und Sozialversicherungsbeiträgen. Ggf. sind Lohnsteuerfreibeträge zu den Sozialversicherungsbeiträgen hinzuzurechnen.

Bummelstreik

Streik durch Verringerung oder Verlangsamung der Arbeitsleistung. Arbeitgeber darf Gegenleistung (Arbeitsentgelt) entsprechend verringern; es bestehen i.d.R. aber erhebliche Beweisschwierigkeiten.

Bundesarbeitsgericht (BAG)

Oberster Gerichtshof des Bundes im Bereich der Arbeitsgerichtsbarkeit; Sitz in Erfurt. Die Geschäfte der Verwaltung und der Dienstaufsicht führt der Bundesminister für Arbeit und Soziales im Einvernehmen mit dem Bundesminister der Justiz (§ 40 II ArbGG).

Besetzung: Jeder Senat wird mit einem Vorsitzenden, zwei berufsrichterlichen Beisitzern (Richter) und je einem ehrenamtlichen Richter aus den Kreisen der Arbeitnehmer und der Arbeitgeber tätig.

Zuständigkeit: Das Bundesarbeitsgericht entscheidet über Revisionen gegen Urteile der Landesarbeitsgerichte (§ 72 ArbGG), die Rechtsbeschwerden gegen Beschlüsse der Landesarbeitsgerichte (§ 92 ArbGG), Beschlussverfahren) und über Nichtzulassungsbeschwerden (§§ 72a, 92a ArbGG).

Deferred Compensation

Bezeichnung für eine Pensionszusage im Rahmen der betrieblichen Altersversorgung (bAV) unter Verzicht des Arbeitnehmers auf Barvergütung. Stattdessen resultiert eine Anwartschaft auf Versorgungsleistungen. Zudem nutzt der Arbeitnehmer die nachgelagerte Besteuerung zur weiteren Verbesserung seiner Versorgungssituation.

Delegierte

Begriff im Mitbestimmungsgesetz (MitbestG) (vgl. §§ 9 ff.). Bei Unternehmen mit i.d.R. mehr als 8.000 Arbeitnehmern sind von den Arbeitnehmern geheim und nach den Grundsätzen der Verhältniswahl, grundsätzlich sog. Delegierte zu wählen, welche wiederum die Aufsichtsratsmitglieder der Arbeitnehmer für diese wählen. Gemäß § 11 I Satz 1 MitbestG entfällt auf je 90 wahlberechtigte Arbeitnehmer in einem Betrieb ein Delegierter, das Gesetz bildet im Übrigen hiervon abweichende Fälle.

Demonstrationsstreik

Streik während der Arbeitszeit, um auf (vermeintliche) soziale Missstände hinzuweisen. Demonstrationsstreiks sind unzulässig.

Deutscher Gewerkschaftsbund (DGB)

Vereinigung von Einzelgewerkschaften; nicht rechtsfähiger Verein; gegründet im Oktober 1949 in München. Sitz in Berlin.

Zweck/Grundsätze: Einer von drei gewerkschaftlichen Dachverbänden in Deutschland, neben DBB Beamtenbund und Tarifunion, sowie Christlicher Gewerkschaftsbund (CGB); er vertritt die gesellschaftlichen, wirtschaftlichen, sozialen und kulturellen Interessen seiner Mitgliedsgewerkschaften gegenüber den politischen Entscheidungsträgern, Parteien und Verbänden in Bund, Ländern und Gemeinden. Er koordiniert die gewerkschaftlichen Aktivitäten. Als Dachverband schließt er keine Tarifverträge ab.

Ziele:

(1) Im sozialpolitischen Bereich: v.a. Vertretung der Arbeitnehmerinteressen in der nationalen und internationalen Sozial- und Gesundheitspolitik (einschließlich Umweltschutz), in der Sozialversicherung (einschließlich Selbstverwaltung), in der Arbeitsmarktpolitik und Arbeitssicherheit sowie im Sozial- und Arbeitsrecht.

(2) Im wirtschaftspolitischen Bereich: v.a. Ausbau der Mitbestimmung und Vertretung der Arbeitnehmerinteressen in allen politischen Bereichen.

Der DGB ist demokratisch aufgebaut. Seine Satzung legt die Unabhängigkeit gegenüber den Regierungen, Verwaltungen, Unternehmern, Konfessionen und politischen Parteien fest. Das Organisationsgebiet erstreckt sich auf das Gebiet der Bundesrepublik Deutschland.

Der DGB ist *Mitgliedsorganisation* des Europäischen Gewerkschaftsbundes (EGB) und im Internationalen Gewerkschaftsbund (IGB). Der DGB vertritt außerdem die dt. Gewerkschaftsinteressen bei internationalen Organisationen wie der EU und UNO.

Folgende acht *Gewerkschaften* gehören dem DGB an: IG Bauen-Agrar-Umwelt; IG Bergbau, Chemie und Energie; Gewerkschaft Erziehung und Wissenschaft; IG Metall; Gewerkschaft Nahrung-Genuss-Gaststätten; Gewerkschaft der Polizei; Eisenbahn- und Verkehrsgewerkschaft; Vereinte Dienstleistungsgewerkschaft (ver.di).

Dienstordnung

Vorschriften der öffentlich-rechtlichen Sozialversicherungsträger für ihre nichtbeamteten Angestellten (§§ 351 ff., § 414b RVO); autonomes Recht. Die Arbeitnehmer (sog. Dienstordnungs-Angestellte) erhalten durch die Dienstordnung weitgehend eine beamtenrechtliche Rechtsstellung, ohne dass sie dadurch öffentlich-rechtliche Bedienstete im Sinn des Beamtenrechts werden. Ihr Rechtsverhältnis bleibt ein privatrechtlicher Arbeitsvertrag.

Dienstvertrag

I. *Begriff:*

Der Dienstnehmer leistet dem Dienstberechtigten gegen eine Vergütung einen Dienst (§§ 611-630 BGB). *Abgrenzung zum Werkvertrag:* Es wird eine Handlung, nicht ein daraus resultierender Erfolg geschuldet.

II. *Arten:*

1. Dienstvertrag der *unselbstständig* Tätigen: Arbeitsvertrag.

2. Dienstvertrag der *selbstständig* Tätigen (*freier Dienstvertrag*): Dienstvertrag ist gekennzeichnet durch ein bestimmtes Maß persönlicher Freiheit gegenüber dem Dienstberechtigten, z.B. Art und Weise der erforderlichen Dienstleistung und Dienstzeit einzuteilen. Überwiegend Vertragsverhältnis von kurzer Dauer. Beispiele: Vertragsverhältnis des Rechtsanwalts mit seinem Klienten, des Arztes mit seinem Patienten, das Verhältnis der freien Agenten, Heimarbeiter und übrigen arbeitnehmerähnlichen Personen zum Unternehmer.

3. Die Regelungen des Bürgerlichen Rechts in §§ 611 ff. BGB sind primär auf den freien Dienstvertrag zugeschnitten. Der Arbeitsvertrag wird durch spezielle Gesetze wie das Kündigungsschutzgesetz (KSchG) geregelt, s. Kündigungsschutz.

III. *Inhalt:*

Ein Dienstvertrag kann über Dienstleistungen jeglicher Art abgeschlossen werden. Er bestimmt i.d.R. Art, Umfang, Ort und Zeitdauer der Dienstleistung sowie das Entgelt; Schriftform nicht erforderlich.

IV. *Beendigung:*

aus verschiedenen Gründen, z.B. durch Zeitablauf, Zweckerreichung, Aufhebungsvereinbarung oder Kündigung möglich. Kein Kündigungsschutz des Dienstnehmers; ausgenommen sind manche arbeitnehmerähnlichen Personen.

V. Prozessuales:

Über Streitigkeiten entscheidet je nach dem Streitwert das zuständige Amtsgericht oder Landgericht.

Ausnahme: Für arbeitnehmerähnliche Personen ausschließliche Zuständigkeit der Arbeitsgerichte (§ 5 ArbGG); für Vorstandsmitglieder und Geschäftsführer, sofern ausnahmsweise arbeitsgerichtliche Zuständigkeit vertraglich vereinbart ist, desgleichen (§ 2 IV ArbGG).

Differenzierungsklausel

Klausel in Tarifverträgen, die bezweckt, den nicht organisierten Arbeitnehmern einen Anreiz zum Beitritt zur Gewerkschaft zu geben. Differenzierungsklauseln wollen die tarifgebundenen Arbeitgeber verpflichten, den tarifgebundenen Arbeitnehmern höhere Leistungen zu gewähren als den nicht tarifgebundenen. Nach der früheren Rechtsprechung des BAG sind Differenzierungsklauseln wegen Verstoßes gegen die negative Koalitionsfreiheit generell unzulässig (BAG, 29.11.1967 – GS 1/67). Nach der neueren Rechtsprechung des BAG sind *einfache Differenzierungsklauseln* zulässig (BAG, 15. 4. 2015 – 4 AZR 796/13). Solche Klauseln gewähren zwar Mitgliedern der Gewerkschaft Vorteile; aber der Arbeitgeber kann diese Vorteile auch an Nichtmitglieder weitergeben. Eine arbeitsrechtliche Bezugnahmeklausel reicht dafür aber nicht ohne Weiteres aus. Dagegen sind *qualifizierte Differenzierungsklauseln,* welche dem Arbeitgeber die Weitergabe der Vorteile an Nichtmitglieder untersagen wollen, unwirksam; sie verstoßen gegen die negative Koalitionsfreiheit.

Direktionsrecht

1. *Begriff:* Der Arbeitgeber kann Inhalt, Ort und Zeit der Arbeitsleistung sowie Ordnung und Verhalten der Arbeitnehmer im Betrieb nach billigem Ermessen näher bestimmen, soweit die Arbeitsbedingungen nicht durch den Arbeitsvertrag selbst, eine Betriebsvereinbarung, einen Tarifvertrag oder gesetzliche Vorschriften festgelegt sind. Die vom Arbeitnehmer zu leistenden Dienste sind im Arbeitsvertrag i.d.R. nur rahmenmäßig festgelegt. Der Arbeitgeber konkretisiert die Arbeitspflicht durch seine

Weisungen; diese bestimmen den Inhalt der vertraglichen Arbeitspflicht. In Notfällen kann das Direktionsrecht ausnahmsweise auch den arbeitsvertraglichen Rahmen übersteigen.

2. *Rechtsgrundlage:* § 106 GewO.

3. *Grenzen:* Das Direktionsrecht des Arbeitgebers wird begrenzt durch das Arbeitsschutzrecht, durch Tarifverträge, den Arbeitsvertrag, den allg. Grundsatz der Fürsorgepflicht des Arbeitgebers und den Grundsatz der Gleichbehandlung. Auch eine betriebliche Übung kann das Direktionsrecht begrenzen.

4. *Vertragliche Erweiterung des Direktionsrechts:* Der Arbeitsvertrag kann das Direktionsrecht erweitern (Beispiel: Klausel, wonach auch eine Versetzung an weit entfernte Orte zulässig ist). Solche Erweiterungen unterliegen bei vorformulierten Klauseln einer AGB-Kontrolle.

5. *Abgrenzung zur Änderungskündigung:* Soll dem Arbeitnehmer ein *Beschäftigungswechsel* (Versetzung) auferlegt werden, der die einzelvertraglichen Grenzen des Direktionsrechts überschreitet, bedarf es einer Änderungskündigung oder einer einvernehmlichen Änderung des Arbeitsvertrags.

6. *Mitbestimmung des Betriebsrats:* Bei der Ausübung des Direktionsrechts ist die Mitbestimmung des Betriebsrats zu beachten, soweit es sich um einen kollektiven Tatbestand handelt (Beispiel: Einführung eines Rauch- oder Alkoholverbots kraft Direktionsrechts).

7. *Sanktionen:* Folgt der Arbeitnehmer nicht den wirksamen Weisungen des Arbeitgebers, kann er sich wegen *Arbeitsverweigerung* einer Kündigung und evtl. einer Schadensersatzpflicht aussetzen (Vertragsbruch).

Direktversicherung

Durchführungsweg der betrieblichen Altersversorgung (bAV). Der Arbeitgeber (Versicherungsnehmer) erfüllt sein Versorgungsversprechen, indem er einen Lebensversicherungsvertrag auf das Leben des Arbeitnehmers (versicherte Person) abgeschlossen hat (vgl. § 1b II BetrAVG).

Ungeachtet dessen, wer im Innenverhältnis die Kosten trägt (arbeitgeber- und/oder arbeitnehmerfinanzierte Direktversicherung), zahlt der Arbeitgeber die Versicherungsbeiträge. Das widerrufliche oder unwiderrufliche Bezugsrecht muss – im Gegensatz zur Rückdeckungsversicherung – dem Arbeitnehmer oder seinen bezugsberechtigten Hinterbliebenen zustehen. Die Direktversicherung ist nach § 3 Nr. 63 EStG seit dem 1.1.2002 förderfähig. Sie unterliegt dem Schutz der Insolvenzsicherung durch den Sicherungsfonds für die Lebensversicherer. Mit den Aufgaben und Befugnissen des Sicherungsfonds wurde vom BMF durch Rechtsverordnung die Protektor Lebensversicherungs-AG betraut. Gem. § 221 II S. 1 VAG können deutsche Pensionskassen bei Vorliegen bestimmter Voraussetzungen dem Sicherungsfonds freiwillig beitreten.

Direktzusage

Durchführungsweg der betrieblichen Altersversorgung (bAV). In § 1 I S. 1 BetrAVG geregelt. Bei der Direktzusage verpflichtet sich der Arbeitgeber gegenüber einem Arbeitnehmer, einer Gruppe von Arbeitnehmern oder der Gesamtheit der Arbeitnehmer im Versorgungsfall die versprochenen Leistungen direkt selbst zu erbringen. Dementsprechend kann die Direktzusage z.B. auf einem Einzelvertrag, einer Betriebsvereinbarung, einem Tarifvertrag, einer Besoldungsordnung oder einer Gesamtzusage (Pensionsordnung) beruhen. Die Mittelansammlung und Finanzierung erfolgt intern durch die handels- und steuerrechtliche Bildung von Pensionsrückstellungen gem. § 249 HGB bzw. § 6a EStG. Der Arbeitgeber ist somit Zusagender und Versorgungsträger in einer Person. Er kann das von ihm übernommene Risiko ganz oder teilweise durch Abschluss einer Rückdeckungsversicherung minimieren.

Drittelbeteiligungsgesetz (DrittelbG)

1. *Geltungsbereich:* Das Drittelbeteiligungsgesetz (DrittelbG) trifft im Unterschied zum Betriebsverfassungsgesetz Regelungen der Unternehmensverfassung, nicht der Betriebsverfassung. Danach unterstehen Unternehmen in der Rechtsform einer AG, KGaA, GmbH, VVaG und

Erwerbs- und Wirtschaftsgenossenschaft mit i.d.R. mehr als 500 Arbeitnehmern der Aufsichtsratsmitbestimmung; keine Anwendung auf Ten-
denzbetriebe. Die Regelungen des DrittelbG finden keine Anwendung
auf die in § 1 I des Mitbestimmungsgesetzes, § 1 des Montan-Mitbestimmungsgesetzes und § 1 und 3 I des Mitbestimmungsergänzungsgesetz
bezeichneten Unternehmen (§ 1 II DrittelbG). Insgesamt werden nach
Schätzungen derzeit ca. 3.000 Unternehmen durch das Gesetz erfasst.

2. *Inhalt:* Alle unter das Gesetz fallenden Gesellschaften bilden einen Aufsichtsrat, der aus mind. drei oder höchstens 21 Personen in Abhängigkeit
von der Unternehmensgröße (gemessen am Grund- bzw. Stammkapital)
besteht. Der Aufsichtsrat muss zu einem Drittel aus Vertretern der Arbeitnehmer bestehen (§ 4 I DrittelbG). Die Wahl der Arbeitnehmervertreter
erfolgt durch die Gesamtbelegschaft des Unternehmens in Urwahl. Die
Mitbestimmung ist unterparitätisch; sie soll der Information der Arbeitnehmer über unternehmenspolitische Angelegenheiten dienen. Das DrittelbG sieht im Gegensatz zum Montan-Mitbestimmungsgesetz (MoMitbestG) und Mitbestimmungsgesetz (MitbestG) keinen Arbeitsdirektor im
Vorstand vor.

Drittfinanzierter Arbeitsvertrag

Arbeitsvertrag, bei dem der Arbeitgeber die vollen Arbeitgeberpflichten
gegenüber dem Arbeitnehmer übernimmt, aber die finanziellen Belastun-
gen ausschließlich oder überwiegend von einem Dritten getragen werden.
Drittfinanzierte Arbeitsverträge finden sich v.a. im Hochschul- und For-
schungsbereich, wenn eine Förderungsinstitution die Personalkosten trägt
(Drittmittelforschung). Oft liegt ein befristeter Arbeitsvertrag vor (vgl. § 2
II Wissenschaftszeitvertragsgesetz). Umstritten ist, ob die Streichung der
Mittel ohne Weiteres zur betriebsbedingten Kündigung berechtigt.

Druckkündigung

Kündigung eines Arbeitsverhältnisses, die der Arbeitgeber auf Druck
eines Dritten (Belegschaft, Betriebsrat, Behörde, Kunden) ausspricht.
In aller Regel kommt nur eine ordentliche Kündigung in Betracht, ggf. in

Verbindung mit einer Freistellung. Allerdings darf der Arbeitgeber nicht jedem Druck nachgeben, sondern ist aufgrund der Fürsorgepflicht verpflichtet, erkennbar unangemessenen und ungerechtfertigten Forderungen einen zumutbaren Widerstand entgegenzusetzen. Bei einem unzulässigen Druck auf den Arbeitgeber kann dem Arbeitnehmer gegen den Dritten u.U. ein Schadensersatzanspruch zustehen.

Effektivklausel

Vereinbarung in Tarifverträgen, dass Tariflohnerhöhungen dadurch effektiv werden, dass bisherige übertarifliche Leistungen unberührt bleiben. Nach der Effektivklausel wird der vom Arbeitnehmer effektiv bezogene Lohn um den Betrag, ggf. auch um den Prozentsatz erhöht, um den der Tarifsatz erhöht worden ist. Nach der Rechtsprechung des BAG sind Effektivklauseln unwirksam, da es unzulässig ist, dass durch einen Tarifvertrag bei gleicher Arbeit unterschiedliche Tariflöhne zustande kommen (Verstoß gegen Art. 3 I GG); der Bereich übertariflicher Löhne bleibt damit dem Tarifvertrag entzogen.

Eingruppierung

1. *Begriff* des Arbeitsrechts: Einreihung des Arbeitnehmers in eine bestimmte Vergütungsgruppe. Soweit Lohn- und Gehaltsgruppen nach der Art der ausgeübten Tätigkeit gebildet werden, beschreiben die Tarifvertragsparteien in Tarifverträgen auch die Tätigkeitsmerkmale, die für die Eingruppierung des Arbeitnehmers maßgeblich sind (Tarifvertrag). Erfüllt die von einem Arbeitnehmer erbrachte Arbeitsleistung die Tätigkeitsmerkmale einer bestimmten Lohn- oder Gehaltsgruppe, so hat der Arbeitnehmer Anspruch auf Vergütung nach dieser Gruppe.

2. *Mitbestimmung des Betriebsrats*: In Betrieben mit mehr als 20 wahlberechtigten Arbeitnehmern hat der Betriebsrat bei Eingruppierungen ein *Mitbestimmungsrecht* gemäß §§ 99–101 BetrVG. Die Eingruppierung des Arbeitnehmers durch den Arbeitgeber ist aber Rechtanwendung und kein Akt rechtlicher Gestaltung; das Mitbestimmungsrecht ist deshalb nach der Rechtsprechung kein Mitgestaltungs-, sondern nur ein Mitbeurteilungsrecht, das der Richtigkeitskontrolle dient. Der Betriebsrat kann im Mitbestimmungssicherungsverfahren nach § 101 BetrVG (Beschlussverfahren) nicht die Aufhebung der Eingruppierung, sondern die nachträgliche Einholung seiner Zustimmung (§ 99 I BetrVG) und bei Verweigerung die Durchführung des arbeitsgerichtlichen Zustimmungsersetzungsverfahrens (§ 99 IV BetrVG) verlangen.

3. Das Zustimmungsverweigerungsrecht des Betriebsrats aus den in § 99 II BetrVG im Einzelnen aufgeführten Gründen ändert aber nichts an dem bestehenden *Anspruch des Arbeitnehmers auf die richtige Entlohnung.* Diese kann der Arbeitnehmer unabhängig von dem Verfahren nach §§ 99–101 BetrVG im Urteilsverfahren vor den Arbeitsgerichten einklagen.

Einstellung

1. *Begriff:* Abschluss eines Arbeitsvertrages; die damit zusammenhängende Eingliederung des Arbeitnehmers in den Betrieb, d.h. die *Arbeitsaufnahme.* Wenn Abschluss des Arbeitsvertrags und Arbeitsaufnahme zeitlich auseinander fallen, ist auf den ersten Zeitpunkt abzustellen.

2. Die Einstellung unterliegt nach den §§ 99–101 BetrVG der *Mitbestimmung des Betriebsrats* in Betrieben mit mehr als 20 wahlberechtigten Arbeitnehmern. Einstellung im Sinn von § 99 BetrVG ist auch die Weiterbeschäftigung über die vereinbarte Altersgrenze hinaus, die Weiterführung eines befristeten Arbeitsvertrages und die Beschäftigung von Leiharbeitnehmern im Entleiherbetrieb (§ 14 III AÜG).

3. Der Arbeitgeber hat den Betriebsrat rechtzeitig über die geplante Einstellung zu unterrichten, ihm die erforderlichen Bewerbungsunterlagen vorzulegen und Auskunft über die Person der Beteiligten zu geben. Er hat die Zustimmung des Betriebsrats zu der geplanten Einstellung einzuholen und dabei auch Auskunft über die Auswirkungen der Einstellung zu geben.

4. *Zustimmung des Betriebsrats:* Der Betriebsrat kann seine Zustimmung gemäß § 99 II BetrVG aus fünf im Einzelnen aufgeführten Gründen (z.B. Einstellung verstößt gegen ein Gesetz) verweigern. Die Zustimmungsverweigerung hat schriftlich unter Angabe von Gründen binnen einer Woche nach Unterrichtung durch den Arbeitgeber zu erfolgen; anderenfalls gilt die Zustimmung als erteilt. Der Arbeitgeber kann beim Arbeitsgericht beantragen, die *Zustimmung zu ersetzen* (§ 99 IV BetrVG). Die Entscheidung ergeht im Beschlussverfahren.

5. Der Arbeitgeber darf, wenn dies aus sachlichen Gründen dringend erforderlich ist, die Einstellung *vorläufig durchführen;* bei Widerspruch des

Betriebsrats muss er jedoch innerhalb von drei Tagen das Arbeitsgericht anrufen und neben der Ersetzung der Zustimmung die Feststellung beantragen, dass die Einstellung aus sachlichen Gründen dringend erforderlich war (§ 100 BetrVG).

6. Führt der Arbeitgeber die Einstellung ohne die erforderliche Zustimmung des Betriebsrats durch, so hat das Arbeitsgericht dem Arbeitgeber auf Antrag des Betriebsrats aufzugeben, die *Einstellung auch tatsächlich aufzuheben.* Handelt der Arbeitgeber einer solchen rechtskräftigen Entscheidung zuwider, kann gegen ihn ein Zwangsgeld verhängt werden (§ 101 BetrVG).

Einstweilige Verfügung

Einstweilige Verfügungen können bei Eilbedürftigkeit auch im arbeitsgerichtlichen Verfahren ergehen. Einstweilige Verfügung auf Beschäftigung (Weiterbeschäftigung) setzt i.d.R. voraus, dass ein Arbeitsverhältnis unstreitig besteht oder eine Kündigung offensichtlich unwirksam ist oder der Betriebsrat der Kündigung gemäß § 102 III BetrVG ordnungsgemäß widersprochen hat. Für die Entbindung des Arbeitgebers von der Beschäftigungspflicht nach § 102 V BetrVG ist dort die einstweilige Verfügung vorgesehen. Auf Unterlassung von Arbeitskämpfen gerichtete einstweilige Verfügungen sind unter sehr engen, im Einzelnen sehr umstrittenen Voraussetzungen möglich. Einzelne rechtswidrige Kampfmaßnahmen können durch einstweilige Verfügung untersagt werden. In betriebsverfassungsrechtlichen Streitigkeiten sind einstweilige Verfügungen im Beschlussverfahren zu beantragen. Umstritten ist, in welchem Umfang Beteiligungsrechte des Betriebsrates durch einstweilige Verfügung auf Unterlassen mitbestimmungswidriger Maßnahmen gesichert werden können. Beispiel: Eine Reihe von Landesarbeitsgerichten geben die Möglichkeit, die Beratungsrechte des Betriebsrats bei Betriebsänderungen durch einstweilige Verfügung auf Unterlassen der geplanten Betriebsänderung bis zur Durchführung eines Interessenausgleichs zu sichern.

Einzel-Arbeitsvertrag

Einzelner zwischen Arbeitnehmer und Arbeitgeber geschlossener Arbeitsvertrag. Im Einzelarbeitsvertrag ist notwendig geregelt, dass der Arbeitnehmer eingestellt wird, wann er eingestellt wird und als was er eingestellt wird. Der Umfang gegenseitiger Rechte und Pflichten im Arbeitsverhältnis ergibt sich aus den arbeitsrechtlichen Gesetzen, Tarifverträgen, Betriebsvereinbarungen, auch aus vertraglichen Einheitsregelungen. Im Einzelarbeitsvertrag sind oft zusätzliche Leistungen des Arbeitgebers (z.B. Gratifikationen, Prämien, Zulagen) geregelt. In aller Regel ist der Einzelarbeitsvertrag nicht zwischen den Parteien ausgehandelt, sondern vom Arbeitgeber vorformuliert. Deshalb unterliegt er regelmäßig einer AGB-Kontrolle.

Elternzeit

Arbeitsrechtlicher Anspruch des Arbeitnehmers auf Freistellung von der Arbeit nach dem Bundeselterngeld- und Elternzeitgesetz (BEEG) vom 5.7.2007 (BGBl. I 2748) m.spät.Änd. im Anschluss an die nachgeburtliche Schutzfrist.

1. *Rechtsnatur:* Sonderurlaub privatrechtlicher Natur ohne den üblichen urlaubsrechtlichen Charakter; die Vorschriften des Bundesurlaubsgesetzes (BUrlG) sind auf Elternzeit nicht ohne Weiteres anwendbar.

2. *Anspruchsberechtigte:* Arbeitnehmer einschließlich zur Berufsbildung Beschäftigte und Heimarbeiter, die mit einem eigenem Kind oder dem des Ehegatten oder Lebenspartners in einem Haushalt leben und dieses selbst betreuen und erziehen (§§ 15 ff. BEEG).

3. *Lage und Dauer:* Höchstens bis zur Vollendung des dritten Lebensjahres des Kindes. Ein Anteil bis zu 24 Monaten ist bis zu Vollendung des achten Lebensjahres übertragbar. Die Elternzeit kann, auch anteilig, von jedem Elternteil allein oder gemeinsam genommen werden. Sie ist aber auf insgesamt drei Jahre pro Kind begrenzt. Sie darf auf insgesamt vier Zeitabschnitte verteilt werden. Die Elternzeit kann vorzeitig beendet oder verlängert werden, wenn der Arbeitgeber zustimmt.

4. *Erwerbstätigkeit:* Während der Elternzeit ist Erwerbstätigkeit bis zu 30 Stunden wöchentlich zulässig. Bei einem anderen Arbeitgeber oder als Selbstständiger bedarf sie der Zustimmung des Arbeitgebers. Diese kann innerhalb von vier Wochen schriftlich aus dringenden betrieblichen Erfordernissen abgelehnt werden (§ 15 IV BEEG).

5. *Verringerung der Arbeitszeit (Teilzeitarbeit):* Der Arbeitnehmer kann vom Arbeitgeber während der Elternzeit zweimal eine Verringerung der Arbeitszeit beanspruchen unter folgenden Voraussetzungen:

a)   Der Arbeitgeber beschäftigt i.d.R. mehr als 15 Arbeitnehmer;

b)   das Arbeitsverhältnis besteht länger als sechs Monate;

c)   die Arbeitszeit soll für mind. drei Monate auf 15 bis 30 Wochenstunden verringert werden;

d)   dem Anspruch stehen keine dringenden betrieblichen Gründe entgegen und

e)   er wurde dem Arbeitgeber sieben bzw. 13 Wochen vorher schriftlich mitgeteilt. Eine Ablehnung muss innerhalb von vier Wochen mit schriftlicher Begründung erfolgen. Der Arbeitnehmer kann seinen Anspruch vor dem Arbeitsgericht einklagen (§ 15 VII BEEG).

6. *Inanspruchnahme:* Die Elternzeit muss spätestens sieben bzw. 13 Wochen vor Beginn schriftlich vom Arbeitgeber verlangt werden. Der Anspruch kann nicht vertraglich eingeschränkt oder ausgeschlossen werden.

7. *Arbeitsrechtliche Wirkung:* Unbefristetes Arbeitsverhältnis bleibt während der Elternzeit unverändert bestehen; befristetes läuft zum vereinbarten Termin aus und wird durch Elternzeit nicht verlängert. Das Arbeitsverhältnis ruht, wenn nicht Teilzeitarbeit vereinbart ist. Der Arbeitgeber kann den Erholungsurlaub kürzen (1/12) je vollen Kalendermonat. Er darf das Arbeitsverhältnis während der Elternzeit nicht kündigen; in bes. Fällen nur mit Zustimmung der zuständigen obersten Landesbehörde. Der Elternzeitberechtigte kann das Arbeitsverhältnis unter Einhaltung einer dreimonatigen Kündigungsfrist zum Ende der Elternzeit kündigen.

Entgelt-Tarifvertrag

Tarifvertrag, der nicht zwischen der Bezahlung der Arbeiter (Lohn) und Angestellten (Gehalt) unterscheidet. Für vergleichbare Tätigkeiten wird gleiches *Entgelt* gezahlt. Erste Ansätze erfolgten Anfang der 1970er-Jahre in der Nahrungs- und Genussmittelindustrie, bes. aber 1987 in der Chemieindustrie.

In Anbetracht der gesellschaftlichen und rechtlichen Entwicklung verstehen sich die Gewerkschaften zunehmend als Interessenvertretung der *gesamten* Arbeitnehmerschaft. Unterschiede zwischen den verschiedenen Mitarbeitergruppen sollen entsprechend aufgehoben werden. Dies erfordert auch der Gleichbehandlungsgrundsatz.

Entgeltfortzahlung

Lohnfortzahlung; Fortzahlung des Arbeitsentgelts bei krankheitsbedingter Arbeitsunfähigkeit des Arbeitnehmers.

1. *Gesetzliche Grundlage:* Für alle Arbeitnehmer vorgeschrieben im Gesetz über Zahlung des Arbeitgeberentgelts an Feiertagen und im Krankheitsfall (Entgeltfortzahlungsgesetz) vom 26.5.1994 m.spät.Änd.

2. *Voraussetzungen:* Entgeltfortzahlung kann ein Arbeitnehmer beanspruchen, wenn er durch Arbeitsunfähigkeit infolge Krankheit an seiner Arbeitsleistung verhindert ist, ohne dass ihn ein Verschulden trifft. Als unverschuldete Arbeitsunfähigkeit gilt auch eine Arbeitsverhinderung infolge einer nicht rechtswidrigen Sterilisation oder eines nicht rechtswidrigen Abbruchs der Schwangerschaft. Krankheit allein begründet noch keinen Anspruch auf Entgeltfortzahlung. Sie muss auch die Ursache sein, dass der Arbeitnehmer nicht arbeiten konnte, obwohl er wollte. Verschulden, das einen Anspruch ausschließt, liegt nur vor bei grobem Verstoß gegen das von einem verständigen Menschen im eigenen Interesse zu erwartende Verhalten. Sportunfälle gelten i.d.R. als unverschuldet, Verkehrsunfälle aufgrund grob verkehrswidrigen Verhaltens oder Trunkenheit am Steuer als verschuldet. Der Nachweis der Arbeitsunfähigkeit infolge Krankheit ist vom Arbeitnehmer zu erbringen (Krankmeldung). I.d.R. ist der Beweis durch ärztliche Bescheinigung erbracht. Verschulden hat der Arbeitgeber zu beweisen.

3. *Wartezeit*: Der Anspruch auf Entgeltfortzahlung besteht erst nach vierwöchiger ununterbrochener Dauer des Arbeitsverhältnisses (Wartezeit, § 3 III EntgeltfortzG).

4. *Dauer*: Der Anspruch auf Entgeltfortzahlung besteht für die Dauer von sechs Wochen. Bei erneuter Arbeitsunfähigkeit infolge derselben Krankheit (Fortsetzungskrankheit) hat der Arbeitnehmer keinen Anspruch auf Entgeltfortzahlung für die Zeit, die sechs Wochen übersteigt, wenn er innerhalb von zwölf Monaten mehrmals an der Fortsetzungskrankheit erkrankt. Dies gilt nicht, wenn er seit der letzten Erkrankung sechs Monate arbeitsfähig war (§ 3 EntgeltfortzG).

5. *Höhe*: Dem Arbeitnehmer ist das Arbeitsentgelt fortzuzahlen, das ihm bei der für ihn maßgeblichen Arbeitszeit zusteht. Bei Kurzarbeit im Betrieb ist diese maßgeblich. Bei ergebnisabhängiger Vergütung ist der vom Arbeitnehmer in der für ihn maßgebenden regelmäßigen Arbeitszeit erzielbare Durchschnittsverdienst fortzuzahlen. Aufwandsentschädigungen sind nicht weiterzuzahlen, soweit der entsprechende Aufwand während der Krankheit nicht anfällt.

6. *Beendigung*: Die Entgeltfortzahlung endet grundsätzlich mit der Beendigung des Arbeitsverhältnisses. Sie bleibt aber bestehen, wenn der Arbeitgeber das Arbeitsverhältnis aus Anlass der Krankheit gekündigt hat oder dem Arbeitnehmer einen Grund zur außerordentlichen Kündigung gibt (§ 8 EntgeltfortzG). Kommt der Arbeitgeber seinen Verpflichtungen nicht nach und zahlt die Krankenkasse, so geht der Anspruch auf Entgeltfortzahlung in Höhe des gezahlten Krankengeldes auf die Krankenkasse über (§ 115 SGB X).

7. *Leistungsverweigerungsrecht*: Der Arbeitgeber ist berechtigt, die Entgeltfortzahlung zu verweigern, solange der Arbeitnehmer seinen Nachweispflichten (Krankmeldung) nicht nachkommt oder wenn er den Übergang eines Schadensersatzanspruchs gegen einen Dritten auf den Arbeitgeber verhindert (§ 7 EntgeltfortzG).

8. *Schadensersatzpflicht Dritter:* Ist ein Dritter für einen Unfall schadensersatzpflichtig, der zur Arbeitsunfähigkeit führt, geht der Schadensersatzanspruch auf den Arbeitgeber über, soweit dieser Entgelt fortgezahlt hat (§ 6 EntgeltfortzG).

9. *Erstattungsanspruch:* Arbeitgeber, die nicht mehr als 30 Arbeitnehmer ausschließlich der Auszubildenden haben, erhalten von den Trägern der gesetzlichen Krankenversicherung bis zur Höhe von 80 Prozent der Aufwendungen für Entgeltfortzahlung erstattet (Arbeitgeberaufwendungsgesetz, BGBl. I 05, 3686). Die Mittel werden durch ein Umlageverfahren aufgebracht.

Entgeltumwandlung

Umwandlung künftiger Entgeltansprüche aus einem Arbeitsverhältnis in eine wertgleiche Anwartschaft auf Versorgungsleistungen (§ 1 II Nr. 3 BetrAVG). § 1a I S. 1 räumt dem Arbeitnehmer das Recht ein, vom Arbeitgeber zu verlangen, dass Teile seiner künftigen Entgeltansprüche durch Umwandlung für seine betriebliche Altersversorgung (bAV) verwendet werden. Die Entgeltumwandlung tritt damit neben die klassische Finanzierung der bAV durch den Arbeitgeber, um bspw. die in der Vergangenheit liegende Betriebstreue zu honorieren und/oder einen Anreiz für die weitere Betriebstreue zu setzen. Generell sind alle Durchführungswege für die Entgeltumwandlung offen. Ist der Arbeitgeber zur Durchführung des Anspruchs des Arbeitnehmers über eine Pensionskasse oder einen Pensionsfonds bereit, ist die bAV dort durchzuführen. Andernfalls kann der Arbeitnehmer verlangen, dass der Arbeitgeber für ihn eine Direktversicherung abschließt (§ 1a I S. 3 BetrAVG). Zusagen auf eine bAV, die ab dem 1.1.2001 erteilt wurden und aus Entgeltumwandlungen finanziert werden, sind ab Beginn gesetzlich unverfallbar (§ 1b V BetrAVG, siehe unverfallbare Anwartschaft). Die Entgeltumwandlung ist in den Grenzen des § 3 Nr. 63 EStG steuerfrei und i.V.m. §1 I Nr. 9 Sozialversicherungsentgeltverordnung (SVeV) in den Grenzen der Beitragsbemessungsgrenze sozialversicherungsfrei.

Entlohnungsgrundsätze

Teil der betrieblichen Lohngestaltung: System, nach dem das Entgelt für den Betrieb, für bestimmte Betriebsabteilungen oder für Gruppen von Arbeitnehmern ermittelt werden soll, z.B. Zeitlohn, Akkordlohn, Prämienlohn oder ein anderes System der Arbeitsbewertung, Entgeltzahlung nach einem Provisionssystem etc. Entlohnungsgrundsätze unterliegen der erzwingbaren Mitbestimmung des Betriebsrats nach § 87 I Nr. 10 BetrVG.

Entlohnungsmethode

Teil der betrieblichen Lohngestaltung. Art und Weise, in der die Entlohnungsgrundsätze verfahrensmäßig durchgeführt werden, z.B. Punktbewertungssysteme, Leistungsgruppensystem, Einführung und Änderung von Refa-Grundsätzen oder des Bedaux-Systems. Entlohnungsmethode unterliegt der erzwingbaren Mitbestimmung des Betriebsrats nach § 87 I Nr. 10 BetrVG.

Entsendung von Arbeitnehmern

1. *EG-Richtlinie über die Entsendung von Arbeitnehmern* (Richtlinie 96/71/ EG vom 16.12.1996) (ABl. L 18 S. 1ff vom 21.1.1997): Bezweckt, im Fall grenzüberschreitender Erbringung von Dienstleistungen den Arbeitnehmern die in wichtigen Teilbereichen gebräuchlichen Arbeitsbedingungen des Arbeitsorts als Mindestnorm zu gewährleisten und dadurch Wettbewerbsbedingungen für Unternehmen, die Dienstleistungen am gleichen Ort erbringen, teilweise anzunähern (Produktionsort-Prinzip).

2. *Gesetz über zwingende Arbeitsbedingungen für grenzüberschreitend entsandte und für regelmäßig im Inland beschäftigte Arbeitnehmer und Arbeitnehmerinnen (Arbeitnehmer-Entsendegesetz – AEntG) vom 20.4.2009* (BGBl. I 799).

a) Das Gesetz benennt in § 2 Mindestarbeitsbedingungen, die *branchenunabhängig* gelten in Arbeitsverhältnissen zwischen einem im Ausland ansässigen Arbeitgeber und seinen in Deutschland beschäftigten Arbeitnehmer.

b) Darüber hinaus werden für solche Arbeitsverhältnisse in enumera-
tiv aufgezählten Wirtschaftszweigen bestimmte *branchenbezogene*
Tarifverträge für anwendbar erklärt. Dies sind gemäß § 4 folgende
genannte neun Branchen: Baugewerbe, Gebäudereinigung, Brief-
dienstleistung, Sicherheitsdienstleistungen, Bergbau, Wäscherei-
branche, Abfallwirtschaft, die Aus- und Weiterbildungsbranche sowie
Schlachten und Fleischverarbeitung. Dazu wurden Sonderregelungen
über Arbeitsbedingungen in der Pflegebranche geschaffen (§§9-13).

c) Ziel des Gesetzes ist es, angemessene Mindestarbeitsbedingungen
zu schaffen und durchzusetzen, faire und funktionierende Wettbewerbsbedingungen zu gewährleisten und sozialversicherungspflich-
tige Beschäftigung zu erhalten und die Ordnungs- und Befriedungs-
funktion der Tarifautonomie zu wahren.

d) Der betreffende bundesweite Tarifvertrag muss für allgemeinver-
bindlich erklärt sein oder es muss eine Rechtsverordnung gemäß
§ 7, 7a vorliegen. Gemäß § 7 kann das Bundesministerium für Arbeit
und Soziales (BMAS) in den im Gesetz aufgeführten neun Branchen
auf Antrag durch Rechtsverordnung folgendes bestimmen: dass die
Rechtsnormen eines bundesweiten Tarifvertrags allgemeinverbind-
lich, also auf alle unter den Geltungsbereich fallenden Arbeitgeber
und Arbeitnehmer anzuwenden ist. Darüber hinaus kann eine solche
Rechtsverordnung auch für andere Branchen erlassen werden, wenn
dies im öffentlichen Interesse geboten erscheint (§§ 4 Abs. 2, 7a).

Erfolgsbeteiligung

Individual- oder kollektivvertragliche Vereinbarung eines Arbeitgebers
mit seinen Mitarbeitern, die additiv zum vertraglich oder tarifvertraglich festgesetzten Lohn regelmäßig einen Anteil am Erfolg des Unternehmens gewährt. Neben der Einkommenswirkung für den Mitarbeiter verfolgt die Erfolgsbeteiligung gesellschaftspolitische, sozialpoliti-
sche, personalpolitische, steuer- bzw. finanzierungspolitische Ziele für
das Unternehmen. Erfolgsbeteiligung kann orientiert sein am erzielten

Gewinn (Gewinnbeteiligung), am Ertrag (Ertragsbeteiligung) oder an der Leistung (Leistungsbeteiligung). Zu welcher Form eine Erfolgsbeteiligung erfolgt, ist abhängig von der Rechtsform sowie vertraglichen Abmachungen zwischen den Partnern.

Ergebnisbeteiligung

Beteiligung der Arbeitnehmer an dem durch ihre Mitarbeit erzielten Erfolg des Betriebes, wesentlicher Betriebsteile oder der Gesamtheit der Betriebe eines Unternehmens, z.b. aufgrund von Materialersparnissen, Verminderung des Ausschusses oder der Fehlzeiten, sorgfältiger Wartung der Arbeitsgeräte und Maschinen, Verbesserung der Arbeitsmethoden und der Qualität der Erzeugnisse sowie sonstiger Produktions- und Produktivitätssteigerungen. Der Erfolg ist nach betriebswirtschaftlichen Gesichtspunkten jeweils für bestimmte Berechnungszeiträume zu ermitteln; die Ergebnisbeteiligung vor deren Beginn zu vereinbaren. Der Arbeitgeber hat den beteiligten Arbeitnehmern auf Verlangen Auskunft über die Richtigkeit der Berechnung der Ergebnisse zu geben.

Ermahnung

Nicht formalisierte Missbilligung eines arbeitsvertragswidrigen Verhaltens. Es handelt sich um eine Vorstufe zur Abmahnung. Vor einer verhaltensbedingten Kündigung bedarf es i.d.R. zumindest einer Abmahnung; eine oder mehrere Ermahnungen reichen nicht aus. *Grund:* Ermahnungen enthalten nicht die erforderliche Warnfunktion.

Erschwerniszulage

Zulage, durch die bes. Belastungen des Arbeitnehmers entgolten werden sollen, sofern sie nicht bereits bei der Entgeltfestsetzung Berücksichtigung fanden, z.B. für Schmutz, Säure, Gase, Nässe, Lärm, Gefahr. Ein Anspruch besteht nur dann, wenn eine Erschwerniszulage tarifvertraglich, durch Betriebsvereinbarung oder einzelvertraglich vereinbart ist; siehe etwa Entgelt-Rahmen-Tarifvertrag (ERA-TV), § 11 Erschwernisse. Die Erschwerniszulagen gehören zum Arbeitsentgelt.

Ethikrichtlinien

1. *Begriff:* Allg. Verhaltensvorgaben an Arbeitnehmer zum Schutz der Anleger vor Wirtschaftskriminalität und sonstigem Fehlverhalten . Grund für deren Einführung ist häufig Section 406 des Sarbanes Oxley Act 2002 (SOX), der auch Unternehmen in Deutschland betrifft, wenn die Muttergesellschaft in den USA börsennotiert ist.

2. *Inhalt:* Der Inhalt von Ethikrichtlinien ist unterschiedlich. Er reicht von wenigen klarstellenden Regelungen über die Geltung von Gesetzen und Weisungen bis hin zu umfangreichen Regelwerken, welche die Privatsphäre betreffen. Typische Regelungen sind etwa: Verbot der Annahme von Geschenken und Einladungen, Meldung von Interessenkonflikten, Umgang mit Kunden, Verbot von Liebesbeziehungen am Arbeitsplatz, Verpflichtung zur Meldung des Fehlverhaltens anderer Mitarbeiter („Whistleblowing") etc.

3. *Einführung:* Die Ethikrichtlinien werden durch das arbeitsrechtliche Weisungsrecht eingeführt. Allerdings ist dabei das Persönlichkeitsrecht der Arbeitnehmer zu beachten. In dieser Hinsicht kritisch ist etwa das Verbot von Liebesbeziehungen am Arbeitsplatz (LAG Düsseldorf, 14.11.2005 – 10 TaBV 46/05 – „Wal-Mart").

4. *Mitbestimmung des Betriebsrats:* Ethikrichtlinien sind nicht per se mitbestimmungspflichtig. Häufig fallen aber einzelne Regelungen unter § 87 I Nr. 1 BetrVG (Verhalten der Arbeitnehmer und Ordnung des Betriebs). Dann sind diese Regelungen, aber nicht notwendigerweise die gesamten Ethikrichtlinien, mitbestimmungspflichtig (BAG, 22.7.2008 – 1 ABR 40/07 – „Honeywell"). Die Zuständigkeit liegt häufig beim Konzernbetriebsrat (vgl. LAG München, 4.9.2014 – 2 TaBV 50/13).

Europäisches Arbeitsrecht

Europäisches Arbeitsrecht wird überwiegend, so auch hier, als Arbeitsrecht der Europäischen Union verstanden. Dabei handelt es sich nicht um eine einheitliche Rechtsmaterie. Arbeitsrechtliche Vorschriften ergeben sich z.T. unmittelbar aus dem Unionsrecht. Dies gilt z.B. für die Gleichberechtigung von Mann und Frau (Art. 8 und 10 AEUV), den Lohngleichheitssatz (Art. 157 AEUV) sowie die Freizügigkeit (Art. 21, 45 AEUV). Auf der Grundlage des AEUV und von Richtlinien sind z.T. deutsche arbeitsrechtliche Gesetze dem europäischen Recht angepasst worden (z.B. Regelungen über die Betriebsnachfolge, den Massenentlassungsschutz und die Arbeitszeit).

Nach 153 Abs. 1 AEUV können im ordentlichen Gesetzgebungsverfahren (EU-Gesetzgebung) Rechtsakte ergehen, die den Arbeitsschutz verbessern. Wichtig ist die Richtlinie 89/391/EWG des Rates vom 12.6.1989 über die Durchführung von Maßnahmen zur Verbesserung der Sicherheit und des Gesundheitsschutzes der Arbeitnehmer bei der Arbeit (ABl. L 183 vom 26.9.1989) m.spät. Änd. Die Mitgliedsstaaten haben die Richtlinie durch eine Vielzahl von Vorschriften zum Arbeitsschutz umgesetzt.

Der Vertrag über die Europäische Union (Maastrichter Vertrag) hat die Aufgaben der Gemeinschaft auf den sozialen Schutz erstreckt (im Vertrag von Lissabon in Art. 3 Abs. 3 Unterabs. 2 EUV weitergeführt) und dem Rat der Europäischen Union eine Regelungskompetenz für das Arbeits- und Sozialrecht gegeben, bei dem das Subsidiaritätsprinzip zu beachten ist.

Für die *Gesetzesanwendung* ist bedeutsam, dass die Gerichte auch nationales Recht richtlinienkonform zu interpretieren haben, also die Rechtsprechung des Europäischen Gerichtshofs (EuGH) zu beachten haben.

_F-G

Facharbeiter

Aus der tariflichen Praxis übernommene Bezeichnung für:

(1) denjenigen Arbeitnehmer, der aufgrund eines Berufsausbildungsverhältnisses in einem anerkannten Ausbildungsberuf die vorgeschriebene Ausbildungsabschlussprüfung abgelegt hat und auch im erlern-
ten Beruf beschäftigt ist (auch gelernter Arbeiter genannt);

(2) denjenigen Arbeitnehmer, dessen Fähigkeiten und Kenntnisse denen
unter (1) gleichzusetzen sind.

Faktisches Arbeitsverhältnis

1. *Begriff*: Ein faktisches Arbeitsverhältnis liegt vor, wenn der Arbeitsvertrag von vornherein nichtig oder durch Anfechtung rechtsunwirksam ist,
der Arbeitnehmer die Arbeit aber bereits aufgenommen hat. In Anlehnung
an das Gesellschaftsrecht (faktische Gesellschaft) entwickelte Rechtsfigur; es wurde als unbefriedigend angesehen, dass Anfechtung und Nichtigkeit von Arbeitsverträgen zu einer Rückabwicklung des Arbeitsverhältnisses nach dem Recht der ungerechtfertigten Bereicherung (§§ 812 ff.
BGB) führen. Nicht zu verwechseln mit einem Arbeitsverhältnis, das ohne
schriftlichen Arbeitsvertrag oder ausdrückliche Abmachung *konkludent*
zustande gekommen ist.

2. *Wirkung:*

a) Für die *Vergangenheit:* Das faktische Arbeitsverhältnis wird nach den
Regeln über wirksame Arbeitsverhältnisse behandelt; der Arbeitnehmer hat also Anspruch auf Arbeitsvergütung, Bezahlung von (auch
verbotener) Mehrarbeit, Einhaltung der Vorschriften des Arbeitsschutzes.

b) Für die *Zukunft* besteht jedoch keine Bindung mehr, sobald sich der
Arbeitsvertrag als nichtig herausstellt; es gelten also nicht die Vorschriften des Kündigungsschutzes.

3. *Nichtanwendung*: Bei vorsätzlichem Strafrechtsverstoß oder krasser
Sittenwidrigkeit wird die Rechtsfigur des faktischen Arbeitsverhältnisses

ausnahmsweise nicht angewandt. Die Rückabwicklung erfolgt dann ausschließlich über Bereicherungsrecht.

Familienmitarbeit

Wird Arbeit aufgrund *familienrechtlicher Verpflichtung* (für Kinder gemäß § 1619 BGB) geleistet, liegt kein Arbeitsverhältnis vor. Zwischen Eheleuten oder Eltern und Kindern kann jedoch auch ein Arbeitsverhältnis begründet werden. Fehlt eine ausdrückliche Vereinbarung, spricht für Vorliegen eines Arbeitsverhältnisses Zahlung von Lohn und Sozialabgaben, Eingliederung in den Betrieb und erhebliche Arbeitsleistung.

Zum *Schutz des Gläubigers* ist unabhängig von der Vergütung ein Arbeitsverhältnis anzunehmen, wenn die Arbeitsleistung das familiär Übliche übersteigt (§ 850h II ZPO).

Vielfach erbringen sich Eheleute, Verlobte oder Verwandte *wechselseitig Arbeitsleistungen,* ohne dass ein Arbeitsentgelt vereinbart wurde. Streitigkeiten entstehen, wenn eine Erwartung fehlschlägt, z.B. die Ehe geschieden, die Verlobung aufgelöst oder das Kind enterbt wird. Nach der Rechtsprechung besteht ein Vergütungs- oder Nachzahlungsanspruch entsprechend § 612 BGB, wenn ein unmittelbarer Zusammenhang zwischen der unterwertigen oder fehlenden Zahlung und der Erwartung besteht, dass durch eine in Zukunft erfolgende Leistung die in der Vergangenheit geleisteten Dienste abgegolten werden.

Feiertagslohn

Geregelt im Gesetz über die Zahlung des Arbeitsentgelts an Feiertagen und im Krankheitsfall (Entgeltfortzahlungsgesetz) vom 26.5.1994 (BGBl. I 1014, 1065) m.spät.Änd. Arbeitgeber im gesamten Bundesgebiet sind gemäß § 2 des Entgeltfortzahlungsgesetzes verpflichtet, Arbeitnehmern für die infolge eines gesetzlichen Feiertags (welche Feiertage gesetzlich sind, bestimmt sich nach Landesrecht) ausfallende Arbeitszeit den Arbeitsverdienst zu zahlen, den sie ohne den Arbeitsausfall erhalten hätten (also unter Berücksichtigung von Überstunden und Lohnzuschlägen). Die Vorschrift gilt nicht für Feiertage, an denen ohnehin nicht gearbeitet worden wäre (z.B. am arbeitsfreien Sonnabend bei der Fünf-Tage-Woche); wenn regelmäßig sonntags gearbeitet wird, so besteht die Pflicht zur Lohnzahlung, falls ein gesetzlicher Feiertag auf einen Sonntag fällt. Der Anspruch entfällt, wenn der Arbeitnehmer am letzten Arbeitstage vor oder am ersten Arbeitstage nach dem Feiertag der Arbeit unentschuldigt fernbleibt.

Feiertagszuschlag

Zuschlag zum normalen Arbeitsentgelt, den der Arbeitnehmer dafür erhält, dass er an gesetzlichen Feiertagen arbeitet. Eine solche zusätzliche Zahlung ist gesetzlich nicht vorgeschrieben – siehe Entscheidung des *Bundesarbeitsgerichts vom 11.01.2006 (5 AZR 97/ 05; Aus § 11 Abs. 2 ArbZG)* – allerdings können Tarifvertrag oder Betriebsvereinbarung dies regeln. Die Höhe des Feiertagszuschlags kann bis zu 100 Prozent zum effektiven Lohn betragen; für Arbeit an hohen Feiertagen (Weihnachten, Ostern, Pfingsten, Neujahr und 1. Mai) bis zu 150 Prozent.

Firmentarifvertrag

Tarifvertrag, bei dem als Vertragspartei auf Arbeitgeberseite ein einzelner Arbeitgeber auftritt (§ 2 I TVG). Der einzelne Arbeitgeber bleibt auch als Mitglied eines Arbeitgeberverbandes gemäß § 2 I TVG tariffähig. Die Gewerkschaft kann deshalb, wenn ein tarifloser Zustand besteht, von ihm den Abschluss eines Firmentarifvertrages fordern und nach überwiegender Auffassung diese Forderung auch kampfweise (Streik) durchsetzen. Die Gewerkschaft kann aber nicht verlangen und durchsetzen, dass der Arbeitgeber aus dem Arbeitgeberverband austritt. Insoweit ist der Arbeitgeber durch die Koalitionsfreiheit (Art. 9 III GG) geschützt.

Flächentarifvertrag

Verbandstarifvertrag, der für ein bestimmtes Gebiet (Tarifbezirk, Land, Bund) gilt. Wegen der zwingenden Wirkung der Tarifnormen für alle tarifgebundenen (Tarifgebundenheit) Arbeitgeber und Arbeitnehmer des Geltungsbereichs und des Günstigkeitsprinzips wird der Flächentarifvertrag in der öffentlichen Diskussion als Hindernis unternehmens- und betriebs-bezogener Lösungen angegriffen. Tariföffnungsklauseln können flexible Regelungen ermöglichen.

Frauenschutz

Bes. Art des Arbeitsschutzes. Absolute Beschäftigungsverbote bestehen im Wesentlichen nur noch während der Schwangerschaft und nach der Entbindung (Mutterschutz). Belehrung von Frauen über Gefahren für Schwangere in § 12 III der Gentechnik-Sicherheitsverordnung vom 18.12.2008.

Freie Mitarbeiter

Personen, die nicht im Rahmen eines festen Beschäftigungsverhältnisses, sondern i.d.R. aufgrund einzelner aufeinander folgender Aufträge tätig werden. Je nach dem Grade ihrer Abhängigkeit gelten sie als Arbeitnehmer oder (zumeist) arbeitnehmerähnliche Personen. Nach § 12a TVG können für freie Mitarbeiter, die als arbeitnehmerähnliche Personen zu werten sind, Tarifverträge geschlossen werden.

Friedenspflicht

Pflicht zur Unterlassung von Arbeitskämpfen.

1. *Absolute Friedenspflicht:* Sie verbietet jeden Arbeitskampf; sie gilt für Arbeitgeber und Betriebsrat (Betriebsfrieden), zwischen den Tarifvertragsparteien nur, wenn es (ungewöhnlich) in einem Tarifvertrag bes. vereinbart ist.

2. *Relative Friedenspflicht:* Jeder Tarifvertrag beinhaltet während seiner Laufzeit eine Friedenspflicht, d.h. das Verbot von Arbeitskämpfen über die im Tarifvertrag geregelten Angelegenheiten.

3. Verbandsaustritt oder Wechsel in die OT-Mitgliedschaft beenden nach überwiegender Auffassung die Friedenspflicht der Gewerkschaft, obwohl der Arbeitgeber trotz Austritts oder Wechsels vorerst an den Tarifvertrag gebunden bleibt (§ 3 III TVG, Nachbindung).

Fristlose Kündigung

Regelfall der außerordentlichen Kündigung, durch die das Arbeitsverhältnis *sofort* beendet werden soll.

Fürsorgepflicht

1. *Begriff*: Pflicht zur Wahrung schutzwürdiger Interessen des Arbeitnehmers; rechtliche Verpflichtung des Arbeitgebers neben Lohnzahlungspflicht. Die Fürsorgepflicht umfasst eine Anzahl von vertraglichen Nebenpflichten, die sich z.T. bereits aus der Anwendung des Grundsatzes von Treu und Glauben (§ 242 BGB) auf das Arbeitsverhältnis ergeben.

2. *Schutzpflichten:*

a) Der Arbeitgeber hat Betrieb, Betriebsmittel und Arbeitsablauf so zu gestalten, dass der Arbeitnehmer vor *Gefahren für Leben und Gesundheit*, soweit dies nach den Umständen und nach der Art der Leistung möglich ist, geschützt ist (§ 618 I BGB, § 62 I HGB).

b) Der Arbeitgeber muss den Arbeitnehmer auch vor *Beeinträchtigungen seiner Persönlichkeit* schützen. Nach dem Bundesdatenschutzgesetz besteht z.B. eine Verpflichtung zur Sicherung personenbezogener Daten des Arbeitnehmers gegen Datenmissbrauch.

c) Die Fürsorgepflicht bezieht sich auf die *eingebrachten Sachen des Arbeitnehmers* (Fahrzeug, Kleidung etc.). Soweit Arbeitnehmer Kleidung wechseln müssen, sind ihnen verschließbare Schränke zur Verfügung zu stellen. Ob *ausnahmsweise* eine Pflicht des Arbeitgebers besteht, Parkplätze für Kraftfahrzeuge des Arbeitnehmers zu schaffen, richtet sich nach den Umständen des Einzelfalles. Solche Einrichtungen sind dann aber in jedem Fall verkehrssicher zu halten.

d) Die Berechnung und *Abführung der Lohnsteuer und der Sozialversicherungsbeiträge* ist nicht nur eine öffentlich-rechtliche Pflicht des Arbeitgebers, sondern muss im Rahmen des Arbeitsvertrages gegenüber dem Arbeitnehmer ordnungsgemäß vorgenommen werden.

3. *Förderungspflichten:*

a) Der Arbeitgeber ist i.d.R. verpflichtet, den Arbeitnehmer tatsächlich im Rahmen der vereinbarten Tätigkeit zu beschäftigen *(Beschäftigungsanspruch)*.

b) Der Arbeitnehmer kann bei Beendigung des Arbeitsverhältnisses ein *schriftliches Zeugnis* verlangen.

c) Nur unter außergewöhnlichen Umständen kommt eine *Pflicht zur Wiedereinstellung* nach Beendigung des Arbeitsverhältnisses in Betracht (Verdachtskündigung).

4. Der früher aus der Fürsorgepflicht hergeleitete Anspruch des Arbeitnehmers auf *Erholungsurlaub* ist heute gesetzlich geregelt.

5. Bei *Nichterfüllung der Fürsorgepflicht* kommen u.U. Schadensersatzansprüche des Arbeitnehmers in Betracht. Auch kann ein Leistungsverweigerungsrecht des Arbeitnehmers bestehen, solange nicht eine pflichtgemäße Organisation der Arbeit gegeben ist.

Gefahrgeneigte Arbeit

1. *Begriff:* Gefahrgeneigte Arbeit liegt vor, wenn sich der Arbeitnehmer z.Z. des Schadensereignisses in einer Situation befindet, in der erfahrungsgemäß auch einem sorgfältig arbeitenden Arbeitnehmer Fehler unterlaufen können, die zwar vermeidbar sind, mit denen aber allg. gerechnet werden muss. Entscheidend ist die Gefahrträchtigkeit der konkreten Situation.

2. *Beispiele:* Die Tätigkeit eines Kraftfahrers gilt i.d.R. als gefahrgeneigt. Auch eine i.Allg. ungefährliche Tätigkeit kann im Einzelfall gefahrgeneigt sein, z.B. wegen Übermüdung des Arbeitnehmers.

3. *Bedeutung:* Die Pflicht des Arbeitnehmers, dem Arbeitgeber den Schaden zu ersetzen (Schadensersatz), den er in Ausführung seiner Dienste verschuldet hat, war früher nur bei gefahrgeneigter Arbeit zugunsten des Arbeitnehmers beschränkt. Diese Haftungsbeschränkung zugunsten des Arbeitnehmers gilt inzwischen aber bei jeder betrieblichen Tätigkeit.

Begründung: Die Abgrenzung von gefahrgeneigter und nicht gefahrgeneigter Arbeit lässt sich in vielen Bereichen kaum durchführen.

Gehaltsklassen

Definierte Verdienstspannen von Arbeitnehmern. Die Mitarbeiter werden in Bezug auf das Arbeitsentgelt entsprechend der betrieblichen Vergütungspolitik bzw. entsprechend den tarifvertraglichen Regelungen in eine Gehaltsklasse eingruppiert bzw. einer Verdienstgruppe zugeordnet. Die Eingruppierung kann z.B. auf einem Arbeitsbewertungssystem basieren, das die Anforderungshöhe der Stelle ermittelt. Die tatsächliche Entgelthöhe kann dann den jeweils gültigen Entgelttabellen entnommen werden. Bei Beamten wird in diesem Zusammenhang von Besoldungsstufen gesprochen.

Geldlohn

In Geld bezahltes Arbeitsentgelt; heute grundsätzlich übliche Entlohnungsform. Sowohl bar ausgezahltes Entgelt als auch bargeldlose Lohn- und Gehaltzahlung stellt Geldlohn dar. In der Frühzeit des Kapitalismus musste der Geldlohnanspruch des Arbeitnehmers in harten Kämpfen durchgesetzt werden, da die Betriebe v.a. bei ungünstiger Marktlage versuchten, das Absatzproblem teilweise durch Entlohnung der Arbeiter mit Betriebsprodukten zu lösen (Trucksystem). Grundsätzlich zulässig sind Sachbezüge (§ 107 II GewO).

Gemeinsamer Betrieb

Betrieb, der von mehreren Unternehmen gemeinsam geführt wird. Es besteht eine einheitliche Leitung, die Arbeitnehmer haben aber unterschiedliche Arbeitgeber. Ein gemeinsamer Betrieb wird gemäß § 1 II BetrVG vermutet, wenn Unternehmen gemeinsam die Betriebsmittel sowie die Arbeitnehmer zur Verfolgung arbeitstechnischer Zwecke einsetzen oder bei der Spaltung eines Unternehmens Betriebsteile einem anderen Unternehmen zugeordnet werden, ohne dass sich die Organisation wesentlich ändert. Der gemeinsame Betrieb wird arbeitsrechtlich, v.a. hinsichtlich Betriebsverfassung und Kündigungsschutz als ein Betrieb behandelt.

Generalstreik

Form des Arbeitskampfs, bei der alle oder die meisten Arbeitnehmer in Streik treten, also die gesamte Wirtschaft zum Stillstand bringen, meist in der Absicht, politischen Forderungen Nachdruck zu verschaffen.

Gesamtbetriebsrat

Organ der Betriebsverfassung. Um eine sinnvolle Wahrnehmung der Mitwirkungs- und Mitbestimmungsrechte auch in Unternehmen mit mehreren Betrieben zu sichern, sieht das Gesetz dort die Bildung von Gesamtbetriebsräten vor (§§ 47 ff. BetrVG). Dieser besteht aus entsandten Mitgliedern der Betriebsräte (§ 47 II–VIII BetrVG) und ist den Betriebsräten nicht übergeordnet (§ 50 I 2 BetrVG). Der Gesamtbetriebsrat ist nur zuständig: erstens für die Behandlung solcher Angelegenheiten, die das Gesamtunternehmen oder mehrere Betriebe betreffen und nicht durch die einzelnen Betriebsräte innerhalb ihrer Betriebe geregelt werden können und zweitens, wenn er von einem Betriebsrat mit der Behandlung einer – in die Zuständigkeit des Betriebsrats fallenden – Angelegenheit beauftragt worden ist (§ 50 BetrVG). Mind. einmal in jedem Kalenderjahr hat der Gesamtbetriebsrat eine Betriebsräteversammlung einzuberufen (§ 53 BetrVG).

Gesamtzusage

Begriff des Arbeitsrechts für Zusagen des Arbeitgebers, die er der Belegschaft oder bestimmten Belegschaftsgruppen macht, indem er Regelungen für Sozialleistungen wie Ruhegeld oder Gratifikationen bekannt gibt. Dadurch entsteht ein Bündel von Einzelzusagen, die grundsätzlich wie Einzelverträge zu behandeln sind, d.h. nicht mehr einseitig zurückgenommen oder abgeändert werden können. Weitgehend identisch mit vertraglicher Einheitsregelung.

Gesetzliche Feiertage

Festgelegt durch Landesrecht, Tag der Deutschen Einheit durch Einigungsvertrag. In einzelnen Ländern, v.a. in Bayern, kommen noch anerkannte kirchliche Feiertage hinzu (Mariä Himmelfahrt, Reformationsfest,

Totensonntag), die zwar nicht gesetzliche Feiertage sind, aber nach Landesgesetz bes. Schutz genießen. An gesetzlichen Feiertagen bestehen die gleichen Beschäftigungsverbote wie für Sonntagsarbeit (vgl. §§ 9 ff. ArbZG) und Verkehrsbeschränkungen für Lastkraftwagen.

Gleichbehandlung

Arbeitsrechtlicher Grundsatz für die Behandlung der Arbeitnehmer durch den Arbeitgeber. Eine Ausprägung des Gleichheitsgrundsatzes (Art. 3 GG) und ein Gebot der Verwirklichung austeilender Gerechtigkeit. Der Arbeitgeber muss bei Maßnahmen und Entscheidungen, die *betriebsbezogen* sind, d.h. über einzelne Arbeitsverhältnisse hinausreichen, den Grundsatz beachten, dass das, was sachlich gleich ist, gleichbehandelt werden muss; eine willkürliche Differenzierung ist verboten.

Ob der Grundsatz der Gleichbehandlung bei Unternehmen mit mehreren Betrieben über den einzelnen Betrieb hinaus auch *unternehmensweit* gilt, ist umstritten. Die Rechtsprechung erkennt zumindest in bes. Fällen eine unternehmensweite Geltung des Gleichbehandlungsgrundsatzes an (vgl. BAG, 3.12.2008, AZ 5 AZR 74/08).

Von Bedeutung ist der Grundsatz der Gleichbehandlung v.a. bei der Gewährung zusätzlicher freiwilliger Leistungen (Gratifikationen, Ruhegelder u.a. Sozialleistungen). Benachteiligte Arbeitnehmer können die ihnen unzulässig vorenthaltene Leistung verlangen. Darüber, dass unsachliche Differenzierungen im Betrieb unterbleiben, haben nach § 75 BetrVG Arbeitgeber und Betriebsrat gemeinsam zu wachen.

Verstärkt wird der allg. Gleichbehandlungsgrundsatz durch das Allgemeine Gleichbehandlungsgesetz, welches bestimmte Ungleichbehandlungen untersagt.

Gleitende Arbeitszeit

1. *Begriff:* Arbeitszeitmodelle zur Flexibilisierung und Individualisierung der Arbeitszeit. Die Arbeitszeit wird nicht auf bestimmte Anfangs- und Endtermine festgelegt. Der Arbeitnehmer kann innerhalb eines

bestimmten Rahmens den Zeitpunkt des persönlichen Arbeitsbeginns und -endes selbst bestimmen.

Ziel: Erhöhung der individuellen Gestaltungsspielräume, Eröffnen flexibler Bürokonzepte und Entlastung des Berufsverkehrs in Ballungsgebieten.

Die *Modelle* der gleitenden Arbeitszeit reichen von der Gestaltung der täglichen über die wöchentliche bis zur jährlichen Arbeitszeit oder sogar der Lebensarbeitszeit (Sabbatical, Jahresarbeitszeitvertrag).

2. *Zeiten:* Die gleitende Arbeitszeit setzt sich zusammen aus der *Gleitspanne* (z.B. von 7 bis 9 Uhr und von 15 bis 19 Uhr) und der *Kernarbeitszeit* (Zeit zwischen den Gleitzeiten). In der Kernarbeitszeit muss der Arbeitnehmer im Betrieb anwesend sein, innerhalb der Gleitspanne darf der Arbeitnehmer selbst disponieren. In den jeweiligen Arbeitszeitmodellen wird jedoch die zulässige Anzahl von Plus- oder Minusstunden gegenüber der Normalarbeitszeit festgelegt, die sich höchstens anhäufen dürfen. Außerdem kann ein Zeitraum festgelegt werden, innerhalb dessen ein Ausgleich erfolgen muss.

3. Die *Einführung* der gleitenden Arbeitszeit ist – falls ein Betriebsrat existiert – mitbestimmungspflichtig (§ 87 Nr. 2 BetrVG). Auch bei Gleitzeit sind die Regelungen des Arbeitszeitgesetzes einzuhalten.

4. Zum *Nachweis* der geleisteten Arbeitszeit ist in geeigneter Weise eine Zeiterfassung (z.B. durch elektronische Zeiterfassungsgeräte) zu gewährleisten.

Gratifikation

Sonderzuwendungen, die der Arbeitgeber aus bestimmten Anlässen neben dem Arbeitsentgelt gewährt. Gratifikationen sind keine Schenkungen; sie sind i.d.R. Anerkennung für geleistete Dienste und Anreiz für weitere Dienstleistung.

Gruppenarbeitsverhältnisse

Bes. Formen des Arbeitsverhältnisses.

1. *Eigengruppe:* Arbeitnehmer bieten als Gruppe ihre Arbeitsleistung an (z.B. Musikkapelle). Einzelkündigungen sind in diesem Fall im Zweifel ausgeschlossen; liefert ein Gruppenmitglied einen Kündigungsgrund, so kann die ganze Gruppe gekündigt werden.

2. *Betriebsgruppe (Akkord-Gruppe):* Der Arbeitgeber schließt kraft seines Direktionsrechts eine Gruppe von Arbeitnehmern zusammen (z.B. Akkordkolonnen im Baugewerbe) und entlohnt sie nach dem von der Gruppe erzielten Arbeitsergebnis (Gruppenakkord). Zu beachten ist das Mitbestimmungsrecht des Betriebsrats nach § 87 I Nr. 13 BetrVG.

Günstigkeitsprinzip

1. Nach dem Günstigkeitsprinzip kann von den Normen eines Tarifvertrages (Mindestbedingungen) lediglich *zugunsten* des Arbeitnehmers durch Einzelvertrag oder Betriebsvereinbarung abgewichen werden, es sei denn, eine Tariföffnungsklausel lässt ausdrücklich auch negative Abweichungen zu (§ 4 III TVG).

2. *Günstigere Bedingungen,* die schon bestanden haben, bleiben beim Inkrafttreten des Tarifvertrages in Geltung. Ein *übertariflicher Lohn* z.B. wird durch eine Tariflohnerhöhung mangels entgegenstehender Vereinbarung so lange nicht berührt, als der Tariflohn übertariflichen Lohn nicht übersteigt. Wird der übertarifliche Lohn ausdrücklich als selbstständiger Lohnbestandteil neben dem Tariflohn gewährt und bezeichnet, bleibt er von Tariferhöhungen unberührt. Hat dagegen der Arbeitnehmer keinen Anspruch auf übertarifliche Zulage neben dem Tariflohn, so können Tariflohnerhöhungen mit übertariflichen Lohnbestandteilen verrechnet werden.

3. Das Günstigkeitsprinzip *gilt nicht* im Verhältnis des Tarifvertrages zu Gesetzen. Dispositives Gesetzesrecht ist jedoch grundsätzlich auch durch Tarifvertrag abdingbar tarifdispositives Recht. Statt des Günstigkeitsprinzips gilt im Konfliktfall das Ordnungsprinzip, wenn eine zeitlich spätere Regelung eine frühere aufhebt.

4. Vielfach, v.a. von Arbeitgeberseite, wird eine *Auflockerung* des Günstigkeitsprinzips dahingehend verlangt, dass Arbeitgeber und Betriebsrat oder Belegschaft auch ungünstigere Arbeitsbedingungen vereinbaren können, um die bes. Situation oder Notlage eines Betriebes zu berücksichtigen. Sowohl eine entsprechende Änderung des Tarifvertragsgesetzes ist in der Diskussion wie Regelungen auf tarifvertraglicher Ebene.

Haftung

1. *Haftung des Arbeitgebers:*

a) beschränkte *Haftung für Personenschäden beim Arbeitnehmer* (§ 104 SGB VII): Für Personenschäden (alle Schäden aus Tötung und Verletzung) bei Arbeitsunfällen haftet der Arbeitgeber dem Arbeitnehmer, seinen Angehörigen und Hinterbliebenen nur bei Vorsatz und Unfällen im allg. Verkehr (zu dem wird Werkverkehr nicht gerechnet); die Regelung betrifft Personenschäden einschließlich des immateriellen Schadens (Schmerzensgeld nach § 253 BGB).

Grund der Regelung ist, dass der Arbeitgeber allein die Beiträge zur Unfallversicherung trägt und deshalb von jedem zusätzlichen Risiko befreit sein soll (Unternehmerprivileg).

Zivilrechtliche *Rückgriffsansprüche der Sozialversicherungsträger,* die bei Arbeitsunfällen Leistungen gewährt haben, gegen den Arbeitgeber, wenn er den Arbeitsunfall vorsätzlich oder grob fahrlässig herbeigeführt hat (§ 110 SGB VII).

b) *Haftung für Sachschäden beim Arbeitnehmer:* Werden bei einem Arbeitsunfall eingebrachte Sachen des Arbeitnehmers beschädigt (z.B. Kleidung), richtet sich die Ersatzpflicht des Arbeitgebers nach der *allg. Verschuldenshaftung* aus Vertragsverletzung und unerlaubter Handlung. Auch *ohne Verschulden* hat der Arbeitgeber Schäden an Sachen des Arbeitnehmers zu ersetzen, die bei der Arbeit entstanden sind, es sei denn, die Schäden gehören zum allg. Lebensrisiko des Arbeitnehmers oder sind durch das Arbeitsentgelt abgegolten (§ 670 BGB). Z.B. hat der Arbeitgeber den Schaden am arbeitnehmereigenen Kfz auf Dienstfahrten zu ersetzen, wenn er ohne Einsatz des Kfz des Arbeitnehmers ein eigenes Fahrzeug einsetzen und damit dessen Unfallgefahr tragen müsste. *Mitverschulden des Arbeitnehmers* ist entsprechend § 254 BGB zu berücksichtigen.

2. *Haftung des Arbeitnehmers:*

a) *Haftung gegenüber dem Arbeitgeber:*

(1) Fügt der Arbeitnehmer bei Erfüllung des Arbeitsvertrages dem Arbeitgeber *schuldhaft* einen Schaden zu, haftet er nach den Grundsätzen über die positive Vertragsverletzung (jetzt: § 280 BGB) und u.U. (bei Eigentumsverletzung) wegen unerlaubter Handlung nach Maßgabe der §§ 823 ff. BGB.

(2) Im Arbeitsverhältnis wird die Verschuldungshaftung des BGB den modernen Verhältnissen nicht gerecht. Durch geringes Verschulden können Arbeitnehmer, die mit immer höheren Vermögenswerten zu tun haben, einen sehr großen Schaden verursachen. Nach der Rechtsprechung ist die Haftung wegen der Fürsorgepflicht des Arbeitgebers bzw. des Betriebsrisikos des Arbeitgebers beschränkt, wenn der Schaden bei einer betrieblichen Tätigkeit verursacht wurde:

(a) *Leichteste Fahrlässigkeit:* keine Haftung;

(b) *Vorsatz* und *grobe Fahrlässigkeit:* grundsätzlich volle Haftung;

(c) *mittlere Fahrlässigkeit:* Schadensteilung unter Abwägung von Verschulden des Arbeitnehmers und Betriebsrisiko des Arbeitgebers. *Beweislast* für Pflichtverletzungen und Verschulden hat der Arbeitgeber (§ 619a BGB).

b) *Haftung unter Arbeitskollegen:* Ist ein Arbeitsunfall durch einen im gleichen Betrieb tätigen Arbeitnehmer bei betrieblicher Tätigkeit verursacht worden, haftet er für einen Personenschaden nur, wenn er den Unfall vorsätzlich herbeigeführt hat (§ 105 SGB VII).

c) *Haftung gegenüber Dritten* (nicht Angehörige desselben Betriebs): Der Arbeitnehmer haftet gegenüber diesen nach den allg. Vorschriften über die unerlaubten Handlungen. Im Innenverhältnis von Arbeitgeber und -nehmer können die Schäden Dritter nicht anders behandelt werden als Schäden des Arbeitgebers. Der Arbeitnehmer hat daher einen Freistellungsanspruch gegen den Arbeitgeber bei betrieblicher Arbeit und leichter Fahrlässigkeit.

Hausgewerbetreibende

Nach dem Heimarbeitsgesetz (HAG) vom 14.3.1951 (BGBl. I 191) m.spät.
Änd. und DVO i.d.F. vom 27.1.1976 (BGBl. I 221) m.spät.Änd. Personen, die
in eigener Arbeitsstätte (Wohnung oder Betriebsstätte) wie Heimarbeiter im Auftrag von Gewerbetreibenden oder Zwischenmeistern mit nicht
mehr als zwei fremden Hilfskräften Waren herstellen, bearbeiten oder ver-
packen und selbst wesentlich mitarbeiten, evtl. Roh- und Hilfsstoffe selbst
beschaffen.

Hausordnung

Grundsätze für die Aufrechterhaltung der äußeren Ordnung in den Büros
und Werkstätten eines Betriebes. In der Hausordnung kann u.a. geregelt
werden: Raucherlaubnis, Esseneinnahme, Garderobenablage, Reinlichkeit,
Inventar-, Schlüssel-, Anwesenheitskontrolle, Entfernung vom Arbeitsplatz, Passierschein, Besuchsannahme. Besteht ein Betriebsrat, hat dieser
mitzubestimmen.

Heimarbeit

I. *Gesetzliche Grundlage:*

Heimarbeitsgesetz vom 14.3.1951 (BGBl. I 191) m.spät.Änd.; Sonderrecht
für die Regelung der Arbeitsverhältnisse von in Heimarbeit beschäftigten
arbeitnehmerähnlichen Personen.

II. *Inhalt:*

1. *Personenkreis:* Heimarbeiter und Hausgewerbetreibende; im Fall eines
sozialen Schutzbedürfnisses können diesen weitere Personen mit ähnlichen Eigenschaften und Zwischenmeister durch von der obersten Landesarbeitsbehörde errichtete Heimarbeitsausschüsse (§§ 1-4 HAG)
gleichgestellt werden. Die in Heimarbeit Beschäftigten sind nicht eigent-
lich Arbeitnehmer. Das allg. Arbeitsschutzrecht und auch das sonstige
Arbeitsrecht gelten nicht. Heimarbeiter unterliegen nicht dem Mindestlohn.

2. *Schutzbestimmungen des HAG:* Neben allg. Schutzvorschriften, Arbeits-
zeitschutz und Gefahrenschutz (§§ 6–16 HAG) ist der Entgelt- und Kündigungsschutz eingeführt (§§ 17–29 HAG).

a) *Entgelte für Heimarbeit* sind grundsätzlich nicht nach Arbeitsstunden,
   sondern nach Mengen zu bemessen (Stückgeldakkord). Die Entgelt-
   festlegung erfolgt i.d.R. durch die Heimarbeitsausschüsse mit der
   Wirkung allg. verbindlicher Tarifverträge, selten durch Tarifvertrag.

   Überwachung ordnungsmäßiger Entgeltzahlung durch staatliche Ent-
   geltprüfer. *Haftung* für das Entgelt neben einem etwa eingeschalteten
   Zwischenmeister durch den Auftraggeber. Entgeltansprüche gegen
   beide können von der obersten Landesarbeitsbehörde im eigenen
   Namen mit Wirkung für und gegen den in Heimarbeit Beschäftigten
   oder Gleichgestellten geltend gemacht werden.

b) *Kündigungsschutz:* Für in Heimarbeit Beschäftigte, die länger als vier
   Wochen tätig waren, gilt eine Kündigungsfrist von zwei Wochen.
   Diese Frist erhöht sich bei überwiegender Beschäftigung bei einem
   Auftraggeber oder Zwischenmeister von vier Wochen zum 15. oder
   zum Ende des Kalendermonats je nach Beschäftigungsdauer bis zu
   sieben Monaten zum Monatsende nach zwanzigjähriger Beschäftigung (§ 29 HAG). Das Recht zur außerordentlichen Kündigung
   aus wichtigem Grund bleibt unberührt. Darüber hinaus besteht in
   bestimmten Konstellationen ein weitergehender Kündigungsschutz
   über die Betriebsverfassung (vgl. § 29a HAG).

   Mindestentgelt während der Kündigungsfrist (auch bei Ausgabe einer
   geringeren Arbeitsmenge): 1/12 – 14/12 des Gesamtentgelts aus den
   der Kündigung vorausgehenden 24 Wochen.

c) *Urlaub:* Es gilt grundsätzlich das Bundesurlaubsgesetz (BUrlG). Heimarbeiter und Gleichgestellte erhalten von ihrem Auftraggeber oder,
   falls sie von einem Zwischenmeister beschäftigt werden, von diesem
   bei einem Anspruch auf 24 Urlaubstage ein Urlaubsentgelt von 9,1
   Prozent des in der Zeit vom 1. Mai bis 30. April des folgenden Jahres

verdienten Arbeitsentgeltes vor Abzug der Steuern und Sozialversicherungsbeiträge. Einzelheiten in § 12 BUrlG.

d) *Mutterschutzgesetz* gilt grundsätzlich auch für Heimarbeiterinnen.

e) *Verstöße* werden als Straftat oder als Ordnungswidrigkeit nach den §§ 31 ff. HAG geahndet.

III. *Sondervorschriften für Kinder und Jugendliche:*

1. *Kinder* dürfen nicht beschäftigt werden.

2. Der Auftraggeber hat dem *Jugendlichen* für jedes Kalenderjahr bezahlten Urlaub zu gewähren, dessen Dauer sich nach dem Alter des Jugendlichen richtet. Zur Dauer und der davon abhängigen Höhe des Urlaubsentgelts vgl. § 19 IV JArbSchG sowie Jugendschutz.

Höchstarbeitsbedingungen

Tarifbedingungen als Höchstbedingungen; unzulässig nach dem in § 4 III TVG niedergelegten Günstigkeitsprinzip. Den Parteien des einzelnen Arbeitsvertrages muss eine Vergütung nach Leistung durch übertarifliche Zulagen (übertarifliche Bezahlung) gestattet sein.

Immaterielle Mitarbeiterbeteiligung

Partizipation der Mitarbeiter an Entscheidungen, u.U. als Folge materieller Mitarbeiterbeteiligung. Immaterielle Mitarbeiterbeteiligung kann sich grundsätzlich auf den Arbeitsplatz oder die Unternehmensebene beziehen. In Großunternehmen gesetzlich geregelt durch Mitbestimmungsgesetz (MitbestG), Betriebsverfassungsgesetz 1952 (BetrVG), Montan-Mitbestimmungsgesetz (MontanMitbestG), in mittelständischen Betrieben verschiedene Modelle freiwillig vereinbarter immaterieller Mitarbeiterbeteiligung. Mitwirkungsmöglichkeiten der Mitarbeiter von Informations- und Kontrollrechten bis zu Mitsprache- und Mitbestimmungsrechten. Zumeist handelt es sich um eine Komponente der betrieblichen Partnerschaft. Ausübung der immateriellen Mitarbeiterbeteiligung in Partnerschaftsausschüssen, Beiräten oder ähnlichen Organen, denen bisweilen recht weit reichender Einfluss auf wichtige Unternehmensentscheidungen eingeräumt wird.

Indexlohn

Entlohnungssystem, bei dem der *Reallohn* stabil gehalten wird (konstante Kaufkraft). Maßstab für die Kaufkraft des Geldes ist meist der Verbraucherpreisindex für Deutschland (VPI) bzw. Harmonisierter Verbraucherpreisindex (HVPI), ggf. auch Goldpreis und Kurs für fremde Währung. Eine Anwendung des Indexlohns ist sinnvoll, wenn eine Volkswirtschaft unter erheblichen Geldwertschwankungen zu leiden hat, in normalen Zeiten jedoch nicht zweckmäßig wegen der komplizierten Berechnung. In der Bundesrepublik Deutschland sind Indexbindungen als Bestandteil des Tarifvertrages rechtlich zulässig. Die Koppelung des Lohns an den Verbraucherpreisindex gilt als inflationsfördernd und -verstärkend.

Industrieverbandsprinzip

Gliederung der Organisationen von Arbeitnehmern (Gewerkschaft) und Arbeitgebern (Berufsverband) nach Wirtschaftsbereichen, nicht nach Berufen. In der Bundesrepublik Deutschland ist das Industrieverbandsprinzip üblich; aber es gibt auch einige Berufsverbände.

Inhaltsnormen

Normative Bestimmungen im Tarifvertrag, die den Inhalt des einzelnen Arbeitsverhältnisses regeln, z.B. Löhne, Zulagen, Arbeitszeit und Urlaub (§ 1 TVG).

Initiativrecht

Recht des Betriebsrats, eine Angelegenheit dem Arbeitgeber zur Entscheidung vorzulegen und im Falle der Nichteinigung in den Fällen der Mitbestimmung zur verbindlichen Entscheidung vor die Einigungsstelle zu bringen („Regelungsanspruch"), insbesondere in sozialen Angelegenheiten nach § 87 II BetrVG.

Interessenausgleich

1. *Begriff:* Einigung zwischen Arbeitgeber und Betriebsrat darüber, ob, wann und in welcher Weise eine geplante Betriebsänderung durchgeführt werden soll.

2. *Inhalt:* Der Interessenausgleich betrifft alle Fragen, die nicht in den Sozialplan gehören; z.B. können Umfang und Zeitpunkt einer Maßnahme, Umschulungsmaßnahmen und Beschäftiegungsgarantien Ergebnis eines Interessenausgleichs sein. Im Interessenausgleich können die Arbeitnehmer, denen gekündigt werden soll, namentlich bezeichnet werden.

3. Das *Verfahren* über den Interessenausgleich ist in § 112 BetrVG geregelt. Ein Interessenausgleich ist schriftlich niederzulegen und vom Betriebsrat und Unternehmer zu unterzeichnen. Kommt ein Interessenausgleich nicht zustande, kann die Einigungsstelle angerufen werden. Diese kann nur auf eine gütliche Einigung hinwirken und nicht wie beim Sozialplan verbindlich entscheiden.

4. *Folgen:* Sobald der Interessenausgleich abgeschlossen ist oder feststeht, dass die Verhandlungen darüber gescheitert sind, kann der Unternehmer mit der geplanten Betriebsänderung beginnen. Bei Kündigungen von Arbeitnehmern, die im Interessenausgleich in einer Namensliste benannt sind, wird vermutet, dass sie sozial gerechtfertigt sind und die *Sozialauswahl* kann nur auf grobe Fehlerhaftigkeit überprüft werden. Beginnt der Unternehmer vor Abschluss des Interessenausgleichs mit der Betriebsänderung und schafft er nicht umkehrbare Fakten, so kann der Betriebsrat zur Sicherung seines Verhandlungsanspruchs eine einstweilige Verfügung auf Unterlassung der Betriebsänderung erwirken (strittig) und entlassene Arbeitnehmer eine Abfindung verlangen (§ 113 III BetrVG). Weicht der Arbeitgeber vom Interessenausgleich ab, können deshalb entlassene Arbeitnehmer Abfindungen oder sonst nachteilig betroffene Arbeitnehmer Ausgleich des Nachteils verlangen (§ 113 BetrVG). Ansonsten kann die Ausführung nicht erzwungen werden.

Jobsharing

Bes. Form des Teilzeitarbeitsverhältnisses. Dem Arbeitsverhältnis liegt ein zwischen dem Arbeitgeber und zwei oder mehreren Arbeitnehmern geschlossener Arbeitsvertrag zugrunde, in dem diese sich verpflichten, sich die Arbeitszeit an einem Vollarbeitsplatz zu teilen. Innerhalb der Gesamtarbeitszeit sieht dieses *Arbeitszeitmodell* einen flexiblen Umgang mit der jeweiligen Arbeitszeit der Arbeitnehmer vor. *Gesetzliche Grundlage:* § 13 Teilzeit- und Befristungsgesetz (TzBfG).

Für den Arbeitgeber liegt ein entscheidender Vorteil gegenüber dem reinen Teilzeitarbeitsverhältnis darin, dass der Arbeitsplatz während der gesamten betriebsüblichen Arbeitszeit besetzt ist. Die Frage, ob der Arbeitnehmer den Partner im Fall einer vorübergehenden Verhinderung vertreten muss, richtet sich nach der für den einzelnen Vertretungsfall geschlossenen Vereinbarung (§ 13 I TzBfG). Die Pflicht zur Vertretung kann auch vorab für den Fall eines dringenden betrieblichen Erfordernisses vereinbart werden; dann ist der Arbeitnehmer zur Vertretung nur verpflichtet, soweit sie ihm im Einzelfall zumutbar ist. Wegen des *Ausscheidens eines Partners* ist die Kündigung der anderen Arbeitnehmer nicht zulässig (§ 13 II TzBfG).

Jugendarbeitsschutz

I. *Gesetzliche Grundlage:*

Jugendarbeitsschutzgesetz vom 12.4.1976 (BGBl. I 965) m.spät.Änd. und Kinderarbeitsschutzverordnung vom 23.6.1998 (BGBl. I 1508).

II. *Geltungsbereich:*

Das Gesetz gilt

(1) für die Beschäftigung von Kindern und ohne Rücksicht auf die Wirksamkeit des Arbeits- oder Dienstvertrages für jede Form der Beschäftigung von Jugendlichen, und zwar in der Berufsausbildung (Auszubildende, Praktikanten, Volontäre), als Arbeitnehmer und Heimarbeiter,

(2) für sonstige Dienstleistungen, die der Arbeitsleistung der unter (1) genannten Personen ähnlich sind.

Kind ist, wer noch nicht 15 Jahre alt ist; *Jugendliche* sind die 15 bis 18 Jahre alten Personen. Für Jugendliche, die der Vollzeitschulpflicht unterliegen, gelten die Vorschriften für Kinder.

Ausnahmen:

(1) Gelegentliche geringfügige Hilfeleistungen aus Gefälligkeit, aufgrund familienrechtlicher Vorschriften, in Einrichtungen der Jugendhilfe und in Einrichtungen zur Eingliederung behinderter Menschen;

(2) Beschäftigung durch die Personensorgeberechtigten im Familienhaushalt.

Bei *Beschäftigung im Vollzug einer Freiheitsentziehung* gilt das Gesetz entsprechend (§ 62 JArbSchG).

III. *Kinderarbeit:*

1. Die Beschäftigung von Kindern ist *verboten.*

2. *Ausnahmen* können von der Aufsichtsbehörde unter gewissen Voraussetzungen und Auflagen zugelassen werden:

a) *Kinder zwischen drei und sechs Jahren* können bei Musikaufführungen und anderen Aufführungen, Werbeveranstaltungen, Aufnahmen im Rundfunk, auf Ton- und Bildträgern und Film- und Fotoaufnahmen in der Zeit von 8 bis 17 Uhr bis zu zwei Stunden täglich beschäftigt werden.

b) *Kinder über sechs Jahre* können bei Theatervorstellungen in der Zeit von 10 bis 23 Uhr bis zu vier Stunden täglich und bei den unter a) genannten Aufführungen und Veranstaltungen in der Zeit von 8 bis 22 Uhr bis zu drei Stunden täglich beschäftigt werden.

Nach Beendigung der Beschäftigung ist den Kindern eine ununterbrochene Freizeit von 14 Stunden zu gewähren.

c) *Kinder über 13 Jahre* dürfen

(1) durch Personensorgeberechtigte in der Landwirtschaft bis zu drei Stunden täglich;

(2) mit Einwilligung der Personensorgeberechtigten bei der Ernte bis zu drei Stunden werktäglich, mit dem Austragen von Zeitungen und Zeitschriften bis zu zwei Stunden werktäglich und mit Handreichungen beim Sport bis zu zwei Stunden täglich, soweit die Beschäftigung leicht ist, beschäftigt werden, nicht jedoch zwischen 18 und 8 Uhr, vor dem Schulunterricht oder während des Schulunterrichts.

4. Das Verbot der Kinderarbeit *gilt nicht* zum Zwecke der Beschäftigungs- und Arbeitstherapie, im Rahmen des Betriebspraktikums während der Vollzeitschulpflicht und in Erfüllung einer richterlichen Weisung. Das Verbot gilt ferner nicht für die Beschäftigung von Jugendlichen über 15 Jahren während der *Schulferien* für höchstens vier Wochen im Jahr (§ 5 IV JArbSchG). Kinder, die nicht der Vollzeitschulpflicht unterliegen, dürfen im Berufsausbildungsverhältnis oder mit leichten geeigneten Tätigkeiten bis zu sieben Stunden täglich, 35 Stunden wöchentlich beschäftigt werden.

IV. *Arbeitszeit der Jugendlichen:*

1. *Allgemeine Arbeitszeit:* Höchstens acht Stunden täglich und 40 Stunden wöchentlich. Es gilt die Fünftagewoche.

2. *Bes. Arbeitszeitregelung:*

a) *Allgemein:* Wenn in Verbindung mit Feiertagen an Werktagen nicht gearbeitet wird, darf zur Verteilung der ausgefallenen Arbeitszeit die tägliche Arbeitszeit auf 8,5 Stunden heraufgesetzt werden, jedoch darf die durchschnittliche Wochenarbeitszeit von 40 Stunden nicht überschritten werden. Wenn an einzelnen Werktagen die Arbeitszeit auf weniger als acht Stunden verkürzt ist, können Jugendliche an den übrigen Werktagen derselben Woche 8,5 Stunden beschäftigt werden (§ 8 IIa JArbSchG); damit ist die 4,5-Tage-Woche auch für Jugendliche erreichbar.

b) *Erntezeit:* Jugendliche über 16 Jahre dürfen in der Landwirtschaft bis zu neun Stunden täglich und 85 Stunden in der Doppelwoche beschäftigt werden.

c) *Vorübergehende und unaufschiebbare Arbeiten in Notfällen:* Die Mehrarbeit muss durch Arbeitszeitverkürzung innerhalb der folgenden drei Wochen ausgeglichen werden (§ 21 JArbSchG).

3. Dem Jugendlichen ist die Zeit zum *Besuch der Berufsschule* zu gewähren. Zeiten des Unterrichts einschließlich Pausen werden auf die Arbeitszeit angerechnet. An Tagen, an denen die Unterrichtszeit mit Pausen mind. fünf Stunden beträgt, ist der Jugendliche ganz von der Arbeit freizustellen sowie in Berufsschulwochen mit einem planmäßigen Blockunterricht von mind. 25 Stunden an mind. fünf Tagen. Vor einem vor 9 Uhr beginnenden Unterricht darf der Jugendliche nicht beschäftigt werden. Durch den Berufsschulbesuch darf kein Entgeltausfall eintreten.

4. Bei einer Arbeitszeit von mehr als 4,5 Stunden müssen *Ruhepausen* von 30 Minuten, bei mehr als sechs Stunden von 60 Minuten gewährt werden; die Ruhepausen müssen mind. je 15 Minuten betragen.

5. Nach Beendigung der täglichen Arbeit ist eine *ununterbrochene Freizeit* von zwölf Stunden zu gewähren.

6. *Nachtruhe:*

a) In der Zeit von 20 bis 6 Uhr dürfen Jugendliche nicht beschäftigt werden.

b) Ausnahmen im Gaststättengewerbe und in Familienbetrieben des Schaustellergewerbes (über 16 Jahre bis 22 Uhr), mehrschichtigen Betrieben (über 16 Jahre bis 23 Uhr), in Bäckereien und Konditoreien ab 5 Uhr (über 16 Jahre) bzw. ab 4 Uhr (über 17 Jahre), aufgrund bes. Bewilligung der Aufsichtsbehörde für Musikaufführungen, Theater etc. (§ 14 VII JArbSchG).

7. An *Samstagen* dürfen Jugendliche nicht, und am 24. und 31. Dezember dürfen Jugendliche nicht nach 14 Uhr beschäftigt werden. Ausgenommen sind bestimmte Wirtschaftszweige, bei denen die Beschäftigung üblich ist; mind. zwei Samstage sollen in jedem Monat beschäftigungsfrei sein. Zulässige Beschäftigung an Samstagen ist durch Arbeitsfreistellung an anderen Werktagen auszugleichen.

8. An *Sonn- und Feiertagen* dürfen Jugendliche nicht beschäftigt werden. Ausnahmen sind zulässig für Gast- und Schankwirtschaften, Theater etc. und in Notfällen. Zum Ausgleich ist Freizeit an anderen Arbeitstagen zu gewähren.

V. *Urlaub für Jugendliche:*

Der Urlaub, den der Arbeitgeber Jugendlichen für jedes Kalenderjahr zu gewähren hat, beträgt jährlich

(1) mind. 30 Werktage, wenn der Jugendliche zu Beginn des Kalenderjahres noch nicht 16 Jahre alt ist,

(2) mind. 27 Werktage, wenn der Jugendliche zu Beginn des Kalenderjahres noch nicht 17 Jahre alt ist,

(3) mind. 25 Werktage, wenn der Jugendliche zu Beginn des Kalenderjahres noch nicht 18 Jahre alt ist. Soweit der Urlaub nicht in den Berufsschulferien gegeben wird, ist für jeden Berufsschultag, an dem die Berufsschule während des Urlaubs besucht wird, ein weiterer Urlaubstag zu gewähren.

VI. *Jugendarbeitsschutz und Tarifvertrag:*

Die Tarifvertragsparteien (Tarifvertrag) haben die Möglichkeit, in bestimmten Fällen vom JArbSchG abweichende Regelungen zu treffen (§ 21a JArbSchG). Durch Delegation der Normsetzungsbefugnis können die Tarifvertragsparteien die Konkretisierung von Ausnahmeregelungen durch Betriebsvereinbarung zulassen. Nicht tarifgebundene Arbeitgeber können im Geltungsbereich eines Tarifvertrages die abweichenden tarifvertraglichen Regelungen durch Betriebsvereinbarung oder, soweit ein Betriebsrat nicht besteht, durch schriftliche Vereinbarung zwischen dem Arbeitgeber und dem Jugendlichen übernehmen.

VII. *Beschäftigungsverbote/-beschränkungen für Jugendliche:*

Jugendliche dürfen nicht mit Arbeiten beschäftigt werden, die ihre Leistungsfähigkeit übersteigen, bei denen sie sittlichen Gefahren ausgesetzt sind, die mit Unfallgefahren verbunden sind, bei denen ihre Gesundheit durch außergewöhnliche Hitze oder Kälte oder starke Nässe gefährdet wird und bei denen sie schädlichen Einwirkungen von Lärm, Erschütterungen, Strahlen oder von giftigen, ätzenden oder reizenden Stoffen ausgesetzt sind. Grundsätzlich dürfen Jugendliche weiterhin nicht

(1) mit Akkord- und Fließarbeiten, bei denen durch ein gesteigertes Arbeitstempo ein höheres Entgelt erzielt werden kann,

(2) mit allen Arbeiten, bei denen das Arbeitstempo nicht nur gelegentlich vorgeschrieben, vorgegeben oder auf andere Weise erzwungen wird,

(3) in einer Arbeitsgruppe mit erwachsenen Arbeitnehmern, die Arbeiten nach (1) verrichten,

(4) mit Arbeiten unter Tage und

(5) durch Personen, die zu Freiheitsstrafen verurteilt worden sind und die gegen bestimmte Strafvorschriften verstoßen haben, beschäftigt werden.

VIII. *Fürsorgepflicht:*

Leben, Gesundheit und Sittlichkeit der Kinder und Jugendlichen sind dem Schutz des Arbeitgebers anvertraut. Er hat sie über die Unfall- und Gesundheitsgefahren des Betriebes aufzuklären, darf sie nicht züchtigen und hat den Kindern und Jugendlichen, die er in die häusliche Gemeinschaft aufgenommen hat, im Krankheitsfalle Pflege und ärztliche Betreuung zu gewähren. Kindern und Jugendlichen unter 16 dürfen kein Alkohol und keine Tabakwaren gegeben werden, über 16 kein Branntwein etc. Vor Beginn der Beschäftigung eines Jugendlichen und vor dem Ende des ersten Beschäftigungsjahres muss der Jugendliche ärztlich untersucht werden (unterbleiben die Untersuchungen, ist der Beginn der Beschäftigung und die Weiterbeschäftigung verboten); ebenso wenn der Arzt eine Nachuntersuchung anordnet. Der Arbeitgeber hat dem Jugendlichen die für die Untersuchung erforderliche Freizeit zu gewähren, die Kosten der Untersuchung trägt das Land. Geregelt durch die Jugendarbeitsschutzuntersuchungsverordnung vom 16.10.1990 (BGBl. I 2221).

IX. Durchführung:

Das JArbSchG und die dazu ergehenden Vorschriften sind im Betrieb auszulegen oder auszuhändigen. Der Arbeitgeber hat ein genaues Verzeichnis der beschäftigten Jugendlichen mit Angaben über Urlaub, Tag des Beginns der Beschäftigung sowie Samstags- und Sonntagsarbeit zu führen. Zur Aufklärung über Jugendschutz werden bei der obersten Landesbehörde Ausschüsse gebildet. Verstöße gegen das Gesetz werden als Straftaten oder Ordnungswidrigkeiten verfolgt.

Kapovaz

Abkürzung für *kapazitätsorientierte variable Arbeitszeit*, Arbeit auf Abruf.

Karenzentschädigung

Entschädigung, die der Arbeitgeber nach Beendigung des Arbeitsverhältnisses für die Dauer eines vereinbarten nachvertraglichen Wettbewerbsverbots an den Arbeitnehmer zu entrichten hat (§ 74 II HGB).

Kaufmännische Angestellte

Arbeitnehmer, die in einem Handelsgewerbe zur Leistung kaufmännischer Dienste angestellt sind. Es gelten die Vorschriften der §§ 59 ff. HGB über Handlungsgehilfen. Arbeitgeber muss Kaufmann sein. Die Abgrenzung der kaufmännischen Dienste von anderen richtet sich nach der Verkehrsauffassung: Kaufmännische Dienste sind z.B. Büroarbeit (z.B. Buchhaltung) sowie einkaufende und verkaufende Tätigkeit. Nicht dazu gehört die Beschäftigung als Techniker.

Kernarbeitszeit

Determiniert den Zeitraum zwischen dem spätesten Arbeitsbeginn und dem frühesten Arbeitsende, in der die Arbeitnehmer am Arbeitsplatz anwesend sein müssen.

Kettenvertrag

Aufeinanderfolge (Kettung) von befristeten Arbeitsverträgen (Beendigung nicht durch Kündigung, sondern durch Zeitablauf). Kettenverträge sind unzulässig, wenn für ihren Abschluss in den wirtschaftlichen und sozialen Verhältnissen der Parteien kein vernünftiger Grund vorliegt. Es wird Umgehung der gesetzlichen Kündigungsschutzbestimmungen angenommen mit der Folge, dass das Arbeitsverhältnis als auf unbestimmte Dauer übergegangen gilt und nur durch Kündigung aufzulösen ist. Durch das Teilzeit- und Befristungsgesetz (TzBfG) werden innerhalb der zweijährigen Höchstbefristungsdauer bis zu drei Verlängerungen eines befristeten Arbeitsvertrages zugelassen. Ansonsten bedarf die Befristung jedes

Arbeitsvertrags eines sachlichen Grundes. Bei langer Befristungsdauer überprüft die Rechtsprechung zusätzlich, ob eine missbräuchliche Gestaltung vorliegt, vgl. EuGH, 26.1.2012 – C-586/10 (Kücük); BAG, 29.4.2015 – 7 AZR 310/13.

Kleinbetrieb

Betriebe mit geringer Anzahl von Arbeitnehmern. Für Kleinbetriebe gelten manche arbeitsrechtlichen Gesetze nicht:

1. Nach § 23 KSchG gilt das *Kündigungsschutzgesetz* nur in Betrieben, in denen i.d.R mehr als fünf Arbeitnehmer (ausschließlich der Auszubildenden) beschäftigt sind. Für Arbeitnehmer, die ab 1.1.2004 eingestellt sind, ist die maßgebliche Betriebsgröße mehr als zehn Arbeitnehmer.

2. Das *Betriebsverfassungsgesetz* gilt nicht in Betrieben, die i.d.R. weniger als fünf Arbeitnehmer beschäftigen (§ 1 BetrVG). Mitbestimmung des Betriebsrats bei personellen Angelegenheiten (§ 99 BetrVG) und bei Betriebsänderungen (§§ 111 ff. BetrVG) nur in Unternehmen mit i.d.R. mehr als 20 Beschäftigten. In Kleinbetrieben bis zu 50 wahlberechtigten Arbeitnehmern gilt das vereinfachte Wahlverfahren nach § 14a BetrVG.

Koalition

1. *Begriff:* Vereinigungen von Arbeitnehmern oder -gebern zur Wahrung ihrer Interessen bei der Gestaltung von Arbeits- und Wirtschaftsbedingungen. Es braucht sich nicht um Zusammenschlüsse von Angehörigen eines Berufs zu handeln. In der Bundesrepublik Deutschland grenzen sich die Arbeitnehmer- und Arbeitgeberverbände überwiegend nach Industriezweigen ab.

2. *Bedeutung:* Koalitionen genießen einen bes. verfassungsrechtlichen Schutz (Art. 9 III GG), Koalitionsfreiheit. Nur Koalitionen sind tariffähig (§ 2 I TVG), zusätzlich der einzelne Arbeitgeber. Grundsätzlich können nur Koalitionen einen rechtmäßigen Arbeitskampf führen. Sie dürfen ihre Mitglieder vor den Arbeitsgerichten vertreten.

3. *Geschichte:* Zunächst bildeten sich im 19. Jahrhundert die Gewerkschaften, um der Übermacht der Arbeitgeberseite entgegenzuwirken. Darauf antworteten die Arbeitgeber mit der Gründung eigener Verbände.

4. *Voraussetzungen* aufgrund der Entstehungsgeschichte:

a) *Freiwillige Zusammenschlüsse* (ausnahmsweise ist den Innungen Tariffähigkeit verliehen worden, § 54 III Nr. 1 HandwO).

b) *Zusammenschluss für eine gewisse Dauer* (Bestandsgarantie), nicht für einen einmaligen Zweck (Ad-hoc-Koalition), um etwa das Verbot des wilden Streiks zu umgehen.

c) Eine *Vereinigung,* deren Zweck die Wahrung und Förderung von Arbeits- und/oder Wirtschaftsbedingungen auf der Grundlage des geltenden Tarifrechts ist.

d) Eine *gegnerfreie Vereinigung,* d.h. ein Verband, der Arbeitgeber und -nehmer umfasst, ist keine Koalition.

e) Eine von der Gegenseite *unabhängige Vereinigung,* was nur bei überbetrieblicher Organisation gewährleistet ist.

Ausnahme: Z.B. Gewerkschaften der Eisenbahner und Postbediensteten sind wegen ihrer Größe Koalition. *Nicht erforderlich:* Rechtsfähigkeit. Die Gewerkschaften sind meist als nicht rechtsfähige Vereine organisiert.

5. *Aufnahmeanspruch:* Wegen überragender Machtstellung erkennt die Rechtsprechung grundsätzlich einen solchen Anspruch an.

6. *Bestehende Koalitionen:* Gewerkschaften, Berufsverbände.

Koalitionsfreiheit

Recht für jedermann und alle Berufe, zur Wahrung und Förderung der Arbeits- und Wirtschaftsbedingungen Vereinigungen zu bilden (Art. 9 III GG).

1. *Individuelle Koalitionsfreiheit:* Die Koalitionsfreiheit steht „jedermann" zu, auch Ausländern. Koalitionsfreiheit gilt für alle Berufe, auch für Beamte, Richter, Ärzte (hier aber Einschränkung oder Ausschluss des Streikrechts,

Arbeitskampf). Die individuelle Koalitionsfreiheit beinhaltet auch, sich für die Koalition, der man beigetreten ist, zu betätigen.

2. *Kollektive Koalitionsfreiheit:* Auch die Koalition als solche ist geschützt; dazu gehören:

a) *Bestandsgarantie für die Verbände.*

b) *Betätigungsgarantie:* Recht, durch spezifisch koalitionsgemäße Betätigung die durch Art. 9 III GG gestellten Aufgaben zu erfüllen, z.B. Abschluss von Tarifverträgen, Mitwirkung im Bereich der Betriebsverfassung, Anhörung im Gesetzgebungsverfahren, Vertretung der Mitglieder der Koalition vor den Arbeitsgerichten, Verteilung von Werbe- und Informationsmaterialien durch betriebsangehörige Gewerkschaftsmitglieder außerhalb der Arbeitszeit und während der Pausen. Jede Betätigung der Koalition ist geschützt, die für die Erhaltung und Sicherung der Koalition unerlässlich ist.

c) *Schutz der Koalitionszwecke und der Kampfmittel:* Der Gesetzgeber hat ein Tarifvertragssystem zur Verfügung zu stellen und muss den Arbeitskampf zulassen. Der Arbeitskampf ist durch Art. 9 III GG institutionell geschützt.

3. *Drittwirkung:* Das Grundrecht der Koalitionsfreiheit gilt auch im privatrechtlichen Bereich, also etwa im Verhältnis Arbeitgeber und Arbeitnehmer (Art. 9 III 2 GG). Danach sind Abreden, die die Koalitionsfreiheit einschränken, nichtig; hierauf gerichtete Maßnahmen sind rechtswidrig.

Beispiel: Eine Aussperrung, die gezielt nur Gewerkschaftsmitglieder erfasst, nicht Organisierte dagegen ausnimmt. Der Einzelne wie die Koalition können wegen der Verletzung der Koalitionsfreiheit Schadensersatzansprüche geltend machen.

4. *Negative Koalitionsfreiheit:* Freiheit des Einzelnen, einer Koalition fernzubleiben. Sie ist nach überwiegender Meinung ebenfalls durch Art. 9 III GG geschützt, da sie die Kehrseite des Rechts ist, sich zu einer Koalition zusammenzuschließen. Das Prinzip des Closed Shop, nach dem nur

organisierte Arbeitnehmer eingestellt werden dürfen (Organisationsklausel), darf nicht vereinbart werden.

Kollektivvertrag

1. *Begriff:* Form eines Vertrages, der nicht zwischen einzelnen Vertragsparteien, sondern verbindlich für ein Kollektiv geschlossen wird. Oberbegriff für Tarifvertrag und Betriebsvereinbarung bzw. (im öffentlichen Dienst) Dienstvereinbarung.

2. *Kollektivverträge im Gesundheitssystem:* Kollektivverträge sind im dt. Gesundheitssystem üblich. Wie die ambulante Versorgung durch die Kassenärzte vollzogen wird, ist zum einen in den Richtlinien des Gemeinsamen Bundesausschusses festgelegt und wird andererseits durch Kollektivverträge geregelt. Diese verbindlichen Verträge werden zwischen den Kassen(zahn-)ärztlichen Vereinigungen – Kassenärztliche Vereinigung (KV) – oder der Kassen(zahn-)ärztlichen Bundesvereinigung und den Verbänden der Krankenkassen bzw. einzelnen Krankenkassen geschlossen und sollen flächendeckend gleiche Regelungen für alle Vertragsärzte sichern. Die Kollektivverträge sind somit die vertraglichen Vereinbarungen die für alle Vertragsärzte und die Krankenkassen der Gesetzlichen Krankenversicherung gelten. In ihnen werden die Einzelheiten der Vergütung der vertragsärztlichen Versorgung geregelt.

3. *Beispiele:* Beispiele für Kollektivverträge auf Bundesebene sind die Bundesmantelverträge, in denen die Einzelheiten der Organisation der vertragsärztlichen Versorgung festgelegt sind. Auf Landesebene sind es die Gesamtverträge, in denen die Krankenkassen und die Kassen(zahn-)ärztlichen Vereinigungen bspw. die Höhe der Gesamtvergütung für die vertragsärztlichen Leistungen vereinbaren.

4. *Abgrenzung:* Kollektivverträge stehen im Gegensatz zu Selektiv- oder Einzelverträgen, die u.a. in der integrierten Versorgung (§ 140 SGB V) oder der hausarztzentrierten Versorgung (Gatekeeping) (§ 73b SGB V) eingesetzt werden.

Konzernbetriebsrat

Kann (nicht: muss) für einen Konzern im Sinn von § 18 I AktG durch Beschlüsse der Gesamtbetriebsräte errichtet werden, zusammengesetzt aus je ein bis zwei Mitgliedern aller Gesamtbetriebsräte. Der Konzernbetriebsrat ist für Angelegenheiten zuständig, die den Gesamtkonzern oder mehrere Konzernunternehmen betreffen (§§ 54 ff. BetrVG).

Krankheit

1. *Allgemeine arbeitsrechtliche Folgen:* Entgeltfortzahlung, Arbeitsverhinderung. Der Anspruch auf Fortzahlung des Arbeitsentgelts wird nicht davon berührt, dass der Arbeitgeber das Arbeitsverhältnis aus Anlass der Arbeitsunfähigkeit kündigt (§ 8 EntgeltfortzG).

2. *Ordentliche Kündigung:* Krankheit kann den unmittelbaren Kündigungsgrund nach § 1 II KSchG bilden (personenbedingte Kündigung). Bei der krankheitsbedingten Kündigung kommt es darauf an, ob – im Zeitpunkt der Kündigung – die Interessen des Betriebs angesichts der Dauer der Erkrankung eine Neubesetzung des Arbeitsplatzes fordern.

a) *Langanhaltende Krankheit:* Kündigung darf nur das letzte Mittel sein, um mit den dadurch verursachten betrieblichen Schwierigkeiten zurechtzukommen. Nach der Rechtsprechung des Bundesarbeitsgerichts muss der Arbeitgeber zunächst Überbrückungsmaßnahmen ergreifen (Einstellung von Aushilfskräften, personelle oder betriebstechnische Umorganisation, Durchführung von Überstunden). Erst wenn diese Maßnahmen nicht mehr zumutbar sind, darf gekündigt werden.

b) *Häufige Kurzerkrankungen:* Es gelten regelmäßig dieselben Grundsätze. Ist im Zeitpunkt der Kündigung mit weiteren Erkrankungen zu rechnen, die zu einer unzumutbaren Beeinträchtigung der betrieblichen Belange führen, kann die Kündigung sozial gerechtfertigt (§ 1 KSchG) sein. Unzumutbar kann die Belastung für den Betrieb sein, weil häufige Kurzerkrankungen sich oft nicht durch die Einstellung von Aushilfskräften überbrücken lassen. Auch die Lohnfortzahlungskosten können ausnahmsweise eine unzumutbare Belastung sein. Je länger ein Arbeitsverhältnis ungestört bestanden hat, desto mehr Rücksichtnahme ist vom Arbeitgeber zu erwarten.

c) Hat ein *Arbeitsverhältnis schon lange bestanden* oder geht die *Behinderung des Arbeitnehmers auf die Tätigkeit im Betrieb* zurück, kann der Arbeitgeber einen Leistungsabfall nicht einfach zum Anlass einer Kündigung nehmen. Der Arbeitgeber muss diesem Arbeitnehmer dann einen Arbeitsplatz zuweisen, der seinem Gesundheitszustand angemessen ist.

3. *Außerordentliche Kündigung*: Als wichtiger Grund nach § 626 I BGB für eine außerordentliche Kündigung kann ausnahmsweise eine Krankheit des Arbeitnehmers gelten, wenn sie so schwer ist, dass sie den Vertragszweck gefährdet (z.B. bei langanhaltenden Erkrankungen, häufigen Kurzerkrankungen).

Krankmeldung

1. *Begriff*: unverzügliche Mitteilung des Arbeitnehmers an den Arbeitgeber im Fall einer Erkrankung. Gesetzlich geregelt ist dies in § 5 Entgeltfortz G: Alle Arbeitnehmer haben dem Arbeitgeber die Arbeitsunfähigkeit und deren voraussichtliche Dauer unverzüglich anzuzeigen und bei einer Dauer von mehr als drei Tagen eine ärztliche Bescheinigung über die Arbeitsunfähigkeit sowie deren voraussichtliche Dauer (Arbeitsunfähigkeitsbescheinigung) spätestens am folgenden Tag nachzureichen. Der Arbeitgeber kann auch früher eine ärztliche Bescheinigung verlangen. Bei Krankheit im Ausland besteht die Verpflichtung zur Übermittlung der Krankmeldung und Aufenthaltsadresse auf schnellstmögliche Art (§ 5 II EntgeltfortzG).

2. *Folgen von Mitteilungsverstößen*: Ein einmaliger Verstoß der Überschreitung der Meldefrist genügt nicht für eine ordentliche Kündigung oder außerordentliche Kündigung. Außerdem bedarf es in der Regel einer vorherigen einschlägigen Abmahnung. Die Nichtvorlage einer Arbeitsunfähigkeitsbescheinigung kann i.d.R. nur dann eine verhaltensbedingte

Kündigung rechtfertigen, wenn hierdurch betriebliche Interessen verletzt werden und wenn der Arbeitnehmer zuvor einschlägig abgemahnt worden ist. Solange der Arbeitnehmer sich nicht krank meldet oder eine Krankheit nicht nachweist, ist der Arbeitgeber zur Verweigerung der Entgeltfortzahlung berechtigt (§ 7 EntgeltfortzG).

Kündigung

1. Kündigung muss eindeutig und unbedingt sein und sich auf den Arbeitsvertrag im Ganzen beziehen. Vorsorgliche Kündigung und Änderungskündigung sind echte Kündigungen. Zu *unterscheiden:* Ordentliche Kündigung (Einhaltung bestimmter Kündigungsfristen); außerordentliche Kündigung.

2. Gesetzlich ist die *Angabe eines Kündigungsgrundes* durch den Arbeitgeber nicht vorgeschrieben (*Ausnahme:* § 22 III BBiG), aber üblich, damit der Arbeitnehmer die Erfolgsaussicht einer Feststellungsklage auf Unwirksamkeit der Kündigung (Kündigungsschutz) beurteilen kann. Anspruch auf Bekanntgabe aber bei außerordentlicher Kündigung (§ 626 II BGB); bei ordentlicher betriebsbedingter Kündigung hinsichtlich der Gründe für die soziale Auswahl (§ 1 III KSchG).

3. *Formvorschrift:* Kündigung bedarf zu ihrer Wirksamkeit der Schriftform (§ 623 BGB). Die elektronische Form ist ausgeschlossen. Auch mündliche Spontankündigungen des Arbeitnehmers sind nicht mehr wirksam.

4. *Zugang der Kündigung* ist Voraussetzung ihrer Wirksamkeit: Kündigung muss (als empfangsbedürftige Willenserklärung) so in den Bereich des Empfängers gelangen, dass er sie unter normalen Umständen zur Kenntnis nehmen kann, z. B. durch Einwurf des Kündigungsschreibens in den Briefkasten der Wohnung vor üblicher Leerungszeit (sonst Zugang möglicherweise erst am darauffolgenden Tag). Grundsätzlich kann auch während einer Urlaubsabwesenheit an der Wohnanschrift eine Kündigung zugehen.

5. *Einhaltung von Fristen:* Kündigungsfristen.

6. *Kündigung und Mitwirkung des Betriebsrats:* Das Kündigungsrecht auf Arbeitgeberseite steht dem Arbeitgeber selbst zu. In Betrieben, in denen ein Betriebsrat besteht, muss er gemäß § 102 I BetrVG vor Ausspruch

jeder Kündigung den Betriebsrat anhören. Die Unterlassung vorheriger Anhörung macht die Kündigung unwirksam. Der Arbeitgeber kann mittelbar durch den Betriebsrat zur Kündigung betriebsstörender Arbeitnehmer gezwungen werden (§ 104 BetrVG).

7. Die Kündigung eines schwerbehinderten Menschen durch den Arbeitgeber bedarf der vorherigen Zustimmung des Integrationsamts (§ 85 SGB IX).

8. *Nachschieben von Kündigungsgründen:* Der kündigende Teil kann die Kündigung auch später noch durch zusätzliche, dem Gekündigten nicht mitgeteilte Gründe untermauern. Allerdings sind Gründe, die dem Betriebsrat nicht mitgeteilt worden sind, im Kündigungsschutzprozess nicht verwertbar. In dem Fall muss der Betriebsrat erneut angehört und (hilfsweise) eine weitere Kündigung ausgesprochen werden. Die Kündigung lässt sich nicht auf Gründe stützen, die erst nach Ausspruch der Kündigung entstanden sind. Solche Gründe können nach Betriebsratsanhörung eine neue Kündigung tragen.

9. Grundsätzlich ausgeschlossen ist eine *Teilkündigung*.

Kündigungsfristen

I. *Arbeitsverhältnisse:*

(bei ordentlicher Kündigung): Gesetzlich geregelt für Arbeiter und Angestellte (Arbeitnehmer) gleichermaßen in § 622 BGB:

1. *Mindestfrist:* Kündigungsfrist beträgt grundsätzlich vier Wochen zum 15. oder 1. eines Kalendermonats (§ 622 I BGB). Während einer vereinbarten Probezeit, längstens für die Dauer von sechs Monaten, kann das Arbeitsverhältnis jederzeit mit einer Frist von zwei Wochen gekündigt werden (§ 622 III BGB). Einzelvertraglich kann eine kürzere Kündigungsfrist ansonsten nur vereinbart werden, wenn ein Arbeitnehmer längstens für drei Monate zur vorübergehenden Aushilfe eingestellt ist oder wenn der Arbeitgeber i.d.R. nicht mehr als 20 Arbeitnehmer ausschließlich der Auszubildenden beschäftigt und die Kündigungsfrist vier Wochen nicht unterschreitet (§ 622 V BGB).

2. Die Kündigungsfrist *verlängert* sich, wenn das Arbeitsverhältnis in dem Betrieb oder Unternehmen zwei Jahre bestanden hat auf einen Monat, fünf Jahre auf zwei Monate, acht Jahre auf drei Monate, zehn Jahre auf vier Monate, zwölf Jahre auf fünf Monate, 15 Jahre auf sechs Monate, 20 Jahre auf sieben Monate, jeweils zum Ende eines Kalendermonats. Der gesetzliche Ausschluss der Betriebszugehörigkeit vor dem 25. Lebensjahr (§ 622 II S. 2 BGB) verstößt gegen Verfassungs- wie gegen Unionsrecht (EuGH, 19. 1. 2010 – C-555/07 Kücükdeveci/Swedex GmbH, ABl. C Nr. 63 S. 4) und ist deshalb nicht anwendbar. Die gesetzliche Verlängerung der Kündigungsfrist gilt nur für die Kündigung des Arbeitgebers.

3. *Kürzere* Kündigungsfristen können durch Tarifvertrag vereinbart werden; im Geltungsbereich des Tarifvertrages ist eine entsprechende Vereinbarung auch zwischen nicht tarifgebundenem Arbeitgeber und Arbeitnehmer möglich (§ 622 IV BGB).

4. Eine *Verlängerung der Kündigungsfrist* ist sowohl durch Einzelarbeitsvertrag (Arbeitsvertrag) als auch durch Tarifvertrag möglich. Für die Kündigung durch den Arbeitnehmer darf jedoch einzelvertraglich keine längere Frist vorgesehen werden als für die Kündigung durch den Arbeitgeber (§ 622 VI BGB).

5. Ist ein *Arbeitsverhältnis auf eine längere Zeit als fünf Jahre oder auf Lebenszeit* eingegangen, so kann der Arbeitnehmer das Arbeitsverhältnis nach Ablauf von fünf Jahren mit sechsmonatiger Frist kündigen (§ 624 BGB).

6. Bei Insolvenz des Arbeitgebers kürzen sich vertraglich verlängerte Kündigungsfristen auf die gesetzlichen Fristen ab.

7. *Auszubildende:* Der Berufsausbildungsvertrag kann während der Probezeit jederzeit gelöst werden. Danach nur aus wichtigem Grund oder mit einer Kündigungsfrist von vier Wochen, wenn der Auszubildende die Berufsausbildung aufgeben oder sich für eine andere Berufstätigkeit ausbilden lassen will (§ 22 BBiG).

8. Für *bestimmte Arbeitnehmergruppen* (z.B. schwerbehinderte Menschen, Betriebsratsmitglieder, werdende Mütter und Wöchnerinnen) besteht ein bes. Kündigungsschutz mit z.T. längeren Kündigungsfristen.

II. *Dienstverhältnisse:*

Sind diese keine Arbeitsverhältnisse im Sinn des § 622 BGB, richten sich die Kündigungsfrist nach der zeitlichen Zahlung der Vergütung:

(1) Bei Vergütung nach Tagen an jedem Tag für den Ablauf des folgenden Tages;

(2) bei Vergütung nach Wochen spätestens am ersten Werktag einer Woche für den Ablauf des folgenden Sonnabends;

(3) bei Vergütung nach Monaten spätestens am fünfzehnten eines Monats für den Schluss des Monats;

(4) bei Vergütung nach Vierteljahren oder längeren Zeitabschnitten sechs Wochen zum Quartalsschluss;

(5) wenn die Vergütung nicht nach Zeitabschnitten bemessen ist, jederzeit, wird jedoch die Erwerbstätigkeit des Verpflichteten vollständig oder hauptsächlich in Anspruch genommen, ist eine Kündigungsfrist von zwei Wochen einzuhalten (§ 621 BGB).

Organmitglieder (Vorstand, Geschäftsführer) haben keinen Arbeits-, sondern einen Dienstvertrag. Ihre Kündigungsfrist müsste sich folglich nach § 621 BGB richten. Bei abhängigen Organmitglieder (halten selbst nicht die Mehrheit der Anteile an der Gesellschaft) wendet die Rechtsprechung aber § 622 BGB analog an.

Kündigungsschutz

1. *Allgemeiner Kündigungsschutz:*

a) *Begriff:* Kündigungsschutz, der für alle Arbeitnehmer besteht, die gewisse betriebliche und persönliche Voraussetzungen erfüllen. Auf ordentliche Kündigung beschränkt.

b) *Rechtsgrundlage:* Kündigungsschutzgesetz (KSchG) i.d.F. vom 25.8.1969 (BGBl. I 1317) m.spät.Änd.

c) *Geltungsbereich:*

(1) *Sachlich:* Betriebe und Verwaltungen des privaten und öffentlichen Rechts, mit Ausnahme derjenigen, die i.d.R. fünf oder weniger Arbeitnehmer ausschließlich der Auszubildenden beschäftigen (§ 23 KSchG). Für Arbeitsverhältnisse, die nach dem 31.12.2003 begonnen haben, ist die Grenze auf zehn erhöht. Teilzeitbeschäftigte zählen dabei nur anteilig.

(2) *Persönlich:* Arbeitnehmer im Sinn des Arbeitsrechts, deren Beschäftigung ohne Unterbrechung länger als sechs Monate in demselben Betrieb oder Unternehmen bestand (Wartezeit für Kündigungsschutz); für Mitglieder der Organe der juristischen Personen und der berufenen Vertreter in Betrieben einer Personengesamtheit gilt Kündigungsschutz nicht. Leitende Angestellte fallen im Grundsatz unter den Kündigungsschutz (§ 14 KSchG).

d) *Inhalt* (§ 1 KSchG): Eine sozial ungerechtfertigte Kündigung ist rechtsunwirksam; diese liegt vor, wenn sie nicht durch Gründe, die in der Person oder in dem Verhalten des Arbeitnehmers liegen oder durch dringende betriebliche Bedürfnisse, die einer Weiterbeschäftigung des Arbeitnehmers in dem Betrieb entgegenstehen, bedingt ist. Als sozial ungerechtfertigt gilt eine betriebsbedingte Kündigung außerdem, wenn der Arbeitgeber bei der Auswahl des Arbeitnehmers die Dauer der Betriebszugehörigkeit, das Lebensalter, die Unterhaltspflichten und die Schwerbehinderung nicht oder nicht ausreichend berücksichtigt hat. In diese soziale Auswahl sind Arbeitnehmer nicht einzubeziehen, deren Weiterbeschäftigung wegen ihrer Kenntnisse, Fähigkeiten und Leistungen oder zur Sicherung einer ausgewogenen Personalstruktur des Betriebes im berechtigten betrieblichen Interesse liegt (§1 III KSchG). Auf Verlangen sind die Gründe der sozialen Auswahl durch den Arbeitgeber anzugeben. Der Arbeitnehmer muss

Kündigungsschutzklage erheben, wenn er geltend machen will, dass die Kündigung rechtsunwirksam ist.

2. *Bes. Kündigungsschutz:*

a) *Begriff:* Kündigungsschutz für bestimmte Gruppen von Arbeitnehmern, bei denen aufgrund bes. persönlicher Verhältnisse oder bes. Funktionen in Betriebsverfassungsorganen oder im Allgemeininteresse liegender Tätigkeiten eine *erhöhte Schutzbedürftigkeit* besteht.

b) *Rechtsgrundlagen* u.a.: Kündigungsschutzgesetz, Mutterschutzgesetz, Schwerbehindertenkündigungsschutz nach den §§ 85 ff. SGB IX, Arbeitsplatzschutzgesetz, Art. 48 II GG (Kündigungsschutz bei Abgeordnetentätigkeit) u.a.

Kurzarbeit

Herabsetzung der betrieblichen Arbeitszeit bei entsprechender Kürzung des Arbeitsentgelts zum Zwecke der vorübergehenden Arbeitsstreckung, v.a. bei Auftragsmangel.

1. Für tarifgebundene Arbeitnehmer kann die Möglichkeit der *Einführung von* Kurzarbeit im Tarifvertrag vorgesehen werden. Kurzarbeit kann auch durch Betriebsvereinbarung eingeführt werden. Das Direktionsrecht des Arbeitgebers ermächtigt nicht zu der mit Kurzarbeit verbundenen Lohnminderung. Allerdings können sich Arbeitgeber und Arbeitnehmer einverständlich auf die Einführung von Kurzarbeit verständigen oder der Arbeitgeber kann Änderungskündigungen aussprechen.

2. Kurzarbeit kann nur mit *Zustimmung des Betriebsrats* eingeführt werden (§ 87 I Nr. 3 BetrVG). Das Mitbestimmungsrecht des Betriebsrats nach § 87 I Nr. 3 BetrVG hat auch zum Inhalt, dass der Betriebsrat zur Vermeidung von Kündigungen die Einführung von Kurzarbeit verlangen und ggf. über einen Spruch der Einigungsstelle erzwingen kann.

3. Ist bei *Massenentlassungen* der Arbeitgeber nicht in der Lage, die Arbeitnehmer während der Sperrfrist zu beschäftigen, so kann die Regionaldirektion der Bundesagentur für Arbeit (Landesarbeitsamt) den Arbeitgeber

ermächtigen, für die Zwischenzeit Kurzarbeit einzuführen. Dabei bleiben tarifvertragliche Bestimmungen unberührt, die Einführung, Ausmaß und Bezahlung der Kurzarbeit regeln (§ 19 KSchG).

4. Während einer Kurzarbeitsperiode haben die betroffenen Arbeitnehmer unter bestimmten Voraussetzungen für die ausgefallenen Arbeitsstunden Anspruch auf *Kurzarbeitergeld* (§§ 95 ff. SGB III). Im Regelfall wird dies bis zu 6 Monate gezahlt; in Ausnahmefällen kann die Bezugsdauer aber auf bis zu 24 Monate verlängert werden (§ 109 I 2 SGB III).

Ladenöffnungszeiten

Zeitspannen, während derer der Residenzhandel seine Ladenkapazität zur Nutzung durch Kunden bereithält. Geregelt ist dies im Ladenschlussgesetz (LadSchlG) des Bundes (gilt nur noch in Bayern) und der Länder. Einschränkungen bestehen in erster Linie für die Ladenöffnung an Sonn- und Feiertagen. Allerdings haben auch viele Betriebe kürzere Öffnungszeiten als erlaubt, da sie während mancher Stunden keinen ausreichend hohen Umsatz erwarten bzw. die Ladenöffnungszeiten der Arbeitszeit der Vollzeitkräfte (z.B. 40 Stunden pro Woche) anpassen.

Lage der Arbeitszeit

Die Lage (tägliche Arbeitszeit) der durch Gesetz, Tarifvertrag und Einzelarbeitsvertrag vorgegebenen Arbeitszeitverpflichtung wird bestimmt durch Beginn und Ende der täglichen Arbeitszeit, Pausen und Verteilung der Arbeitszeit auf die Arbeitstage. Die Lage der Arbeitszeit bestimmt der Arbeitgeber kraft seines allg. Direktionsrechts, es sei denn, sie ist bereits im Arbeitsvertrag festgelegt. Allerdings hat er dabei (bei der Lage, nicht bei der Dauer der Arbeitszeit) die erzwingbare Mitbestimmung des Betriebsrats in sozialen Angelegenheiten nach § 87 I 2 BetrVG zu beachten (z.B. Einführung und Änderung von Schichtarbeit, Schichtplan, Einführung der gleitenden Arbeitszeit, Lage der Kurzarbeit).

Landwirtschaftliche Arbeitnehmer

Für diesen Personenkreis gelten die §§ 611 ff. BGB. In einzelnen arbeitsrechtlichen Gesetzen finden sich Sonderregeln für die Land- und Forstwirtschaft (etwa §§ 8 III, 14 II, 17 II JArbSchG).

Leibesvisitation

1. *Begriff:* körperliche Durchsuchung, u.a. angewandt auf Arbeitnehmer beim Verlassen des Betriebes, nur unter der Voraussetzung bes. Rechtfertigungsgründe und bei Beachtung der Verpflichtung zur Gleichbehandlung. Weibliche Betriebsangehörige sind nur von Frauen zu durchsuchen. Das Mitbestimmungsrecht des Betriebsrats ist zu beachten (§ 87 I Nr. 1 BetrVG).

2. *Rechtfertigungsgründe:*

(1) Schutz von Leben und Gesundheit der Belegschaft;

(2) Sicherung des Betriebes und des Betriebseigentums. Umstritten ist, ob der Arbeitgeber einseitig aufgrund seines Weisungsrechtes zu Leibesvisitation berechtigt ist. Die h.M. fordert eine vertragliche Grundlage bei Einzelarbeitsvertrag, Betriebsvereinbarung oder Tarifvertrag.

3. Verpflichtung zur *Gleichbehandlung:* keine willkürliche Auswahl der zu visitierenden Personen, sondern möglichst stichprobenweise Leibesvisitation unter Anwendung einer Automatik (z.B. Aufleuchten eines roten Lichtes in unregelmäßigen Abständen beim Durchgang der Belegschaftsmitglieder) zur Auswahl der Betroffenen. Leibesvisitationen und körperliche Untersuchungen dürfen generell nur in abgeschlossenen Räumlichkeiten vorgenommen werden.

Leiharbeitsverhältnis

I. *Begriff:*

Ein Leiharbeitsverhältnis liegt vor, wenn der Arbeitnehmer mit seiner Zustimmung von dem Arbeitgeber (Verleiher), der mit ihm im eigenen Namen einen Arbeitsvertrag geschlossen hat, an einen anderen Arbeitgeber (Entleiher) zur Erbringung von Arbeitsleistung überlassen (ausgeliehen) wird. Zwischen „Verleiher" und „Entleiher" besteht ein zumeist entgeltlicher Vertrag eigener Art über die Arbeitnehmerüberlassung. Leiharbeitnehmer sind v.a. die von Zeitarbeits-Unternehmen eingestellten und an andere Unternehmen überlassenen Arbeitskräfte.

Ein sog. *unechtes Leiharbeitsverhältnis* liegt vor, wenn der Arbeitnehmer von vornherein zum Zwecke der Arbeitsleistung bei Dritten eingestellt wird.

Die Tätigkeit der Unternehmen, die Arbeitnehmerüberlassung betreiben, ist geregelt durch das *Arbeitnehmerüberlassungsgesetz* (AÜG) i.d.F. vom 3.2.1995 (BGBl. I 185) m.spät.Änd.

II. Rechtliche Behandlung:

1. Pflichten:

a) Dem *Verleiher-Arbeitgeber* obliegen grundsätzlich alle Arbeitgeberpflichten, v.a. ist er zur Lohnzahlung verpflichtet. Unwirksam sind Vereinbarungen, die für den Leiharbeitnehmer für die Zeit der Überlassung schlechtere als die im Betrieb des Entleihers geltenden wesentlichen Arbeitsbedingungen einschließlich des Arbeitsentgelts vorsehen (Grundsatz des „equal pay"). Dies gilt nicht, wenn der Verleiher einem zuvor arbeitslosen Leiharbeitnehmer für die Dauer von insgesamt höchstens sechs Wochen mind. ein Nettoarbeitsentgelt in Höhe des zuvor erhaltenen Arbeitslosengelds zahlt. Diese Regelung gilt nicht, wenn mit demselben Verleiher bereits ein Zeitarbeitsverhältnis bestanden hat oder ein Tarifvertrag abweichende Regelungen zulässt (§ 9 Nr. 2 AÜG). Nach dem AÜG kann der Anspruch auf Vergütung bei fehlender Beschäftigung (Annahmeverzug) nicht ausgeschlossen werden (§ 11 AUG).

b) Der *Arbeitnehmer* ist verpflichtet, seine Arbeitsleistung dem Entleiher zu erbringen. Der Leiharbeitnehmer ist nicht verpflichtet, bei einem Entleiher tätig zu sein, soweit dieser von einem Arbeitskampf unmittelbar betroffen ist. Er hat den Weisungen des Entleihers nachzukommen (Direktionsrecht); Leiharbeit wird stets nach Weisungen des Entleihers durchgeführt. Daher gilt das AÜG nicht, wenn ein

Arbeitnehmer nach Weisungen seines Arbeitgebers im Rahmen eines Werkvertrages oder Dienstvertrages bei einem anderen Arbeitgeber tätig wird.

2. *Folge einer fehlenden Erlaubnis zur Arbeitnehmerüberlassung:* Wenn dem Verleiher die erforderliche Erlaubnis fehlt, gilt ein Arbeitsverhältnis mit dem Entleiher als zustande gekommen (§ 10 AÜG).

3. *Voraussetzungen für eine Beendigung des Leiharbeitsverhältnisses:* Dies ist Gegenstand der Vereinbarung zwischen Verleiher und Entleiher. Das Arbeitsverhältnis zwischen Leiharbeitnehmer und Verleiher bleibt davon unberührt; dies kann allein von den Parteien des Arbeitsvertrages beendet werden.

4. *Betriebsverfassungsrechtliche Regelungen:* Leiharbeitnehmer sind im Betrieb des Entleihers zu Betriebsratswahlen nicht wählbar. Wahlberechtigt sind sie, wenn sie länger als drei Monate eingesetzt werden. Sie können sich allein auf einige betriebsverfassungsrechtliche Grundrechte berufen (vgl. § 14 II AÜG). Vor der Übernahme eines Leiharbeitnehmers zur Arbeitsleistung ist der Betriebsrat des Entleiherbetriebes nach § 99 BetrVG zu beteiligen (§ 14 III AÜG).

5. Besonderheiten gelten bei *vorübergehender Arbeitnehmerüberlassung im Konzern* (§ 1 II Nr. 2 AÜG). Insbesondere bedarf es keiner Erlaubnis zur Arbeitnehmerüberlassung.

6. Mit Wirkung zum 01.04.2017 wurde das Arbeitnehmerüberlassungsgesetz (AÜG) erneut reformiert, dies mit dem Ziel, tatsächlichen oder vermeintlichen Missbrauch des Einsatzes von Leiharbeit und Werkverträgen zu verhindern. Die wesentlichen Neuerungen sind:

a) Es wird eine Überlassungshöchstdauer eingeführt, die grundsätzlich 18 Monate beträgt. Die Überlassungshöchstdauer ist nicht arbeitsplatzbezogen, sondern bezogen auf einen konkreten Leiharbeitnehmer, der an denselben Entleiher überlassen wird.

b) Die Umsetzung des Grundsatzes Equal Pay wird erleichtert.

c) Verdeckte Arbeitnehmerüberlassungen werden nicht mehr durch eine sog. Vorratserlaubnis gerechtfertigt.

d) Leiharbeitnehmer dürfen nicht als Streikbrecher eingesetzt werden.

e) Schließlich werden Leiharbeitnehmer bei den Schwellenwerten des Betriebsverfassungsgesetzes und der Unternehmensmitbestimmung berücksichtigt; sie zählen also im Einsatzbetrieb bzw. im Einsatzunternehmen mit.

Leistungsbezogene Entgelte

Arbeitsrechtlicher Begriff für Entgelte, bei denen wie beim Akkordlohn und Prämienlohn die Höhe des Arbeitsentgelts unmittelbar durch das von dem betreffenden Arbeitnehmer erzielte konkrete Arbeitsergebnis beeinflussbar sein muss (Leistungslohn). Nach § 87 I Nr. 11 BetrVG unterliegt die Festsetzung der Akkord- und Prämiensätze und vergleichbaren leistungsbezogene Entgelte, einschließlich der Geldfaktoren, dem erzwingbaren Mitbestimmungsrecht des Betriebsrats in sozialen Angelegenheiten. Nach der Rechtsprechung des BAG sind nur solche mit Akkord- und Prämienlohn vergleichbare leistungsbezogene Entgelte, bei denen eine „Leistung" des Arbeitnehmers, gleichgültig worin diese besteht, gemessen und mit einer Bezugsleistung verglichen wird und bei denen sich die Höhe der Vergütung in irgendeiner Weise nach dem Verhältnis der Leistung des Arbeitnehmers zur Bezugsleistung bemisst. Anteils-, Leistungs- und Abschlussprovisionen sind nicht leistungsbezogene Entgelte in diesem Sinn.

Leitender Angestellter

I. *Begriff:*

Mit der Wahrnehmung von Arbeitgeberfunktionen betraute Person. Da keine einheitliche gesetzliche Definition besteht, entscheidet die Verkehrsauffassung. Nach der Rechtsprechung ist leitender Angestellter, wenn eine Gesamtwürdigung ergibt, dass ein Angestellter ausreichend bedeutsame unternehmerische Aufgaben wahrnimmt, dabei einen erheblichen

Entscheidungsspielraum zu verantworten hat und dies auch seiner Dienststellung und seinem Dienstvertrag entspricht. Der Begriff des leitenden Angestellten ist für das Kündigungsschutzgesetz (§§ 14, 17 KSchG), das Arbeitsgerichtsgesetz (§ 22 II Nr. 2 ArbGG) und das Betriebsverfassungsgesetz (§ 5 III, IV BetrVG) jeweils eigenständig bestimmt. Abzugrenzen ist der leitende Angestellte vom außertariflichen Angestellten. Keine leitenden Angestellten sind die gesetzlichen Vertreter (Organe) von Kapitalgesellschaften wie Vorstand, Geschäftsführer, Komplementär einer KGaA; denn diese sind grundsätzlich keine Arbeitnehmer, sondern werden auf der Basis eines Dienstvertrags tätig.

II. *Rechtsstellung:*

Arbeitsrechtlich bleibt der leitende Angestellte *grundsätzlich* „echter" Arbeitnehmer. Es bestehen zudem folgende *Sondervorschriften:*

1. *Arbeitszeit:* Leitender Angestellter sind vom ArbzG ausgenommen (§ 18 I Nr. 1 ArbzG).

2. *Kündigungsschutz:* Bei leitenden Angestellten, soweit sie zur selbstständigen Einstellung oder Entlassung berechtigt sind, ist das Arbeitsverhältnis auf nicht zu begründenden Antrag des Arbeitgebers im Kündigungsschutzprozess durch Gerichtsurteil auflösbar (§ 14 KSchG).

3. *Betriebsverfassungsgesetz:* Diesem unterstehen nicht leitende Angestellte, die zur selbstständigen Einstellung und Entlassung berechtigt sind oder Generalvollmacht oder Prokura besitzen oder eigenverantwortlich Aufgaben wahrnehmen (z.B. Wirtschaftsprüfer, Leiter des betrieblichen Sicherungswesens im Bergwerk, nicht dagegen Abteilungsleiter im Verkauf), die ihnen wegen deren Bedeutung für Bestand und Entwicklung des Betriebes im Hinblick auf bes. Erfahrungen und Kenntnisse übertragen sind (§ 5 III BetrVG). Sie besitzen kein aktives und passives Wahlrecht bei der Wahl des Betriebsrats; kein Mitwirkungs- und Mitbestimmungsrecht des Betriebsrats bei Einstellung, Umgruppierung, Versetzung und Entlassung des leitenden Angestellten, aber Pflicht des Arbeitgebers, dem Betriebsrat Mitteilung zu machen (§ 105 BetrVG). Leitende Angestellte

können Sprecherausschüsse gemäß dem Sprecherausschussgesetz vom 20.12.1988 (BGBl. I 2312, 2316) bilden, die ihre Gruppeninteressen vertreten.

4. *Mitbestimmungsgesetz:* Leitende Angestellte im Sinn des BetrVG haben das aktive und passive Wahlrecht im Rahmen der Wahl der Aufsichtsratsmitglieder der Arbeitnehmer (§ 3 MitbestG). Das MitbestG hat den leitenden Angestellten einen Sitz im Aufsichtsrat der vom Gesetz erfassten Unternehmen zuerkannt (§ 15 II 3 MitbestG).

5. *Arbeits- und Sozialgerichtsbarkeit:* Leitende Angestellte dürfen nur auf Arbeitgeberseite als ehrenamtliche Richter bei Arbeits- und Sozialgerichten fungieren (§§ 22 II Nr. 2, 37 II, 43 III ArbGG, §§ 16 IV Nr. 4, 35 I, 47 SozGG).

6. *Institutionalisierung:* Etwa zehn eigene Verbände der leitenden Angestellten, die in der Union der Leitenden Angestellten (ULA) (auch genannt: „United Leaders Association") als Spitzenverband zusammengefasst sind.

Lohnausfallprinzip

In Gesetzen vorgesehenes Prinzip zur Berechnung des Arbeitsentgelts, wenn ein Arbeitgeber, ohne dass der Arbeitnehmer die Arbeitsleistung erbringt, das Arbeitsentgelt fortzuzahlen hat. Das Lohnausfallprinzip besagt, dass der Arbeitgeber die Vergütung zu zahlen hat, die der Arbeitnehmer erzielt hätte, wenn er weitergearbeitet hätte. Das Lohnausfallprinzip bedingt eine Berechnung aufgrund von hypothetisch angenommenen Daten. Zur Ermittlung der Vergütung ist auf einen vergleichbaren Arbeitnehmer derselben Arbeitsgruppe oder des Betriebs abzustellen. Wird z.B. bei der Entgeltfortzahlung oder bei der Vergütungsfortzahlung beim Annahmeverzug des Arbeitgebers angewandt.

Lohnausgleich

1. *Lohnausgleich bei Arbeitszeitverkürzung:* Bezeichnung für die von Gewerkschaften vielfach angestrebte tarifliche Zusicherung im Rahmen von Lohnvereinbarungen, nach denen die Wochenarbeitszeit ohne Kürzung der

Löhne und Gehälter aus beschäftigungspolitischen Gründen herabgesetzt werden soll.

2. Im Wege der Betriebsvereinbarung festgesetzte *freiwillige Leistung des Arbeitgebers:* Erstattung der Differenz zwischen Krankengeld und durchschnittlichem Arbeitsentgelt bei länger als sechs Wochen dauernder Krankheit.

3. *Lohnausgleich bei Schlechtwetter:* Saison-Kurzarbeitergeld, Wintergeld.

Lohntarifvertrag

Ein i.d.R. mit kürzerer Laufzeit als der Manteltarifvertrag abgeschlossener Tarifvertrag, in dem die Höhe der einzelnen Vergütungssätze geregelt ist.

Mankohaftung

Haftung des Arbeitnehmers für Fehlbestände in einer von ihm geführten Kasse oder in einem von ihm verwalteten Lager. Hinsichtlich der erforderlichen Verschuldens des Arbeitnehmers gelten die allg. Regelungen zur privilegierten Arbeitnehmerhaftung. Vollen Schadensersatz kann der Arbeitgeber also nur bei Vorsatz und grober Fahrlässigkeit verlangen; keinen Schadensersatz schuldet der Arbeitnehmer bei leichter Fahrlässigkeit; bei mittlerer Fahrlässigkeit wird der Schaden nach Zumutbarkeitskriterien aufgeteilt. Ein etwaiges Mitverschulden des Arbeitgebers ist zu berücksichtigen, etwa unzulängliche Sicherungsvorkehrungen, es sei denn, der Arbeitnehmer hat vorsätzlich gehandelt. Hinsichtlich der Darlegungs- und Beweislast für Pflichtverletzung und Verschulden gilt § 619 a BGB. Arbeitgeber und Arbeitnehmer können darüber hinaus eine Mankoabrede treffen. Voraussetzung dafür ist, dass der Arbeitnehmer ein gesondertes Mankogeld erhält. Entsteht ein Manko, muss er dieses Mankogeld zurückzahlen, unabhängig vom Verschulden.

Manteltarifvertrag

Rahmentarifvertrag; ein i.d.R. mit längerer Laufzeit als der Lohntarifvertrag abgeschlossener Tarifvertrag, der i.Allg. die langfristigen allg. Arbeitsbedingungen (z.B. Arbeitszeit, Kündigungsfristen, Urlaub) festlegt.

Massenentlassung

1. *Begriff:* Massenentlassung im Sinn des § 17 KSchG liegt vor, wenn innerhalb von 30 Kalendertagen die nachstehende *Mindestanzahl* von Entlassungen erfolgt (abhängig von der Zahl der regelmäßig Beschäftigten):

a) Bei über 20 und unter 60 Arbeitnehmern mehr als fünf Arbeitnehmer;

b) bei 60 bis weniger als 500 Arbeitnehmern 10 Prozent oder mehr als 25 Arbeitnehmer;

c) bei mind. 500 Arbeitnehmern mind. 30 Arbeitnehmer. Es kommt auf die Zahl der Arbeitsverhältnisse an, die innerhalb der Frist erfolgt. Jede vom Arbeitgeber veranlasste Beendigung zählt, auch wenn dann die Beendigung durch Aufhebungsvertrag oder Eigenkündigung des Arbeitnehmers erfolgt.

Das Recht zur außerordentlichen Entlassung bleibt unberührt; diese werden bei der Berechnung der Mindestzahl nicht berücksichtigt.

2. Bes. *Kündigungsschutz zur Verhütung von Arbeitslosigkeit:*

a) *Anzeigepflicht der Absicht,* Massenentlassungen vorzunehmen, gegenüber der zuständigen Agentur für Arbeit; beizufügen ist eine Abschrift der Mitteilung an den Betriebsrat sowie die Stellungnahme des Betriebsrats. Einzelheiten sind in § 17 II, III, IIIa KSchG geregelt. Die Anzeige muss vor den Kündigungen erfolgen, anderenfalls sind diese *nichtig.*

b) Hat der Arbeitgeber die Massenentlassung angezeigt, besteht eine *Sperrfrist* von einem Monat nach Eingang der Anzeige bei der Agentur für Arbeit (§ 18 I KSchG). Kündigungen, die innerhalb der Sperrfrist ausgesprochen werden, sind wirksam; die Sperrfrist verlängert auch nicht die Kündigungsfrist; vielmehr wirkt die Sperrfrist wie eine Mindestkündigungsfrist (BAG, 6.11.2008 – 2 AZR 935/07). Die Sperrfrist kann rückwirkend bis zum Tage der Antragstellung verkürzt oder bis zu höchstens zwei Monaten verlängert werden. Ist Vollbeschäftigung während der Sperrfrist nicht möglich, kann die Bundesagentur für Arbeit Kurzarbeit zulassen.

c) Die Kündigungen müssen innerhalb der Freifrist von 90 Tagen ausgesprochen sein, sonst bedarf es einer neuen Massenentlassungsanzeige (§ 18 IV KSchG).

d) Kündigungsschutz ist nicht anwendbar auf *betriebsbedingte Entlassungen in Saison- und Kampagnebetrieben* (§ 22 KSchG).

e) Eine Massenentlassung i.S.d. § 17 KSchG ist i.d.R. zugleich eine Betriebsänderung gemäß § 111 BetrVG, mit dem Betriebsrat muss also ein Interessenausgleich verhandelt werden. Ob auch ein Sozialplan vereinbart werden muss, richtet sich nach § 112 a BetrVG.

Maßregelungsverbot

1. *Allgemein:* Verbot der Benachteiligung, weil der Arbeitnehmer in zulässiger Weise seine Rechte ausübt (§ 612a BGB).

2. *Tarifrecht:* Klausel in einem nach Durchführung eines Arbeitskampfes abgeschlossenen Tarifvertrag, nach der es verboten ist, Streikende oder „Rädelsführer" beim Streik gegenüber Nichtstreikenden oder weniger aktiven Streikteilnehmern zu benachteiligen. Grundsätzlich im Rahmen der Tarifautonomie zulässig. Einzelheiten sind umstritten: Z.B. ist es umstritten, ob den Koalitionen das Recht zusteht, kraft Gesetzes entstandene Schadensersatzansprüche auszuschließen.

Mehrarbeit

Begriff der alten Arbeitszeitordnung für Arbeit, die über die frühere gesetzliche Normalarbeitszeit von 48 Wochenstunden hinausging. Das Arbeitszeitgesetz (ArbZG), das die AZO abgelöst hat, enthält zu Mehrarbeit nichts mehr. Dagegen handelt es sich bei Überstunden um über die vertragliche Arbeitszeit hinausgehende Arbeitszeit, welche die gesetzlich zulässige Arbeitszeit nach dem ArbZG nicht überschreitet. Überstunden und Mehrarbeit werden aber häufig synonym verwendet. Nach § 124 SGB IX sind schwerbehinderte Menschen auf ihr Verlangen von Mehrarbeit freizustellen. Werdende und stillende Mütter dürfen nach § 8 MuSchG nicht mit Mehrarbeit beschäftigt werden, die dort näher definiert ist.

Mehrarbeitsvergütung

Vergütung für die über die gesetzliche (tarifliche) Arbeitszeit hinaus geleistete Arbeit. Mehrarbeit ist grundsätzlich mind. mit dem üblichen Entgelt zu vergüten. Mehrarbeitszuschläge sind im Arbeitszeitgesetz nicht mehr gesetzlich geregelt, meist aber in Tarifverträgen oder im Einzelarbeitsvertrag. Die Abgeltung sämtlicher Mehrarbeit oder Überstunden mit dem Gehalt wird häufig vereinbart, unterliegt aber AGB-rechtlichen Bedenken: Solche allg. Klauseln sind i.d.R. intransparent und unangemessen.

Mehrarbeitszuschlag

1. *Begriff:* Zuschlag auf Grundlohn oder -gehalt, der für Mehrarbeit (Sonntags-, Feiertags- und Nachtarbeit) oder Überstunden gezahlt wird; beruhend:

(1) auf gesetzlicher oder tariflicher Grundlage;

(2) auf sonstigen Vereinbarungen.

2. *Lohnsteuer:* Mehrarbeitszuschläge sind bis zu folgenden Grenzen steuerfrei (§ 3b EStG):

(1) 50 Prozent des Grundlohns für Sonntagsarbeit;

(2) 125 Prozent für Arbeiten an gesetzlichen Feiertagen, auch wenn diese auf einen Sonntag fallen, und am 31.12. ab 14.00h; 150 Prozent für Arbeiten an den Weihnachtsfeiertagen und am 1. Mai;

(3) für Nachtarbeit 25 Prozent (in der Zeit von 20 Uhr bis 6 Uhr); wenn die Nachtarbeit vor 0 Uhr begonnen wird, steigt der Satz für die Arbeit zwischen 0 Uhr und 4 Uhr auf 40 Prozent. Dabei darf als Grundlohn ein Stundenlohn von max. 50 Euro angesetzt werden.

Mehrere Arbeitsverhältnisse

Verschiedene, zeitlich nicht kollidierende Arbeitsverhältnisse eines Arbeitnehmers. Der Arbeitnehmer darf dadurch nicht gegen die Pflichten aus dem ersten Arbeitsverhältnis verstoßen; er muss in der Lage sein, den übernommenen Verpflichtungen nachzukommen. Das Arbeitszeitgesetz (ArbZG) muss eingehalten werden (Arbeitszeit).

Meinungsfreiheit im Betrieb

Zwar gilt das Grundrecht der Meinungsfreiheit (Art. 5 I GG, vgl. auch Art. 10 EMRK) unmittelbar nur im Verhältnis zwischen Staat und Bürger. Mittelbar ist es aber auch in der betrieblichen Arbeitswelt zu beachten. So können Arbeitnehmer grundsätzlich ihre Arbeit, ihre Vorgesetzten oder betriebliche Missstände kritisieren, ohne rechtliche Sanktionen fürchten zu müssen. Auch polemische und scharfe Kritik ist grundsätzlich von der

Meinungsfreiheit gedeckt. Dies gilt zumindest bei betriebsinterner Kritik. Der Arbeitnehmer darf den Arbeitgeber aber nicht ohne Weiteres öffentlich anschwärzen; zumindest muss er vorher versucht haben, etwaige Missstände zunächst intern anzusprechen. Nicht von der Meinungsfreiheit gedeckt sind aber Formalbeleidigungen und Schmähkritik, auch unwahre Tatsachenbehauptungen unterliegen nicht ohne Weiteres der Meinungsfreiheit.

Auch leitende Angestellte und der Arbeitgeber können sich auf ihre Meinungsfreiheit berufen, etwa bei Kritik an der Amtsführung des Betriebsrates (vgl. LAG Hessen, 2.9.2013 -16 TaBV 47/13). Allerdings sehen das Arbeitsgerichte häufig anders, weil sie meinen, den Betriebsrat vor Kritik schützen zu müssen. Der Arbeitgeber hat bei Kritik an dem Betriebsrat aber den in § 2 I BetrVG niedergelegten Grundsatz der vertrauensvollen Zusammenarbeit zu beachten, wie das umgekehrt aber auch bei der Kritik des Betriebsrats an dem Arbeitgeber gilt.

Mitbestimmung

Teilhabe aller in einer Organisation vertretenen Gruppen am Willensbildungs- und Entscheidungsprozess. Im Besonderen *wirtschaftliche Mitbestimmung,* also die institutionelle Teilhabe der Arbeitnehmer(-vertreter) am Willensbildungs- und Entscheidungsprozess in Unternehmen und Betrieb. Träger der Arbeitnehmermitbestimmung sind Betriebsräte und Aufsichtsrat.

Mitbestimmungs-Ergänzungsgesetz (MitbestErgG)

Gesetz zur Ergänzung des Gesetzes über die Mitbestimmung der Arbeitnehmer in den Aufsichtsräten und Vorständen der Unternehmen des Bergbaus und der Eisen und Stahl erzeugenden Industrie vom 7.8.1956 (BGBl. I 707) m.spät.Änd. Regelt die Mitbestimmung in herrschenden Unternehmen (Holdinggesellschaft) der genannten Bereiche.

1. *Geltungsbereich:* Das MitbestErgG gilt für Holdinggesellschaften, wenn der Gesamtumsatz des Konzerns, an dessen Spitze sie stehen, zu mehr als 50 Prozent von Unternehmen erbracht wird, die dem

Montan-Mitbestimmungsgesetz unterliegen (Organtöchter der Montanindustrie). Es gilt nicht mehr, wenn in sechs aufeinander folgenden Geschäftsjahren die Voraussetzungen nicht mehr vorliegen.

2. *Zusammensetzung des Aufsichtsrats:* Der Aufsichtsrat besteht aus 15 Mitgliedern (erweiterter Aufsichtsrat 21 Mitglieder), wird paritätisch besetzt und durch ein „neutrales Mitglied" ergänzt. Vier Arbeitnehmervertreter müssen Arbeitnehmer aus den Betrieben der Konzernunternehmen sein; drei Arbeitnehmervertreter werden von den Spitzenorganisationen der in den Konzernunternehmen vertretenen Gewerkschaften vorgeschlagen. Alle Arbeitnehmervertreter werden durch Wahlmänner der Belegschaft gewählt. Das „neutrale Mitglied" wird entsprechend der Regelung des Montan-Mitbestimmungsgesetzes bestellt.

3. Dem *Vorstand,* der vom Aufsichtsrat bestellt wird, muss ein Arbeitsdirektor angehören. Anders als beim Montan-Mitbestimmungsgesetz besteht hinsichtlich dieses Vorstandsmitglieds kein Vetorecht der Mehrheit der Aufsichtsratsmitglieder der Arbeitnehmerseite.

Mitbestimmungsgesetz (MitbestG)

I. *Geltungsbereich:*

1. Alle Wirtschaftszweige mit Ausnahme der Montanindustrie (Montan-Mitbestimmungsgesetz und Mitbestimmungsergänzungsgesetz) und des Tendenzbetriebs;

2. Unternehmen, die in der Rechtsform einer AG, KGaA, GmbH, GmbH & Co. KG oder einer Erwerbs- und Wirtschaftsgenossenschaft betrieben werden und i.d.R. mehr als 2.000 Arbeitnehmer beschäftigen sowie für Konzerne (Mitbestimmung im Konzern);

3. durch das MitbestG wird die Mitbestimmung im Aufsichtsrat und Vorstand geregelt; die Mitbestimmung ist (knapp) unterparitätisch.

II. *Inhalt:*

1. *Zusammensetzung und Bildung eines Aufsichtsrats:* In den Unternehmen wird ein Aufsichtsrat gebildet, zu gleichen Teilen durch Anteilseigner

und Arbeitnehmer, wobei die Anteilseignerseite jedoch den mit Doppel-
stimme für die Pattauflösung ausgestatteten Aufsichtsratsvorsitzenden
stellt. Der Aufsichtsrat besteht aus zwölf (bei Unternehmen bis 10.000
Arbeitnehmern), 16 (bei Unternehmen bis 20.000 Arbeitnehmern) oder
20 (bei Unternehmen über 20.000 Arbeitnehmern) Mitgliedern, davon
sechs (acht oder zehn) Vertreter der Anteilseigner und sechs (acht oder
zehn) Vertreter der Arbeitnehmer, davon zwei (zwei oder drei) Vertreter
von Gewerkschaften, die in dem Unternehmen selbst oder in einem anderen Unternehmen vertreten sind. Arbeitnehmervertreter, zu denen auch
leitende Angestellte gehören, müssen das 18. Lebensjahr vollendet haben,
ein Jahr dem Unternehmen angehören und im Sinn des BetrVG wählbar
sein. Wahl bei Unternehmen bis 8.000 Arbeitnehmern unmittelbar und
bei Unternehmen über 8.000 Arbeitnehmern durch Wahlmänner geheim
und nach den Grundsätzen der Verhältniswahl; Einleitung und Durchführung der Wahl durch Betriebswahlvorstand; Einzelheiten der Wahl für
Unternehmen mit einem Betrieb in der Ersten Wahlordnung zum Mitbestimmungsgesetz (1. WOMitbestG) vom 27.5.2002 (BGBl. I 1682), bei
Unternehmen mit mehreren Betrieben in der Zweiten Wahlordnung zum
Mitbestimmungsgesetz (2. WOMitbestG) vom 27.5.2002 (BGBl. I 1708)
und bei Unternehmen in der Rechtsform der Kommanditgesellschaft oder
bei Konzernen in der Dritten Wahlordnung zum Mitbestimmungsgesetz
(3. WOMitbestG) vom 27.5.2002 (BGBl. I 1741).

2. Im *Vorstand* ist nach dem Gesetz als gleichberechtigtes Mitglied ein
Arbeitsdirektor zu bestellen (ausgenommen bei der KGaA). Er ist wie alle
übrigen Vorstandsmitglieder im selben Verfahren zu wählen.

Mitbestimmungsrecht

1. *Begriff:* Befugnis zur gleichberechtigten Mitwirkung und Beteiligung an
Entscheidungen; jede Form der Mitbestimmung, sofern sie aufgrund eines
Rechtsanspruchs ausgeübt werden kann.

Das Mitbestimmungsrecht kann je nach gesetzlicher Ausgestaltung v.a.
folgende Einzelbefugnisse umfassen:

a)   Angelegenheit im Nichteinigungsfall zur verbindlichen Entscheidung vor eine Schlichtungsstelle zu bringen;

b)   durch Verweigerung der Zustimmung dem anderen Teil die Möglichkeit einer wirksamen Regelung zu nehmen;

c)   bei einseitigem Handeln des anderen Teils einen Aufhebungsanspruch vor Gericht geltend zu machen.

2. *Gesetzliche Regelungen der Mitbestimmung:*

a)   *Betriebliche Mitbestimmung:*

(1)   Betriebsverfassungsgesetz i.d.F. vom 25.9.2001 (BGBl. I 2518) m.spät. Änd.;

(2)   Sonderregelung für den öffentlichen Dienst: Bundespersonalvertretungsgesetz (BPersVG) vom 15.3.1974 (BGBl. I 693) m.spät.Änd. und die Personalvertretungsgesetze der Länder.

b)   *Unternehmensmitbestimmung:* Es bestehen in der Bundesrepublik Deutschland *vier Systeme* einer Mitbestimmung bzw. Beteiligung von Vertretern der Arbeitnehmer in den Leitungsorganen von Unternehmen mit eigener Rechtspersönlichkeit:

(1)   Nach dem Mitbestimmungsgesetz (MitbestG) vom 4.5.1976 (BGBl. I 1153) m.spät.Änd.,

(2)   nach dem Drittelbeteiligungsgesetz vom 18.5.2004 (BGBl. I 974) m.spät.Änd.,

(3)   nach dem Montan-Mitbestimmungsgesetz (MontanMitbestG) vom 21.5.1951 (BGBl. I 347) m.spät.Änd.,

(4)   nach dem Mitbestimmungs-Ergänzungsgesetz (MitbestErgG) vom 7.8.1956 (BGBl. I 707) m.spät.Änd.

3. *Einordnung:* Das Mitbestimmungsrecht ist Arbeitsrecht i.w.S.; es ist Bestandteil des Unternehmensrechts bzw. eine Modifizierung des Gesellschaftsrechts.

Mittelbares Arbeitsverhältnis

Ein mittelbares Arbeitsverhältnis ist gegeben, wenn ein Arbeitnehmer von einem Mittelsmann, der seinerseits selbst Arbeitnehmer eines Dritten (Unternehmer) ist, beschäftigt wird, wobei die Arbeit jedoch unmittelbar für den Unternehmer geleistet wird.

Hauptfälle: Zwischenmeister und Leiter einer Kapelle, deren Mitglieder von ihm selbst engagiert sind. Der Unternehmer (mittelbarer Arbeitgeber) kann vom Arbeitnehmer i.Allg. nur in Anspruch genommen werden, wenn dieser gegenüber dem Mittelsmann nicht zu seinem Recht kommt (Teilung der Arbeitgeberfunktion). Erforderlich ist eine Zusicherung des mittelbaren Arbeitgebers, für die Lohnzahlung einstehen zu wollen. Abweichende Regelung durch bes. Abrede, betriebliche Übung oder Tarifvertrag möglich.

Mitwirkung

Beteiligung des Betriebsrats in Form der Mitwirkung bedeutet *Beratung* und *Mitsprache* bei der Entscheidung des Arbeitgebers, deren Rechtsgültigkeit zwar nicht von der Zustimmung des Betriebsrats, wohl aber z.T. von der vorherigen Unterrichtung und Beteiligung des Betriebsrats abhängt (vgl. z.B. §§ 80 II, 99 I, 102 I BetrVG). Das Gebot der vertrauensvollen Zusammenarbeit (§ 2 I BetrVG) erfordert, dass Arbeitgeber und Betriebsrat eine Meinungsverschiedenheit rechtzeitig verhandeln mit dem ernstlichen Willen, zu einer Einigung zu kommen (§ 74 I BetrVG). Eine Verletzung von Aufklärungs- und Auskunftspflichten durch den Arbeitgeber kann gemäß § 121 BetrVG mit Geldbußen geahndet werden.

Mutterschaftsgeld

1. *Begriff:* Geldleistung an Frauen während der Mutterschutzfristen durch die Krankenkasse oder den Bund (§ 13 des Mutterschutzgesetzes [MuSchG] i.d.F. vom 20.6.2002 [BGBl. I 2318] m.spät.Änd.).

2. *Mutterschutzgeld in Höhe des Netto-Arbeitsentgelts:*

a) *Voraussetzung:* Laufendes Mutterschutzgeld erhalten Mitglieder einer gesetzlichen Krankenkasse, die bei Beginn der Schutzfrist nach § 3 II MuSchG (sechs Wochen vor dem voraussichtlichen Tag der Entbindung) in einem Arbeitsverhältnis stehen oder in Heimarbeit beschäftigt sind oder deren Arbeitsverhältnis während ihrer Schwangerschaft vom Arbeitgeber zulässig aufgelöst worden ist, sofern sie in der Zeit vom Beginn des zehnten bis zum Ende des vierten Monats vor der Entbindung mind. zwölf Wochen pflichtversichert waren und in einem Arbeitsverhältnis gestanden haben von der gesetzlichen Krankenkasse. Ist zu Beginn der Schutzfrist nach § 3 II MuSchG kein Versicherungsverhältnis gegeben, so richtet sich der Anspruch auf Mutterschutzgeld nach § 13 II MuSchG und die Leistung geht in voller Höhe zulasten des Bundes.

b) *Dauer:* Mutterschutzgeld wird für sechs Wochen vor der Entbindung und für acht Wochen, bei Früh- und Mehrlingsgeburten für zwölf Wochen nach der Entbindung gezahlt; anschließend Elternzeit mit Elterngeld (vgl. Bundeselterngeld- und Elternzeitgesetz [BEEG] vom 2.12.2006 [BGBl. I, 2748] m.spät.Änd.). Der Anspruch auf Mutterschutzgeld endet mit dem Tod der Versicherten.

c) *Höhe:* Als Mutterschutzgeld wird das um die gesetzlichen Abzüge verminderte durchschnittliche kalendertägliche Arbeitsentgelt der letzten drei abgerechneten Kalendermonate vor Beginn der Schutzfrist gewährt. Es beträgt höchstens 13 Euro für den Kalendertag. Einmalige Zuwendungen sowie Tage, an denen infolge Kurzarbeit, Arbeitsausfällen oder unverschuldeter Arbeitsversäumnis kein oder ein vermindertes Arbeitsentgelt erzielt wurde, bleiben außer Betracht. Ist danach eine Berechnung nicht möglich, so ist das durchschnittliche kalendertägliche Arbeitsentgelt einer gleichartig Beschäftigten zugrunde zu legen.

d) *Zuschuss zum Mutterschaftgeld (§ 14 MuSchG):* Das Mutterschutzgeld für versicherte Arbeitnehmerinnen und nichtversicherte

Arbeitnehmerinnen ist auf höchstens 13 Euro für den Kalendertag begrenzt. Sofern das durchschnittliche kalendertägliche Net-
to-Arbeitsentgelt den Betrag von 13 Euro übersteigt, erhalten diese
Frauen den übersteigenden Betrag als Zuschuss von ihrem Arbeitgeber. Diese Regelung verstieß wie das Bundesverfassungsgericht mit
Beschluss vom 18.11.2003 festgestellt hat gegen den Grundsatz der
Gleichbehandlung der Geschlechter (Art. 3 II GG). Der Gesetzgeber
hatte bis zum Ende des Jahres 2005 eine grundgesetzkonforme Regelung zu treffen. Bis dahin blieb § 14 I MuSchG weiterhin anwendbar.
Der Entscheidung des Bundesverfassungsgerichts hat der Gesetzgeber ab 1.1.2006 dadurch Rechnung getragen, dass er das Umlageverfahren für die Arbeitgeberaufwendungen bei Schwangerschaft und
Mutterschaft auf alle Arbeitgeber (ausgenommen landwirtschaftli-
che Unternehmungen mit ausschließlich mitarbeitenden Familien-
angehörigen und Dienststellen sowie diesen gleichgestellte militäri-
sche Einrichtungen nach genauerer Bestimmung nach § 11 II des Auf-
wendungsausgleichsgesetzes vom 22.12.2005 [BGBl. I 3686] m.spät.
Änd.) ausgedehnt hat. Frauen, deren Arbeitsverhältnis während der
Schwangerschaft vom Arbeitgeber zulässig aufgelöst wurde, erhalten
den Zuschuss zulasten des Bundes von der für die Zahlung des Mutterschaftsgeld zuständigen Krankenkasse.

3. *Mutterschaftgeld in Höhe des Krankengeldes:*

a) *Voraussetzung:* Nach § 200 II Satz 6 RVO erhalten andere Versicherte
   Mutterschaftsgeld in Höhe des Krankengeldes. Hierzu gehören z.B.
   versicherungspflichtige Selbstständige, freiwillig versicherte Frauen
   mit Anspruch auf Krankengeld, die in keinem Arbeitsverhältnis stehen, sowie arbeitslose Frauen.

b) *Dauer:* analog zu 1 a).

c) *Höhe:* Mutterschaftsgeld nach § 200 II Satz 6 RVO wird in Höhe des
   Krankengeldes gewährt.

4. Sonstiges:

a) Anspruch auf laufendes Mutterschaftsgeld entsteht mit jedem Tag, an dem die Voraussetzungen erfüllt sind, frühestens mit Beginn der Schutzfrist nach § 3 II MuSchG. Für die Dauer des Anspruchs auf laufendes Mutterschaftsgeld wird Krankengeld nicht gewährt; das als einmalige Leistung zu gewährende Mutterschaftsgeld hat diese Wirkung nicht. Der Anspruch auf laufendes Mutterschutzgeld ruht, wenn und soweit Arbeitsentgelt gezahlt wird.

b) Mutterschaftsgeld nach dem Mutterschutzgesetz ist steuerfrei (§ 3 Nr. 1d EStG), unterliegt aber dem Progressionsvorbehalt (§ 32b I c EStG).

Mutterschutz

I. Begriff:

Nach Art. 6 IV GG der Anspruch jeder Mutter auf Schutz und Fürsorge der Gemeinschaft. Gesetzlich geregelt ist bisher nur der Schutz der erwerbstätigen Mutter durch das Mutterschutzgesetz (MuSchG) i.d.F. vom 20.6.2002 (BGBl. I 2318) m.spät.Änd., die VO zum Schutze der Mütter am Arbeitsplatz vom 15.4.1997 (BGBl. I 782) m.spät.Änd., die VO über Mutterschutz und Elternzeit für Beamtinnen des Bundes vom 12.2.2009 (BGBl. I 320) sowie entsprechende Ländergesetze und die Mutterschutzverordnung für Soldatinnen i.d.F. vom 18.11.2004 (BGBl. I 2858) m.spät. Änd.

II. Geltungsbereich des MuSchG:

(1) Alle Frauen, die in einem Arbeitsverhältnis stehen, auch erwerbstätige Frauen in der Landwirtschaft;

(2) weibliche in Heimarbeit Beschäftigte und ihnen Gleichgestellte, soweit sie am Stück mitarbeiten (§ 1 MuSchG). Das MuSchG ist insbesondere nicht anwendbar auf Selbständige und Organmitglieder (etwa Geschäftsführerin einer GmbH, Vorstand einer AG). Eine Ausweitung des Personenkreises erfolgt ab 1.1.2018 u.a. auf Frauen in

betrieblicher Berufsbildung, Praktikantinnen sowie Schülerinnen und Studentinnen.

III. *Inhalt des MuSchG:*

1. *Gestaltung des Arbeitsplatzes* (§ 2 MuSchG):

a) Bei Einrichtung und Unterhaltung des Arbeitsplatzes einschließlich Maschinen, Werkzeugen und Geräten und bei Regelung der Beschäftigung sind die erforderlichen Vorkehrungen und Maßnahmen zum Schutze von Leben und Gesundheit der werdenden oder stillenden Mutter zu treffen.

b) Bei Arbeiten, die im Stehen oder Gehen zu verrichten sind, sind Sitzgelegenheiten zum Ausruhen bereitzustellen.

c) Bei Arbeiten im Sitzen ist Gelegenheit zur Unterbrechung und Bewegung zu geben.

d) Weitere Anordnungen können durch Rechtsverordnung getroffen werden.

2. *Beschäftigungsverbote* (§ 3 MuSchG): Für deren Anwendung ist es erforderlich, dass die Arbeitnehmerin den Arbeitgeber rechtzeitig unterrichtet.

a) *Vor der Entbindung* (§ 3 MuSchG):

(1) Bei durch ärztliches Zeugnis nachgewiesener *Gefährdung von Leben oder Gesundheit* von Mutter oder Kind bei Fortdauer der Beschäftigung;

(2) während der letzten *sechs Wochen vor der Entbindung* mit Ausnahme der widerruflichen Bereiterklärung zur Arbeitsleistung;

(3) unabhängig von Konstitution und Gesundheitszustand der werdenden Mutter bei bestimmten *schweren oder gesundheitsgefährdenden Arbeiten* (§ 4 MuSchG). Als schwere Arbeit gelten u.a.:

(a) Arbeiten, bei denen Lasten von regelmäßig mehr als 5 kg oder gelegentlich mehr als 10 kg mit der Hand gehoben, bewegt oder befördert werden; bei mechanischer Hilfe darf die körperliche Beanspruchung diese Grenze nicht überschreiten;

(b) nach Ablauf des fünften Monats der Schwangerschaft Arbeiten, bei denen die Frau stehen muss, soweit diese Beschäftigung täglich vier Stunden überschreitet;

(c) Arbeiten, bei denen sich die Frau häufig erheblich strecken oder beugen oder bei denen sie sich dauernd hockend oder gebückt halten muss;

(d) Arbeiten mit hoher Fußbeanspruchung;

(e) Schälen von Holz;

(f) Arbeiten mit Gefahr der Berufserkrankung;

(g) nach Ablauf des 3. Monats Arbeit auf Beförderungsmitteln;

(h) Arbeiten mit erhöhten Unfallgefahren;

(i) Akkordarbeit und Fließbandarbeit mit vorgeschriebenem Arbeitstempo.

(4) Mehr-, Nacht-, Sonn- und Feiertagsarbeit (§ 8 MuSchG).

b) *Nach der Entbindung* (§ 6 MuSchG):

(1) Bis zum *Ablauf von acht Wochen* darf die Mutter nicht beschäftigt werden; die Frist verlängert sich bei Früh- und Mehrlingsgeburten auf zwölf Wochen.

(2) Bei *nicht voller Leistungsfähigkeit* darf die Mutter nur entsprechend ihrer Leistungsfähigkeit gemäß ärztlichem Zeugnis herangezogen werden.

(3) Stillende Mütter dürfen *nicht mit schweren oder gesundheitsgefährdenden Arbeiten* beschäftigt werden (§§ 6, 4 MuSchG).

3. *Wirtschaftliche Sicherung:*

a) *Leistungen:*

(1) *Weiterzahlung des Arbeitsentgelts bei Beschäftigungsverboten* (§ 11 MuSchG). Für den Fall, dass wegen eines nicht generellen Beschäftigungsverbots oder wegen des Mehr-, Nacht- oder Sonntagsarbeitsverbots die Frau teilweise oder völlig mit der Arbeit aussetzen muss,

ist vorgeschrieben, dass der Arbeitgeber das Arbeitsentgelt weiter zu gewähren bzw. (bei lediglich geminderter Arbeitsleistung) einen Ausgleich zu zahlen hat, der die Gesamtleistung von Arbeitsentgelt und Ausgleich auf die Höhe des normalen Arbeitsentgelts bringt.

(2) Gewährung von *Mutterschaftsgeld* (§ 13 MuSchG).

(3) Zahlung eines *Zuschusses zum Mutterschaftsgeld* (§ 14 MuSchG): Mutterschaftsgeld.

b) Gewährung von *Elternzeit*.

c) *Kündigungsverbot*: Besteht mit der Wirkung der Nichtigkeit (§ 9 MuSchG) für die gesamte Zeit der Schwangerschaft und für die ersten vier Monate nach der Entbindung. Eine in Unkenntnis der Schwangerschaft ausgesprochene Kündigung (auch außerordentlicher) ist wirkungslos, wenn die Mitteilung der Schwangerschaft oder Entbindung durch die Mutter innerhalb zwei Wochen nach Zugang der Kündigung oder bei unverschuldeter Nichteinhaltung dieser Frist unverzüglich mitgeteilt wird. Darüber hinaus ist die Kündigung während der Elternzeit ausgeschlossen (§ 18 Bundeselterngeld- und Elternzeitgesetz [BEEG] v. 5.12.2006 [BGBl. I 2748] m.spät.Änd.). Ausnahmen nur mit vorher eingeholter Erlaubnis der obersten Landesbehörde für Arbeitsschutz, z.B. bei wiederholten schwerwiegenden Verfehlungen der Mutter.

Kein Kündigungsschutz besteht

(1) bei befristeten Arbeitsverträgen, die während der Schutzfrist auslaufen,

(2) bei Auflösung des Arbeitsverhältnisses in beiderseitigem Einverständnis (Aufhebungsvertrag) und

(3) bei Anfechtung des Arbeitsvertrages (kein Anfechtungsgrund, wenn trotz Befragens bei Vertragsabschluss eine schon bestehende Schwangerschaft verschwiegen wird); (Offenbarungspflicht).

Eine Frau kann während der Schwangerschaft und während der Schutzfrist nach der Entbindung selbst das Arbeitsverhältnis ohne Einhaltung einer Frist zum Ende der Schutzfrist nach der Entbindung kündigen (§ 10 MuSchG).

d) Der Arbeitgeber hat die *Freizeit* zu gewähren, die zum Stillen (§ 7 MuSchG) oder zur Durchführung der Untersuchungen im Rahmen der Mutterschaftshilfe erforderlich ist (§ 16 MuSchG). Ein Entgeltausfall darf hierdurch nicht eintreten.

e) Das kalendertägliche *Mutterschaftsgeld* beträgt höchstens 13 Euro (§ 24i Abs. 2 SGB V). Übersteigt das durchschnittliche kalendertägliche Arbeitsentgelt der letzten drei abgerechneten Kalendermonate oder bei wöchentlicher Abrechnung der letzten dreizehn Wochen vor dem Beginn der Sechs-Wochen-Schutzfrist das gezahlte Mutterschaftsgeld, so hat der Arbeitgeber den Unterschiedsbetrag zu zahlen (§ 14 MuSchG).

4. *Durchführung:*

a) *Aufsicht* über die Ausführung der Vorschriften des Mutterschutzes obliegt den nach Landesrecht zuständigen Behörden. Diese Aufsichtsbehörden haben dieselben Befugnisse und Obliegenheiten wie die Gewerbeaufsichtsbeamten nach § 139b GewO.

b) Unverzügliche *Benachrichtigungspflicht* des Arbeitgebers bzw. Auftraggebers gegenüber der Aufsichtsbehörde bei Bekanntwerden einer Schwangerschaft. Er ist der Aufsichtsbehörde gegenüber auskunftspflichtig. In Betrieben, die regelmäßig mehr als drei Frauen beschäftigen, ist ein Abdruck des Mutterschutzgesetzes an geeigneter Stelle auszulegen oder auszuhändigen.

c) *Zuwiderhandlungen* gegen die Vorschriften des Mutterschutzes werden als Ordnungswidrigkeit oder Straftat geahndet.

_N−R

Nachtarbeit

Nachtarbeit ist jede Arbeit, die mehr als zwei Stunden der Nachtzeit (23 bis 6 Uhr) umfasst (§ 2 II, III ArbZG). Nachtarbeit ist meist aus technischen Gründen (z.b. Papier- oder Stahlerzeugung) oder aus Gründen der Versorgung der Bevölkerung mit bestimmten Leistungen (z.B. Krankenhaus, Polizei, Verkehrsbetriebe) unvermeidlich. Nachtarbeit ist aufgrund der festen menschlichen Tagesrhythmik (Biorhythmus) mit bes. Problemen belastet. So erreicht die physiologische Leistungsfähigkeit in der Nacht im Durchschnitt nur unter Normal liegende Werte und auch die Tiefpunkte werden in der Nacht (ca. 3 Uhr) erreicht. Dies liegt an den sog. Zeitgebern, die die menschliche Physiologie in Ruhe- und Spannungszustände versetzen.

Nachwirkung

Fortgeltung der Normen eines Tarifvertrags oder einer Betriebsvereinbarung nach deren Beendigung. Die Nachwirkung endet mit Abschluss eines neuen Tarifvertrags oder einer neuen Betriebsvereinbarung.

Nebentätigkeit

Grundrecht der Berufsfreiheit (Art. 12 GG) schützt auch die Freiheit, mehrere Arbeitsplätze (mehrere Arbeitsverhältnisse) gleichzeitig zu haben.

Beschränkungen:

a) Nebentätigkeit darf nicht so weit gehen, dass Pflichten aus dem ersten Arbeitsverhältnis verletzt werden;

b) Gesamtarbeitszeit bei mehreren Arbeitgebern darf die Höchstgrenze des Arbeitszeitgesetzes nicht übersteigen;

c) während des Urlaubs ist eine dem Urlaubszweck widersprechende Erwerbstätigkeit nicht zulässig (§ 8 BUrlG);

d) gleichzeitige Tätigkeit bei einem anderen Unternehmen im Geschäftsbereich des Arbeitgebers setzt dessen Zustimmung voraus (§ 60 I HGB; Wettbewerbsverbot). Bes. Regelungen gelten für die Nebentätigkeit der Beamten nach dem Beamtengesetz.

Nettolohn

1. Der *Nettolohn* bzw. das *Nettogehalt* bezeichnet den Teil des Lohns, der an den Arbeitnehmer ausgezahlt wird und damit für den Lebensunterhalt verfügbar ist. Nettolohnrechnung ist Aufgabe der Lohnbuchführung.

2. Nettolohn als *vereinbartes Arbeitsentgelt (Nettolohnvereinbarung)*: Lohnsteuer und Beiträge zur Sozialversicherung werden nach dem entsprechenden Bruttolohn berechnet; sie sind in voller Höhe durch den Arbeitgeber abzuführen.

Offenbarungspflicht

1. *Begriff:* Auskunftspflicht des Arbeitnehmers über persönliche Verhältnisse vor der Einstellung nach Grundsätzen des Arbeitsrechts.

2. *Umfang:*

a) *Grundsätzlich* darf der Arbeitgeber dem Arbeitnehmer nur Fragen stellen, an denen er im Hinblick auf den zu besetzenden Arbeitsplatz ein berechtigtes Interesse hat, z.B. nach Aus- und Vorbildung.

b) Die Frage nach der *Partei-, Gewerkschafts- und Religionszugehörigkeit* ist, außer in entsprechenden Tendenzbetrieben, unzulässig. Die Frage nach der Mitgliedschaft bei Scientology wird aber überwiegend für zulässig gehalten, weil es sich nach deutschem Rechtsverständnis nicht um eine Religionsgemeinschaft, sondern um eine Wirtschaftsorganisation handelt.

c) Fragen nach dem *Gesundheitszustand* sind insoweit zulässig, als es sich um schwerwiegende Beeinträchtigungen der Arbeitsfähigkeit des Betroffenen handelt. So darf der Arbeitgeber nach überwiegender Auffassung nach einer Aids-Erkrankung, nicht aber nach einer Aids-Infektion fragen. Angesichts deutlicher medizinischer Fortschritte bei der Behandlung von Aids-Erkrankungen scheint aber auch diese Einschränkung nicht weitgehend genug. Die Frage ist heute nur zulässig, wenn der Kandidat aufgrund einer fortgeschrittenen Aids-Erkrankung zur Ausfüllung der Position nicht mehr in der Lage ist.

d) Fragen nach dem Vorliegen einer *Schwerbehinderteneigenschaft* oder
    einer Gleichstellung waren nach früherer Rechtsprechung ohne Wei-
    teres zulässig (BAG-Urt. v. 1.8.1985; 2 AZR 101/83). Nach Inkrafttre-
    ten des AGG wird das aber überwiegend und mit Recht in Abrede
    gestellt.

e) Der Arbeitgeber darf den Bewerber bei der Einstellung nach *Vorstrafen*
    fragen, wenn und soweit die Art des zu besetzenden Arbeitsplatzes
    dies erfordert (ständige Rechtsprechung des BAG seit BAG E 5, 159
    (163)).

f) Die Frage nach der *Schwangerschaft* ist eine unzulässige Benachteili-
    gung wegen des Geschlechts.

3. *Offenbarungspflichten ohne entsprechende Frage* des Arbeitgebers
nimmt die Rechtsprechung nur in seltenen Fällen an. Dies deshalb, weil
der Arbeitgeber, wenn er ein berechtigtes Interesse an bestimmten Tatsachen hat, vor Einstellung ohne Weiteres fragen kann. Eine solche selbständige Offenbarungspflicht des Arbeitnehmers besteht nur dann, wenn es
um Tatsachen geht, welche die Ausübung der Position unmöglich machen
oder die sonst von erkennbar wichtiger Bedeutung sind. So muss der
Arbeitnehmer von sich aus offenbaren, wenn er durch ein nachvertragli-
ches Wettbewerbsverbot an der Tätigkeit für den Arbeitgeber gehindert
ist.

4. *Rechtsfolge:* Der Verstoß gegen Offenbarungspflichten kann den
Arbeitgeber zur Anfechtung des Arbeitsvertrags wegen arglistiger Täuschung (§ 123 BGB) berechtigen. Die wahrheitswidrige Beantwortung
einer unzulässigen Frage bleibt für den Arbeitnehmer folgenlos. Eine unzulässige Frage kann auch ein Indiz für eine Benachteiligung nach dem AGG
sein (*AGG im Arbeitsrecht*).

Öffentlicher Dienst

Berufliche Tätigkeit bei den öffentlich-rechtlichen Körperschaften, Anstalten und Stiftungen. Öffentlich Bedienstete können je nach der Anstellung
Beamte oder Angestellte (Tarifbeschäftigte) sein.

1. *Angestellte im öffentlichen Dienst* unterliegen einem *tarifvertraglichen Sonderrecht*, das den bes. Verhältnissen des öffentlichen Dienstes Rechnung trägt. *Tarifverträge des öffentlichen Diensts:* TVöD (Tarifvertrag für die Tarifbeschäftigten von Bund und Kommunen), TV-L (Tarifvertrag für die Tarifbeschäftigten bei den Ländern), Bundes-Angestellten-Tarifvertrag (BAT) galt nach dem Austritt von Hessen und Berlin aus der Tarifgemeinschaft der Länder dort bis zum mittlerweile erfolgten Abschluss eines eigenen Tarifvertrags in Hessen und dem Wiedereintritt Berlins in den TV-L weiter.

In den Arbeitsverträgen der öffentlichen Hand wird regelmäßig auf diese Tarifverträge Bezug genommen, sodass sie weitgehend auch die Arbeitsverhältnisse nicht tarifgebundener Arbeitnehmer regeln.

2. *Arbeitskämpfe im öffentlichen Dienst:* Obwohl in keinem Gesetz ausdrücklich ausgesprochen, sind Arbeitskämpfe von *Beamten* nach einhelliger Rechtsprechung und der h.M. im Schrifttum verboten. Unzulässig ist auch der Umgehungsweg *„Dienst nach Vorschrift".* Streiks von *Angestellten* des öffentlichen Diensts sind grundsätzlich zulässig. Im Bereich lebensnotwendiger Daseinsvorsorge (Gesundheitswesen, Energieversorgung etc.) darf ein Streik nur unter Beachtung der elementaren Bedürfnisse der Bevölkerung geführt werden. Auf Arbeitsplätzen Streikender im öffentlichen Dienst dürfen Beamte nicht eingesetzt werden.

3. *Personalvertretung:* Durch den Personalrat ist eine einheitliche Personalvertretung für Beamte und Arbeitnehmer des öffentlichen Diensts vorgesehen, die dem Betriebsrat in der Privatwirtschaft entspricht, jedoch unter Wahrung des Gruppenprinzips.

Ordentliche Kündigung

1. *Begriff:* Recht zur Auflösung von Arbeitsverhältnissen, die auf unbestimmte Zeit eingegangen sind. In Arbeitsverhältnissen von festbestimmter Dauer ist eine ordentliche Kündigung nur möglich, wenn das einzelvertraglich oder im anwendbaren Tarifvertrag vereinbart ist (§ 15 TzBfG).

2. *Gründe:* Ordentliche Kündigung kann aus betriebs-, personen- und ver-
haltensbedingtem Grunde erfolgen. Eine vom Arbeitgeber ausgehende
ordentliche Kündigung bedarf nur dann keines sachlichen Grundes, wenn
das Arbeitsverhältnis noch nicht oder als Kleinbetrieb von vornherein
nicht dem Kündigungsschutz unterliegt.

3. Die ordentliche Kündigung ist an die Einhaltung bestimmter *Fristen*
gebunden. Mindestfristen sind in § 622 BGB geregelt. Wird eine ordentliche Kündigung mit einer kürzeren als der vorgesehenen Frist ausgesprochen, so gilt sie als Kündigung zum nächstzulässigen Zeitpunkt.

4. Die ordentliche Kündigung wird durch *Tarifvertrag* oft ganz ausgeschlossen. Das Recht zur außerordentlichen Kündigung bleibt dann unberührt.

Ordnung des Betriebs

Gegenstand der erzwingbaren Mitbestimmung des Betriebsrats in sozialen Angelegenheiten nach § 87 I Nr. 1 BetrVG. Ordnung des Betriebs
betrifft die *innere soziale Ordnung* des Betriebs, die das Zusammenwirken
und das Verhalten der Arbeitnehmer im Betrieb regelt. Nicht zu den Fragen der Ordnung des Betriebs rechnen Anweisungen des Arbeitgebers,
die das Arbeitsverhalten der Arbeitnehmer (Konkretisierung der Arbeitspflicht) betreffen (arbeitsnotwendige Maßnahmen).

Mitbestimmungspflichtig ist in erster Linie die Aufstellung verbindlicher
Verhaltensvorschriften (z.B. Vorschriften über An- und Abmeldung von
Arbeitnehmern, Torkontrollen, Rauch- und Alkoholverbote, Kleierord-
nungen, Regelungen über die Benutzung des Telefons für Privatgespräche,
Ethikrichtlinien). Ein Mitbestimmungsrecht des Betriebsrats ist ausgeschlossen, wenn die Angelegenheit durch Gesetz oder Tarifvertrag geregelt ist.

Zur Verhängung *betrieblicher Disziplinarmaßnahmen* wegen Verstoßes
gegen die Ordnung des Betriebs vgl. Betriebsbuße.

Ordnungsprinzip

Im Arbeitsrecht geltendes Prinzip für das Verhältnis einander ablösender kollektiver Ordnungen. Der spätere Tarifvertrag geht dem früheren, die spätere Betriebsvereinbarung der früheren vor, auch wenn die neue Vereinbarung zu schlechteren Arbeitsbedingungen für die Arbeitnehmer führt. Insoweit gilt das Günstigkeitsprinzip nicht. Es ist aber stets durch Auslegung zu ermitteln, ob die Tarif- bzw. Betriebspartner den sozialen Besitzstand schmälern wollten.

Das Ordnungsprinzip gilt grundsätzlich nicht für vertragliche Einheitsregelungen ablösende Betriebsvereinbarungen, es sei denn, der Arbeitsvertrag ist betriebsvereinbarungsoffen gestaltet (= enthält Klausel, wonach die Arbeitsbedingungen durch Betriebsvereinbarungen verschlechtert werden können).

OT-Mitgliedschaft

Mitgliedschaft in einem Arbeitgeberverband *ohne Tarifbindung*. Das Bundesarbeitsgericht (BAG) erkennt die OT-Mitgliedschaft an. Allerdings dürfen die OT-Mitglieder keinen Einfluss auf die Tarifpolitik des Arbeitgeberverbandes haben.

Wechselt ein Arbeitgeber während eines laufenden Tarifvertrags in eine OT-Mitgliedschaft, bleibt er nach überwiegender Auffassung an den Tarifvertrag gebunden (Nachbindung, § 3 III TVG). Der Wechsel in die OT-Mitgliedschaft soll nach umstrittener Auffassung die Friedenspflicht der Gewerkschaft beenden (LAG Hessen, 17.9.2008 – 9 SaGa 1442/08).

Wechselt der Arbeitgeber während laufender Tarifverhandlungen in die OT-Mitgliedschaft (*„Blitzwechsel"*), so muss er die Gewerkschaft rechtzeitig informieren, anderenfalls ist er trotz OT-Mitgliedschaft an diesen Tarifvertrag noch gebunden (BAG, 4.6.2008 – 4 AZR 419/07).

Pausen

1. *Begriff:* Unterbrechungen der Arbeitszeit, die der Nahrungsaufnahme und Erholung der Arbeitnehmer dienen. Die Pausen zählen grundsätzlich

nicht zur Arbeitszeit (§ 2 I ArbZG); sie brauchen, wenn durch Arbeitsvertrag oder Tarifvertrag nichts anderes bestimmt ist, nicht vergütet zu werden.

2. *Rechtliche Regelung:* Bei einer Arbeitszeit von mehr als sechs Stunden mind. halbstündige oder zwei viertelstündige *Ruhepausen* (§ 4 ArbZG). Besonderheiten herrschen bei Lenkzeiten im Straßenverkehr. Regelungen über Pausenräume bei Beschäftigung von mehr als zehn Arbeitnehmern oder bei bes. Arten der Beschäftigung in der Arbeitsstättenverordnung.

3. *Mitbestimmungsrecht:* Nach § 87 I Nr. 2 BetrVG hat der Betriebsrat ein erzwingbares Mitbestimmungsrecht in sozialen Angelegenheiten hinsichtlich der Lage und Dauer der Pause.

Pensionsanwartschaft

Aufschiebend bedingter Versorgungsanspruch, der mit Eintritt der Bedingungen (z.B. Erreichen der Altersgrenze) automatisch zum Vollrecht erstarkt. Das Betriebsrentengesetz (BetrAVG) unterscheidet zwischen *verfallbarer und unverfallbarer Pensionsanwartschaft:* Die Unverfallbarkeit führt dazu, dass die Pensionsanwartschaft weiter besteht, auch wenn der Arbeitnehmer noch vor dem Eintritt des Versorgungsfalls aus dem Arbeitsverhältnis mit dem zusagenden Arbeitgeber ausscheidet.

Pensionsfonds

Rechtlich selbstständige Einrichtung, die gegen Zahlung von Beiträgen eine kapitalgedeckte betriebliche Altersversorgung für einen oder mehrere Arbeitgeber durchführt.

Pensionskasse

Rechtlich selbstständige Einrichtung, die ihren Mitgliedern einen Rechtsanspruch auf Leistungen der betrieblichen Altersversorgung gewährt; wird errichtet und getragen von Einzelunternehmen *(Einzelkasse)* oder von mehreren wirtschaftlich verbundenen oder nicht verbundenen Unternehmen *(Konzernkasse oder Gruppenkasse);* neben Unternehmen auch Verbände.

Pensionsordnung

Zusammenfassung der Bestimmungen der betrieblichen Versorgungszusage für eine Gruppe von Personen (Arbeitnehmern) anstelle einer Vielzahl von Einzelversorgungszusagen mit gleichgelagertem Inhalt (vertragliche Einheitsregelung), z.B. für alle Arbeitnehmer oder eine bestimmte Gruppe eines Unternehmens (Gesamtzusage). Eine Pensionsordnung ist nicht notwendig eine Betriebsvereinbarung. Die Pensionsordnung enthält ein Angebot an die Arbeitnehmer des Betriebs ohne näher umschriebenen Empfängerkreis. Da durch Pensionsordnungen die Arbeitnehmer begünstigt werden, ist eine bes. Annahmeerklärung (§ 151 BGB) nicht zu erwarten. Die Aushändigung der Pensionsordnung an jeden Arbeitnehmer ist möglich, jedoch ist der Aushang am „schwarzen Brett" des Unternehmens üblich. Derartige Erklärungen verpflichten den Arbeitgeber und begründen Anwartschaften und Ansprüche der begünstigten Arbeitnehmer.

Pensionszusage

Zusage des Arbeitgebers, eine betriebliche Altersversorgung (bAV) zu gewähren. Der Begriff wird häufig verwandt, wenn eine Direktzusage erteilt wird.

Personalakte

1. *Grundsätzliches:* Berichte über die Dienstleistungen oder Befähigungen der Arbeitnehmer in Personalakten sind so zu erstellen, dass sie unter Abwägung der beiderseitigen Interessen ein *objektives Bild* von der Person und den Leistungen des Arbeitnehmers ergeben.

Der Arbeitnehmer hat ein Recht auf *Einsichtnahme* in die Personalakte (§ 83 BetrVG).

Sind die zu der Personalakte genommenen Berichte nicht sachgemäß gefasst bzw. sind zu der Personalakte genommene Abmahnungen ungerechtfertigt, kann der Arbeitnehmer aufgrund der Fürsorgepflicht des Arbeitgebers *Berichtigung des Berichts* bzw. *Entfernung der Abmahnung* aus der Personalakte verlangen, ggf. auch über das Arbeitsgericht.

2. *Datenschutz:* Da Personalakten immer personenbezogene Daten enthalten, ist das Bundesdatenschutzgesetz (BDSG) zu beachten. Nach § 32 BDSG ist das Führen einer Personalakte nur zulässig, wenn es für die Durchführung des Arbeitsverhältnisses erforderlich ist. Dies gilt nicht nur für die elektronische Personalakte, sondern auch bei der Handakte. Dagegen gelten die Informations- und Korrekturrechte der §§ 33 ff. BDSG nur bei der elektronischen Personalakte.

Personalfragebogen

Einstellungsfragebogen; formularmäßig gefasste Zusammenstellung von durch den Bewerber auszufüllenden oder zu beantwortenden Fragen, die dem Arbeitgeber Aufschluss über die Person, Kenntnisse und Fertigkeiten des Befragten geben soll.

Personalfragebögen bedürfen der *Zustimmung des Betriebsrats* (§ 94 I BetrVG). Kommt eine Einigung über den Inhalt des Personalfragebogens nicht zustande, so entscheidet die Einigungsstelle, deren Spruch die Einigung zwischen Arbeitgeber und Betriebsrat ersetzt.

Personalfragebögen dürfen vom Arbeitnehmer bzw. Bewerber *persönliche Angaben* nur insoweit erfragen, als die Persönlichkeitssphäre des Arbeitnehmers dabei gewahrt bleibt; z.B. hat der Arbeitgeber das Recht, einen Bewerber nach Vorstrafen zu fragen, die für die Ausübung der Position von Bedeutung sind (Offenbarungspflicht).

Personalplanung

Nach § 92 BetrVG ist der Betriebsrat hinsichtlich der Personalplanung zu informieren und beratend zu beteiligen. Entsprechend dem Zweck der Vorschrift umfasst der Begriff der Personalplanung v.a. den *gegenwärtigen und künftigen Personalbedarf in quantitativer und qualitativer Hinsicht,* zudem die sich aus dem Personalbedarf ergebenden *personellen Maßnahmen.* Die Unterrichtung muss umfassend sein, soweit eine Planung bereits vorliegt. Das Stadium der Planung ist erreicht, wenn die Überlegungen über Personalbedarf und Personaldeckung so weit gediehen sind, dass man sie als

Vorgabe ansehen kann, nach der der Arbeitgeber in der betrieblichen Personalpolitik künftig verfahren will.

Nach § 92 II BetrVG kann der Betriebsrat, soweit eine Personalplanung noch nicht besteht, dem Arbeitgeber Vorschläge für ihre Einführung und Durchführung machen. Der Arbeitgeber ist nicht verpflichtet, den Vorschlägen zu folgen.

Personalrat

Anstelle des Betriebsrats in Betrieben und Verwaltungen des Bundes, der Länder, der Gemeinden und sonstigen Körperschaften und Anstalten des öffentlichen Rechts gewählte Personalvertretung der Bediensteten zur Wahrnehmung des Mitwirkungs- und Mitbestimmungsrechts.

Rechtsgrundlage: Bundespersonalvertretungsgesetz vom 15.3.1974 (BGBl. I 693) m.spät.Änd. nebst Wahlordnung i.d.F. vom 1.12.1994 (BGBl. I 3653) m.spät.Änd. und entsprechende Länderbestimmungen.

Personelle Angelegenheiten

Begriff aus dem Betriebsverfassungs- bzw. Personalvertretungsrecht. §§ 92 ff. BetrVG regeln die Beteiligung der betriebsverfassungsrechtlichen Organe der Arbeitnehmer (Betriebsrat) in den personellen Angelegenheiten (Betriebsverfassung). Die Beteiligung besteht einerseits in einer Mitwirkung oder Mitbestimmung bei der Personalplanung (§ 92 BetrVG), der Beschäftigungssicherung (§ 92 a BetrVG), der Ausschreibung von Arbeitsplätzen (§ 93 BetrVG), der Aufstellung von Personalfragebogen und Beurteilungsgrundsätzen (§ 94 BetrVG), der Aufstellung von Auswahlrichtlinien (§ 95 BetrVG) und der betrieblichen Berufsbildung (§§ 96 ff. BetrVG), andererseits erstreckt sie sich auf die personellen Einzelmaßnahmen der Einstellung, Versetzung, Eingruppierung und Umgruppierung (§§ 99 ff. BetrVG) und der Kündigung (§§ 102 ff. BetrVG). Mitbestimmungsrecht in personellen Einzelmaßnahmen besteht i.d.R. nur in Unternehmen mit mehr als 20 wahlberechtigten Arbeitnehmern, für das Recht auf Mitwirkung und Mitbestimmung des Betriebsrats z.B. bei Personalplanung oder Kündigung reicht es aus, dass ein Betriebsrat besteht.

Ein Initiativrecht zur Aufstellung von Auswahlrichtlinien hat der Betriebsrat nur in Betrieben mit mehr als 500 Arbeitnehmern (§ 95 II BetrVG).

Personelle Verflechtungen

1. Es bestehen drei *Varianten*:

(1) im Konzern: Vorstandsmitglieder der Konzernspitze als Aufsichtsräte
    oder Vorstände in der Untergesellschaft;

(2) im Konzern: Aufsichtsratsmitglieder der Konzernspitze im Aufsichts-
    rat der Untergesellschaft;

(3) Vorstandmitglieder eines Unternehmens als Aufsichtsratsmitglieder
    eines anderen Unternehmens.

Verboten: Aufsichtsratsmitglieder der Konzernspitze im Vorstand der
Untergesellschaft. Keine Aufsichtsratsmitgliedschaft entgegen dem Orga-
nisationsgefälle (§ 100 II 1 AktG).

Ziel: Durchsetzung und Absicherung der einheitlichen Leitung, bes. im faktischen Konzern.

2. *Personelle Verflechtungen als unternehmenspolitisches Instrument des Vor-
standes:* Wechselseitige Kooptation von Managern anderer Unternehmen
in den eigenen Aufsichtsrat.

Ziel: Beratung, Repräsentation und bes. Umweltstabilisierung (Reduktion
von Umweltungewissheit).

3. *Kritik:*

a) *Wettbewerbspolitik:* In der Wettbewerbstheorie und -politik gelten
   personelle Verflechtungen als potenzielle wettbewerbsbeschrän-
   kende Konzentrationsfaktoren wegen evtl. Förderung von oligopolisti-
   schen Preisabsprachen, Reziprok-Käufen, Marktabgrenzungen etc.

b) *Gesellschaftspolitik:* Gesellschaftspolitisch fragwürdig als herrschafts-
   garantierendes Netzwerk von Machteliten, die von wenigen Schalt-
   zentralen aus wesentliche Teile der Wirtschaft und Gesellschaft kont-
   rollieren können.

Personenbedingte Kündigung

Ordentliche Kündigung des Arbeitsverhältnisses, die aus Gründen, die in der Person des Arbeitnehmers liegen, sozial gerechtfertigt sein kann (§ 1 II KSchG). Gründe in der Person des Arbeitnehmers sind u.a. dauerhafte Unfähigkeit zur Arbeitsleistung, Krankheit oder mangelnde Eignung. Der erkrankte Arbeitnehmer genießt nicht allein wegen der Krankheit einen bes. Schutz.

Die Gründe in der Person müssen von einer *gewissen Erheblichkeit* sein. Nicht jedes Nachlassen der Kräfte ist geeignet, die Kündigung sozial zu rechtfertigen. Das Gesetz verlangt, dass die Interessen beider Partner des Arbeitsvertrages gegeneinander umfassend abgewogen werden.

Pflegezeitgesetz (PflegeZG)

Gesetz über die Pflegezeit (PflegeZG) vom 28.5.2008 (BGBl. I S. 896) m.spät.Änd.

1. *Zweck des Gesetzes:* Es soll die Bedingungen schaffen, dass Arbeitnehmer nahe Angehörige in häuslicher Umgebung pflegen können.

2. *Inhalt des Gesetzes:*

a) Es muss ein naher Angehöriger des Arbeitnehmers betroffen sein. Wer ein solcher naher Angehöriger ist, ist in § 7 III PflegeZG abschließend aufgeführt, z.B. Ehegatten, Lebenspartner, Eltern, Kinder etc.

b) Der nahe Angehörige muss pflegebedürftig sein. Das ist der Fall, wenn er wegen einer körperlichen, geistigen, seelischen Krankheit oder Behinderung für die gewöhnlichen Verrichtungen des Tages auf Dauer, mind. aber für sechs Monate in erheblichem oder höherem Maß der Hilfe bedarf. Diese Voraussetzung erfüllen u.a. alle diejenigen, bei denen Pflegestufe I festgestellt wurde.

c) Bei akut auftretenden Pflegesituationen darf der Arbeitnehmer *kurzzeitig, bis zu 10 Tagen,* von der Arbeit fernbleiben (§ 2 PflegeZG). Ob während dieser Zeit ein Entgeltsanspruch besteht, regelt das PflegeZG nicht; es liegt nahe, insoweit § 616 BGB anzuwenden.

d) Der Arbeitnehmer hat ferner das Recht, zur Pflege des Angehörigen in häuslicher Umgebung eine *Pflegezeit von bis zu sechs Monaten* in Anspruch zu nehmen (§ 3 PflegeZG). Er ist dann ganz oder teilweise freigestellt; der Entgeltanspruch verringert sich entsprechend. Dieser Anspruch besteht allerdings nur dann, wenn der Arbeitgeber mehr als 15 Arbeitnehmer beschäftigt.

e) Während des kurzzeitigen Fernbleibens oder der Pflegezeit genießt der Arbeitnehmer *Sonderkündigungsschutz* (§ 5 PflegeZG).

Pflichtplatz

Mit schwerbehinderten Menschen zu besetzender Arbeitsplatz. Auf einem bestimmten Prozentsatz der Arbeitsplätze, regelmäßig fünf Prozent bei mind. 20 Arbeitsplätzen, haben die Arbeitgeber schwerbehinderte Menschen zu beschäftigen (§ 71 SGB IX). Bei Berechnung der Zahl der Pflichtplätze für schwerbehinderte Menschen sich ergebende Bruchteile von 0,5 und mehr werden aufgerundet, bei Arbeitgebern mit bis zu 59 Arbeitsplätzen abgerundet. Ausbildungsplätze werden bei der Berechnung der Mindestzahl der Arbeitsplätze und der Zahl der Pflichtplätze nicht mitgezählt (§ 74 SGB IX).

Pflichtquote

Quote, die festlegt, in welchem Umfang Arbeitgeber schwerbehinderte Menschen zu beschäftigen haben (§ 71 II SGB IX).

Politischer Streik

Streik mit dem Ziel, politische Organe (z.B. den Bundestag) zu bestimmten Maßnahmen zu zwingen. Politische Streiks sind unzulässig.

Praktikant

1. *Begriff:* Arbeitnehmer, der sich einer bestimmten Tätigkeit und Ausbildung in einem Betrieb unterzieht, die Teil oder Vorstufe einer anderweit zu absolvierenden Ausbildung (z.B. Hochschulstudium) ist. *Anders:* Volontär (mehr allg. praktische Orientierung im Betrieb).

2. Die *Anstellungsverträge* der Praktikanten können verschieden ausgestaltet sein: Es kann ein Arbeitsverhältnis (Arbeitsvertrag) vereinbart sein. Ist dies nicht der Fall, weil Ausbildungszwecke im Vordergrund stehen, sind gemäß § 19 BBiG mit einigen Ausnahmen die Vorschriften des Berufsbildungsgesetzes (Auszubildender) anzuwenden; nach § 10 BBiG ist dann eine angemessene Vergütung zu zahlen.

3. *Versicherungspflicht/-schutz:* Übt ein Praktikant die Tätigkeit gegen Entgelt und aufgrund der Vorschriften der Ausbildungs- oder Prüfungsordnung aus, so ist er gemäß § 5 I Nr. 1, 10 SGB V und § 20 I Satz 2 Nr. 10 SGB XI versicherungspflichtig. Wird das Praktikum während des Studiums als ordentlicher Studierender zurückgelegt, besteht Versicherungsfreiheit (§ 6 I Nr. 3 SGB V, § 5 I Nr. 3 SGB VI, § 27 IV SGB III). Grundsätzlich genießt ein Praktikant Unfallversicherungsschutz.

Probearbeitsverhältnis

1. *Begriff:* Einstellung eines Arbeitnehmers auf Probe, mit der festgestellt werden soll, ob er sich für die ihm zu übertragenden Arbeiten eignet, und ob er mit den Arbeitsbedingungen einverstanden ist. Ein Probearbeitsverhältnis ist eindeutig als solches zu vereinbaren.

2. *Arten:*

a) Das Probearbeitsverhältnis kann ein *befristeterArbeitsvertrag* sein, das mit Ablauf der vereinbarten Zeit endet, wenn die Parteien nicht vorher die Fortsetzung des Arbeitsverhältnisses vereinbaren. Die Dauer des befristeten Probearbeitsverhältnisses darf nicht unangemessen lang (i.d.R. nicht länger als sechs Monate) sein.

b) Vereinbarung einer *Probezeit* in einem auf unbestimmte Zeit abgeschlossenen Arbeitsverhältnis (in der Praxis am häufigsten). Während einer vereinbarten Probezeit, längstens für die Dauer von sechs Monaten, kann das Arbeitsverhältnis mit einer Frist von zwei Wochen gekündigt werden (§ 622 V BGB).

c) Vereinbarung, dass eine *Probezeit als Mindestvertragszeit* gelten soll. Diese Vertragsgestaltung ist selten und muss deshalb eindeutig vereinbart sein. Ist die Probezeit Mindestvertragszeit, ist eine ordentliche Kündigung während der Probezeit ausgeschlossen.

3. Das *Berufsausbildungsverhältnis* kann während der Probezeit des Berufsausbildungsverhältnisses jederzeit ohne Einhalten einer Kündigungsfrist gekündigt werden (§ 15 I BBiG).

4. Eine nachträgliche Verlängerung der Probezeit ist nur in Ausnahmefällen möglich.

Probezeit

Die für ein Probearbeitsverhältnis vorgesehene Zeitspanne, die es den Vertragspartnern ermöglicht, Eignung und Leistungen des Arbeitnehmers, die Arbeitsbedingungen etc. zu prüfen. Die Dauer der Probezeit muss sich aus der Vereinbarung ergeben. In Tarifverträgen wird die Probezeit oft auf drei Monate begrenzt. Die Höchstgrenze dürfte sonst sechs Monate betragen (vgl. die Wertung des § 1 I KSchG); Ausnahmen bei bes. verantwortungsvoller Tätigkeit.

Bei *Berufsausbildungsverhältnissen* gesetzlich befristet auf mind. einen Monat, höchstens drei Monate (§ 13 BBiG). Die Probezeit ist abzugrenzen von der Wartezeit nach § 1 I KSchG. Während es bei der Probezeit um eine *verkürzte Kündigungsfrist* geht, ist die Wartezeit maßgeblich für die *Anwendung des Kündigungsschutzgesetzes*.

Provision

Die Provision gehört i.Allg. nicht zu den mit Akkord- und Prämienlohn vergleichbaren leistungsbezogenen Entgelten, hinsichtlich deren Festsetzung einschließlich der Geldfaktoren der Betriebsrat nach § 87 I Nr. 11 BetrVG bei Fehlen einer tariflichen Regelung ein erzwingbares Mitbestimmungsrecht in sozialen Angelegenheiten hat. Das Mitbestimmungsrecht richtet sich nach § 87 I Nr. 10 BetrVG, bezieht sich also nicht auf den Euro-Wert je Provision, wohl aber auf die konkrete *Ausgestaltung des jeweiligen Provisionssystems* (betriebliche Lohngestaltung).

Publizität

Unterrichtung der Öffentlichkeit über das Betriebsgeschehen, die Lage und Erfolge einer Unternehmung sowie über die Ursachen ihrer geschäftlichen Entwicklung. Publizität liegt grundsätzlich im Interesse des Betriebes, soweit sie seinen sog. Goodwill stärkt und den Kapitalmarkt für eventuelle Wertpapieremissionen aufgeschlossen machen soll.

Rauchen am Arbeitsplatz

Es war umstritten, ob ein Anspruch des Arbeitnehmers gegen den Arbeitgeber besteht, vor Passivrauchen am Arbeitsplatz geschützt zu werden. Inzwischen enthält § 5 ArbStättV eine solche Verpflichtung des Arbeitgebers und einen damit korrespondierenden Anspruch des Arbeitnehmers. Danach muss der Arbeitgeber die erforderlichen Maßnahmen treffen, um die nichtrauchenden Arbeitnehmer vor den Gesundheitsgefahren durch Tabakrauch zu schützen. Der Arbeitgeber hat ein *Auswahlermessen* hinsichtlich der Schutzmaßnahmen. In Betracht kommen lüftungstechnische Mittel, die Trennung von rauchenden und nichtrauchenden Arbeitnehmern oder ein betriebliches Rauchverbot. Ausnahmen gelten in Arbeitsstätten mit Publikumsverkehr (§ 5 II ArbStättV). Ergänzend sind die landesrechtlichen Nichtraucherschutzgesetze über Rauchverbote im öffentlich zugänglichen Bereich zu beachten.

Der Arbeitgeber hat aber auch den rauchenden Arbeitnehmern in gewissem Umfang auf dem Betriebsgelände Möglichkeiten zum Rauchen zur Verfügung zu stellen. Dies lässt sich aus Art. 2 I GG (allgemeine Handlungsfreiheit) ableiten. Es besteht aber kein Anspruch auf bezahlte Rauchpausen. *Mitbestimmungsrecht* des Betriebsrats nach § 87 I Nr. 1 BetrVG.

Recht auf Arbeit

Grundsatz, wonach der Staat verpflichtet ist, das Recht des Arbeitnehmers zu schützen, seinen Lebensunterhalt durch frei übernommene Arbeit zu verdienen. Enthalten in Teil II Art. 1 Nr. 2 Europäische Sozialcharta. Im Grundgesetz nicht verankert. Ein Recht auf Arbeit im Sinn eines Anspruchs auf Begründung eines Arbeitsverhältnisses wird in den liberalen Verfassungstradition nicht anerkannt, wohl aber gibt es ein Recht auf Arbeit in einigen Landesverfassungen (z.B. Art. 28 Nr. 2 der Verfassung des Landes Hessen) als sozialstaatlichen Programmsatz, der Gesetzgeber und Regierung auffordert, alles Notwendige zu tun, um jedem Arbeitswilligen einen Arbeitsplatz zu verschaffen.

Rechtsmittelbelehrung

Die einer behördlichen oder gerichtlichen Entscheidung beigefügte Belehrung über Art, Form und Frist etwa gegebener Rechtsmittel. Z.T. *vorgeschrieben* im Strafrecht (§ 35 a StPO), im Steuerrecht und im Verwaltungsverfahren. Im verwaltungsgerichtlichen Verfahren beginnt die Frist für ein Rechtsmittel oder einen anderen Rechtsbehelf nur zu laufen, wenn der Beteiligte

1) über das Rechtsmittel oder den Rechtsbehelf selbst,

2) über die Verwaltungsbehörde oder das Gericht, bei denen der Rechtsbehelf anzubringen ist,

3) den Sitz der Behörde oder des Gerichts und

4) die einzuhaltende Frist schriftlich oder elektronisch belehrt worden ist (§ 58 I VwGO).

Im Arbeitsrecht in § 9 V ArbGG geregelt; für das arbeitsgerichtliche Verfahren gilt die Besonderheit, dass alle mit einem befristeten Rechtsmittel (z.B. Berufung, Revision) anfechtbaren Entscheidungen der Arbeitsgerichte eine Rechtsmittelbelehrung enthalten müssen; bei Unterbleiben der Belehrung gilt eine Jahresfrist.

Ab dem 1.1.2014 auch vorgeschrieben im Zivilprozessrecht und auf dem Gebiet der freiwilligen Gerichtsbarkeit, vgl. § 232 ZPO n.F.; siehe Rechtsbehelfsbelehrung. *Unterlassene* oder *unrichtige* Rechtsmittelbelehrung hat ggf. zur Folge, dass die Rechtsmittelfrist nicht zu laufen beginnt, § 237 AO, § 55 FGO, § 58 VwGO, § 9 V ArbGG, § 66 SGG.

Redaktionsstatut

Organe der Mitsprache und Mitbestimmung vorsehende bes. Vereinbarung in Presse- und Medienunternehmen. Redaktionsstatute sollen der inneren Pressefreiheit dienen, v.a. der Absicherung der Stellung der Redakteure gegenüber dem Verleger, sowie der „Demokratisierung" der Massenmedien. Zulässigkeit und rechtliche Ausgestaltung der Redaktionsstatute ist umstritten, v.a. auch das Verhältnis zum Betriebsrat, der in Tendenzbetrieben nur eingeschränkt Mitbestimmungsrechte (§ 118 I BetrVG) hat.

Referenzperiodensystem

Vorverdienstprinzip, Bezugsmethode; in Gesetzen vorgesehenes Prinzip zur Berechnung des Arbeitsentgelts, wenn ein Arbeitgeber, ohne dass der Arbeitnehmer die Arbeitsleistung erbringt, das Arbeitsentgelt fortzuzahlen hat. Bei dem Referenzmethodensystem wird zur Berechnung auf eine vorhergehende Lohnperiode (i.d.R. drei Monate) Bezug genommen und für diese der durchschnittliche Verdienst ermittelt, der zu zahlen ist (vgl. z.B. § 11 BUrlG).

Regelungsabrede

1. *Begriff:* formlose Vereinbarung zwischen Arbeitgeber und Betriebsrat in betrieblichen Angelegenheiten, die einer Einigung zwischen den Betriebspartnern bedürfen.

2. *Abgrenzung zur Betriebsvereinbarung:*

a) Aufgrund der Regelungsabrede entstehen dem einzelnen Arbeitnehmer noch keine unmittelbaren Rechte und Pflichten, es bedarf noch der Umsetzung der Regelungsabrede in das Arbeitsverhältnis mit anderen rechtlichen Mitteln.

b) Die Regelungsabrede legitimiert und verpflichtet aber den Arbeitgeber gegenüber dem Betriebsrat und umgekehrt.

Revision

§§ 72 ff. ArbGG: Rechtsmittel gegen Urteile der Landesarbeitsgerichte (oder unter bestimmten Voraussetzungen als Sprungrevision gegen Endurteile der Arbeitsgerichte).

1. *Zulässig:*

(1) wenn das Landesarbeitsgericht die Revision aus einem der in § 72 II ArbGG aufgeführten Gründe im Urteil zugelassen hat;

(2) wenn das Bundesarbeitsgericht die Revision auf eine Nichtzulassungsbeschwerde hin in dem Beschluss nach § 72a V 2 ArbGG zugelassen hat (§ 72 I ArbGG).

2. Die *Revisionsfrist* beträgt einen Monat und die *Revisionsbegründungsfrist* zwei Monate ab Zustellung des Urteils, spätestens fünf Monate ab Verkündung.

3. Die Revision kann nur darauf *gestützt* werden, dass das Urteil des Landesarbeitsgerichts auf der Verletzung einer Rechtsnorm beruht.

4. Vertretung durch *Rechtsanwalt* erforderlich (§ 11 II ArbGG).

Rückzahlungsklausel

Klausel, die für den Fall der Beendigung des Arbeitsverhältnisses innerhalb einer bestimmten Frist (= Bindungsdauer) die Rückerstattung von Leistungen vorsieht. Häufig sind freiwillige Sozialleistungen (z.B. Gratifikationen, Umzugskosten, Ausbildungskosten) mit Rückzahlungsklauseln versehen. Damit wird das Grundrecht der Arbeitnehmer auf freie Wahl des Arbeitsplatzes nach Art. 12 GG (Arbeitsplatzwechsel) berührt.

Zulässig: Rückzahlungsklauseln sind nur zulässig, wenn der Arbeitgeber eine Leistung erbringt, die durch die bisherige Arbeitsleistung des Arbeitnehmers noch nicht verdient, sondern auch mit Rücksicht auf die zukünftige Beschäftigung erbracht wird. Rückzahlungsklauseln sind grundsätzlich zulässig bei Ausbildungsbeihilfen und Erstattung von Umzugskosten, stark eingeengt bei Gratifikationen.

Generell ist zu berücksichtigen: Die Bindungsdauer darf den Arbeitnehmer nicht unangemessen benachteiligen, sonst verstößt die (vorformulierte) Rückzahlungsklausel gegen § 307 BGB und ist insgesamt unwirksam. Problematisch kann es auch sein, wenn die betreffende Klausel nicht nach der Art des Beendigungsgrundes differenziert. So ist es in aller Regel nicht gerechtfertigt, dem Arbeitnehmer, dessen Arbeitsverhältnis vom Arbeitgeber betriebsbedingt gekündigt wurde, auch noch zur Rückzahlung von Ausbildungskosten zu verpflichten.

Sachbezüge

Leistungen, die einem Arbeitnehmer vom Arbeitgeber als Teil des Arbeitsentgelts zugewendet werden, einen Geldwert besitzen, aber nicht in Bar-
mitteln bestehen, z.b. Gewährung von freier Kleidung, freier Wohnung,
Heizung, Beleuchtung, Kost von Deputaten und sonstigen Bezügen. Sie
können vereinbart werden, wenn dies dem Interesse des Arbeitnehmers
oder der Eigenart des Arbeitsverhältnisses entspricht (§ 107 II GewO).

1. Sachbezüge gehören zu den *einkommen-* bzw. *lohnsteuerpflichtigen* Einkünften (§ 2 LStDV) und sind bei der Berechnung der *Sozialversicherungsbeiträge* zu berücksichtigen (vgl. dazu die Sozialversicherungsentgelt-Ver-
ordnung vom 21.12.2006 (BGBl. I 3385) m.spät.Änd.).

2. Bei der *Bewertung* der Sachbezüge sind die üblichen Endpreise am
Abgabeort zugrunde zu legen, nicht der vom Arbeitgeber aufgewendete
Preis. Zur Vereinfachung und Vereinheitlichung, sowohl regional als auch
für die verschiedenen Rechtsgebiete (Steuer- und Sozialversicherungsrecht), sind bei Arbeitnehmern, für deren Sachbezüge nach § 17 I Nr. 4
SGB IV Werte bestimmt sind, diese Werte auch für die steuerrechtliche
Bewertung maßgebend (§ 8 II 2 EStG). In der Sachbezugsverordnung sind
u.a. auch Werte für freie und verbilligte Kost und Wohnung festgesetzt;
der Wert der Sachbezüge gilt dabei jeweils für einen Monat, für kürzere
Zeiträume sind Bruchteile festgelegt. Die in der Sachbezugsverordnung
angegebenen Werte sind dann nicht anwendbar, wenn ihre Anwendung
zu einer offensichtlich unzutreffenden Besteuerung führt. Diese kann z.B.
angenommen werden, wenn als Dienstwohnung ein aufwendiges Einfami-
lienhaus zur Verfügung gestellt wird, wobei der reale Wert der Dienstwohnung ein Mehrfaches des Sachbezugswerts beträgt.

Seit 2007 werden grundsätzliche Sachzuwendungen an Dritte und an
Arbeitnehmer pauschal mit 30 Prozent (der Aufwendungen mit Umsatz-
steuer zzgl. Kirchensteuer und Solidaritätszuschlag) besteuert (§ 37b I
EStG, JStG 2007). Bezahlt der Schenker die pauschale Einkommensteuer,
muss der Empfänger das Geschenk nicht verteuern (§ 40 III EStG). Mit
aktuellem Schreiben vom 29.4.2008 (IV B 2 – S 2297-b/07/0001) hat

das BMF Stellung hierzu genommen. Demnach kann die Pauschalierung grundsätzlich nur einheitlich für alle innerhalb des Wirtschaftsjahres gewährten Sachbezüge in Anspruch genommen werden. Es sieht jedoch vor, dass für Zuwendungen an Geschäftsfreunde und an eigene Arbeitnehmer die Pauschalierung nach § 37b EStG jeweils gesondert angewendet werden kann. Darüber hinaus wird klargestellt, dass sich die Abziehbarkeit der Pauschalsteuer als Betriebsausgabe danach richtet, ob die Aufwendungen für die Zuwendung als Betriebsausgabe abziehbar sind.

Saisonbetrieb

1. *Begriff:* Betrieb, dessen Produktions- oder Absatzprogramm während eines bestimmten Zeitraums größeren, regelmäßig wiederkehrenden Schwankungen, ursächlich im Zusammenhang mit Jahreszeit oder Verbrauchsgewohnheiten, unterliegt, z.B. Eisdielen, Badeanstalten, Pensionen in Kur- und Fremdenverkehrsorten.

2. *Arbeitsrecht:* Es bestehen arbeitsrechtliche Ausnahmebestimmungen.

a) *Anzeigepflicht bei Entlassungen:* §§ 17–21 KSchG (Regelung anzeigepflichtiger Entlassungen) finden auf Saisonbetrieben im Fall von in der Eigenart dieser Betriebe bedingte Entlassungen keine Anwendung, § 22 KSchG. Keine Saisonbetriebe in diesem Sinn sind Betriebe des Baugewerbes, deren ganzjährige Beschäftigung gemäß SGB III gefördert wird (Wintergeld und Winterausfallgeld).

b) *Arbeitszeit:* Für Saisonbetrieb kann die Aufsichtsbehörde (i.d.R. Gewerbeaufsichtsamt, Amt für Arbeitsschutz) längere tägliche Arbeitszeiten bewilligen, wenn die Verlängerung der Arbeitszeit über acht Stunden werktäglich durch eine entsprechende Verkürzung der Arbeitszeit zu anderen Zeiten ausgeglichen wird (§ 15 Abs. 1 Nr. 2 ArbZG).

c) Befristung: Diese sind erleichtert möglich. Denn die Befristung eines Arbeitsverhältnisses nur für die Saison ist regelmäßig sachlich gerechtfertigt.

Scheinselbstständigkeit

Scheinselbstständigkeit betrifft Erwerbstätige, die wie abhängig Beschäftigte arbeiten und arbeitsrechtlich wie abhängig Beschäftigte verpflichtet sind (z.B. weisungsgebunden, nur einem Arbeitgeber verpflichtet), die jedoch vertraglich unzutreffend als Selbstständige behandelt werden.

Schiedsspruch

Schiedsspruch nach Scheitern der Verhandlungen zum Abschluss eines Tarifvertrags und zur Vermeidung eines Arbeitskampfs.

Schlechtleistung

1. *Begriff:* Fall der Leistungsstörungen und Pflichtverletzung, bei dem der Schuldner die fällige Leistung nicht wie geschuldet erbringt (z.B. unsachgemäße Unternehmensberatung, unzureichende Verpackung führt zur Beschädigung der verkauften Ware, Mängel beim Kauf- oder Werkvertrag). Das Verschulden des Schuldner wird vermutet (§ 280 I 2 BGB).

2. *Rechtsfolgen:*

a) (einfacher) Schadenersatz bei verschuldeter Schlechtleistung (§ 280 I 1 BGB).

b) Schadenersatz statt der Leistung bei verschuldeter erheblicher Schlechtleistung (§ 281 I BGB), wenn die Leistung abgelehnt werden darf (Ablehnung).

c) Anstelle des Schadensersatzes statt der Leistung kann Aufwendungsersatz verlangt werden (§ 284 BGB).

3. *Besonderheiten im Arbeitsrecht*: Im Arbeitsrecht gilt zugunsten der Arbeitnehmer ein abweichender Haftungsmaßstab. Er haftet grundsätzlich nur bei Vorsatz und grober Fahrlässigkeit in vollem Umfang. Auch eine Reduzierung des Arbeitsentgelts ist bei Schlechtleistung nicht möglich. Grund: Der Arbeitsvertrag ist Dienstvertrag, daher schuldet der Arbeitnehmer nur die Arbeitsleistung und nicht den Arbeitserfolg. Das Dienstvertragsrecht kennt keine Minderung der Gegenleistung. Schließlich ist

auch eine Kündigung des Arbeitsverhältnisses wegen Schlechtleistung nur unter besonderen Umständen zulässig.

Schlichtung

1. *Begriff:* Verfahren zur Beilegung von arbeitsrechtlichen Gesamtstreitigkeiten (Schaffung neuer oder Ergänzung bestehender Tarifverträge). Die Schlichtung kann auch dazu dienen, einen bereits begonnenen Arbeitskampf beizulegen.

2. *Rechtliche Regelungen:* Nach geltendem Arbeitsrecht gibt es keine staatliche Zwangsschlichtung. Schlichtung wird vielfach in Tarifverträgen vereinbart, um Arbeitskämpfe zu vermeiden.

Schmiergelder

Geldbeträge, die vom Geber aufgewendet werden, um den zur Wahrnehmung der Interessen einer anderen Person verpflichteten Empfänger zu einem bestimmten Verhalten zu veranlassen oder sich ihm erkenntlich zu zeigen, und deren Hingabe nach den Anschauungen der beteiligten Kreise ein unlauteres Verhalten darstellt.

Nicht als Schmiergelder gelten harmlose Geschenke, übliche Trinkgelder oder die Annahme von Einladungen in angemessenem Rahmen.

Die Pflicht, keine Schmiergelder anzunehmen oder zu zahlen, ist eine sich aus dem Arbeitsvertrag ergebende Nebenpflicht (Treuepflicht des Arbeitnehmers). Schmiergelder sind nach § 687 II BGB an den Arbeitgeber herauszugeben.

Nach den Umständen des Einzelfalls ist bei Annahme oder Zahlung von Schmiergeld *außerordentliche Kündigung* gerechtfertigt. Häufig wird das Verbot, Schmiergelder anzunehmen oder zu zahlen, in Ethikrichtlinien, neudeutsch auch: Compliance, präzisiert. Auch in Arbeitsverträgen finden sich vermehrt konkrete Regelungen zum Verbot von Schmiergeldern.

Schulungs- und Bildungsveranstaltung

Veranstaltung, die erforderliche Kenntnisse für die Betriebsrats- oder Personalratsarbeit vermittelt (§ 37 VI BetrVG, 46 BPersVG). Der Betriebsrat kann durch Beschluss Betriebsratsmitglieder in angemessenem Umfang zu solchen Veranstaltungen entsenden. Kriterium dafür ist, dass die vermittelten Kenntnisse zur Wahrnehmung der Aufgaben als Betriebsrat unerlässlich oder erforderlich sind. In dem Fall hat der Arbeitgeber die Schulungskosten und den Entgeltausfall zu erstatten. Gewerkschaftliche Schulungen über allg. gewerkschaftliche Themen, kirchliche, kulturelle, staatsbürgerliche oder parteipolitische Veranstaltungen lösen keinen Befreiungsanspruch des Betriebsratsmitglieds und keine Erstattungspflichten des Arbeitgebers aus. Streitigkeiten zwischen Arbeitgeber und Betriebsrat über die Erforderlichkeit von Schulungsveranstaltungen werden häufig im Wege der einstweiligen Verfügung ausgetragen.

Schwarzes Brett

Anschlagtafel innerhalb der Betriebsräume an allg. sichtbarer Stelle zur Bekanntmachung von Mitteilungen an alle Betriebsangehörigen. Jeder Anschlag am Schwarzen Brett ist von einem dafür Verantwortlichen zu genehmigen, um wildes Plakatieren zu unterbinden und dafür zu sorgen, dass die Anschläge nach der vorgesehenen Aushängefrist wieder entfernt werden.

Schweigepflicht

1. *Schweigepflicht des Arbeitnehmers:* Nebenpflicht aus dem Arbeitsvertrag (Treuepflicht des Arbeitnehmers). V.a. besteht die Pflicht, Betriebs- und Geschäftsgeheimnisse zu wahren. Verstoß gegen die Schweigepflicht kann zur außerordentlichen Kündigung berechtigen sowie strafbar sein.

Nach den Umständen des Einzelfalles kann ausnahmsweise auch eine *Schweigepflicht über das Ende des Arbeitsverhältnisses hinaus* bestehen. Allerdings kann die Schweigepflicht im Arbeitsvertrag entsprechend erweitert werden, was in der Praxis auch regelmäßig geschieht.

2. Schweigepflicht ergibt sich unter bestimmten Voraussetzungen auch für Mitglieder des *Betriebsrates* (§ 79 BetrVG) und des *Aufsichtsrates* (§ 93 I S. 3 i.V. mit § 116 AktG).

3. Schweigepflicht besteht auch für die *Bediensteten des öffentlichen Dienstes* für die ihnen aus dienstlicher Tätigkeit bekannten Vorgänge (z.B. Steuergeheimnis, Postgeheimnis) sowie für *Abschlussprüfer, Wirtschaftsprüfer (WP), Rechtsanwälte* und zahlreiche andere Personen.

Schwerbehindertenrecht

I. *Allgemein:*

Das Schwerbehindertenrecht ist mit Wirkung vom 1.7.2001 geregelt in Teil 2 des Sozialgesetzbuch Neuntes Buch (SGB IX) – Rehabilitation und Teilhabe behinderter Menschen – vom 19.6.2001 (BGBl. I 1046) und enthält bes. Vorschriften zur Teilhabe schwerbehinderter Menschen in den §§ 68 ff. SGB IX (geschützter Personenkreis, Beschäftigungspflicht öffentlicher und privater Arbeitgeber, Kündigungsschutz, Schwerbehindertenvertretung, unentgeltliche Beförderung im öffentlichen Nahverkehr).

Vorgeschrieben ist eine Schwerbehindertenvertretung für Betriebe und Dienststellen, die dauernd mehr als fünf schwerbehinderte Menschen oder diesen gleichgestellte Menschen beschäftigen. Die Amtsdauer beträgt vier Jahre. Die zur Vertretung Schwerbehinderter gewählte Person ist die sog. Vertrauensperson (§ 96 SGB IX), die ihr Amt unentgeltlich als Ehrenamt ausführt. Der Arbeitgeber bestellt ebenfalls einen Beauftragten, der ihn in Angelegenheiten schwerbehinderter Menschen vertritt und v.a. darauf achtet, dass die dem Arbeitgeber obliegenden Verpflichtungen erfüllt werden (§ 98 SGB IX). Die Arbeitgeber haben mit der Schwerbehindertenvertretung und dem Beauftragten der Arbeitgeber eine Integrationsvereinbarung (§ 83 SGB IX) zur Regelung der Eingliederung Schwerbehinderter in den Betrieben und Dienststellen zu treffen, die verbindlich ist. Die Durchführung der Teilhabe Schwerbehinderter am Arbeitsleben ist daneben Aufgabe der Bundesagentur für Arbeit und des Integrationsamtes, der früheren Hauptfürsorgestelle (§§ 101, 102 SGB IX).

II. *Beschäftigungspflicht von schwerbehinderten Menschen:*

1. Jeder Arbeitgeber mit 20 oder mehr *Arbeitsplätzen* ist verpflichtet, 5 Prozent der Arbeitsplätze mit schwerbehinderten Menschen oder Gleichgestellten zu besetzen (Pflichtquote). Für Arbeitgeber mit bis zu 59 Arbeitnehmern ist dieser Anteil geringer (§ 71 SGB IX). Die Beschäftigungspflicht ist lediglich eine *öffentlich-rechtliche Pflicht;* sie gibt dem einzelnen schwerbehinderten Menschen keinen Anspruch auf Beschäftigung bei einem bestimmten Arbeitgeber.

2. Solange der Arbeitgeber die vorgeschriebene Zahl Schwerbehinderter nicht beschäftigt, hat er für jeden unbesetzten Pflichtplatz monatlich eine *Ausgleichsabgabe* an das Integrationsamt zu entrichten. Die Ausgleichsabgabe beträgt unterschiedlich zwischen 105 und 260 Euro monatlich je unbesetztem Pflichtarbeitsplatzes (§ 77 SGB IX).

III. *Kündigungsschutz:*

1. *Ordentliche Kündigung:* Die Kündigung ist grundsätzlich nur mit Zustimmung des Integrationsamtes (§ 85 SGB IX) möglich. Die Zustimmung muss vor Ausspruch der Kündigung vorliegen. Die *Kündigungsfrist* beträgt mind. vier Wochen. Der bes. Kündigungsschutz Schwerbehinderter setzt wie der allg. Kündigungsschutz erst nach einer *Beschäftigungsdauer von sechs Monaten* ein, unabhängig von der für die einzelnen schwerbehinderten Menschen geltenden Probezeit (§ 90 SGB IX).

2. *Außerordentliche Kündigung:* Die vorherige Zustimmung des Integrationsamtes muss ebenfalls eingeholt werden, die die Zustimmung dann erteilen soll, wenn die Kündigung aus einem Grund erfolgt, der nicht im Zusammenhang mit der Behinderung steht.

3. Es besteht eine *doppelte Zuständigkeit der Gerichte:* Die Verwaltungsgerichte entscheiden über die Wirksamkeit der Zustimmung des Integrationsamtes, die Arbeitsgerichte über die Wirksamkeit der Kündigung.

IV. *Zusatzurlaub:*

Nach § 125 SGB IX haben schwerbehinderte Menschen einen Anspruch auf einen bezahlten zusätzlichen Urlaub von fünf Arbeitstagen im Jahr. Bei mehr bzw. weniger als fünf Arbeitstagen pro Woche verlängert bzw. vermindert sich der Zusatzurlaub entsprechend.

V. *Vertrauensperson der schwerbehinderten Menschen:*

In Betrieben und Dienststellen, in denen wenigstens fünf schwerbehinderte Menschen nicht nur vorübergehend beschäftigt sind, werden eine Vertrauensperson und wenigstens ein Stellvertreter gewählt, der die Vertrauensperson im Fall der Verhinderung vertritt. Die Vertrauensperson der schwerbehinderten Menschen hat die gleiche persönliche Rechtsstellung wie ein Betriebs- oder Personalratsmitglied. Sie übt aber nicht die Mitwirkungs- und Mitbestimmungsrechte für die schwerbehinderten Menschen aus, sondern der Betriebsrat oder Personalrat.

VI. *Durchführung:*

Das SGB IX wird, soweit die Verpflichtung aus dem Gesetz nicht durch freie Entschließung des Arbeitgebers erfüllt wird, von den Integrationsämtern und der Bundesagentur für Arbeit in enger Zusammenarbeit durchgeführt (§§ 101 ff. SGB IX). Der Bundesagentur obliegt neben der Berufsberatung und der Arbeitsvermittlung Schwerbehinderter v.a. die Gleichstellung und die Überwachung der Erfüllung der Beschäftigungspflicht, des Integrationsamtes die Erhebung der Ausgleichsabgabe, der Kündigungsschutz und die nachgehende Hilfe im Arbeitsleben, u.a. auch die Durchführung von bes. Schulungs- und Bildungsveranstaltungen. Beim Integrationsamt und der Regionaldirektion der Bundesagentur für Arbeit sind Widerspruchsausschüsse gebildet, die über Widersprüche entscheiden.

Schwerpunktstreik

Streik, der einzelne Abteilungen eines Betriebes erfasst, i.d.R. solche, die die Arbeitsfähigkeit des ganzen Betriebs entscheidend beeinflussen. Bei Schwerpunktstreik in größerem Rahmen, auf Verbandsebene, werden Betriebe in Schlüsselpositionen (z.B. Zulieferbetrieb für elektronische Teile in der Automobilbranche) bestreikt. Die Arbeitgeberseite kann mit Abwehraussperrungen reagieren (Aussperrung).

Sexuelle Belästigung

Sexuell bestimmtes Verhalten, das die Würde dessen verletzt, dem gegenüber es ausgeübt wird. Im Arbeitsrecht galt zum Schutz der Beschäftigten vor sexueller Belästigung am Arbeitsplatz das Beschäftigtenschutzgesetz vom 24.6.1994 (BGBl. I 1406, 1412). Seit dem 18.8.2006 ist der Schutz vor sexueller Belästigung im AGG geregelt.

Solidaritätsbeitrag

Ausgleich, den nicht organisierte Arbeitnehmer anstelle des ersparten Gewerkschaftsbeitrags zu den Kosten gewerkschaftlicher Arbeit zu leisten haben. In Tarifverträgen vorgesehene Regelung; nach überwiegender Auffassung ist eine solche Regelung nicht von der Tarifautonomie gedeckt und damit unzulässig.

Sonntagsarbeit

Arbeit an Sonntagen und gesetzlichen Feiertagen. Die Beschäftigung von Arbeitnehmern an Sonn- und gesetzlichen Feiertagen von 0 bis 24 Uhr ist verboten (§ 9 I ArbZG). Allerdings sieht das ArbZG in §§ 10 ff. eine Reihe von Ausnahmeregelungen vor. Ist eine Ausnahmeregelung einschlägig, darf also an einem Sonntag gearbeitet werden, ist damit aber noch nicht gesagt, dass der Arbeitnehmer zur Sonntagsarbeit verpflichtet ist. Das richtet sich nach dem Arbeitsvertrag. Bei der Anordnung von Sonntagsarbeit ist die Mitbestimmung des Betriebsrats zu beachten.

Sorgfaltspflicht

Vielfach aufgrund Gesetz oder Rechtsgeschäft bestehende Verpflichtung zur Wahrung der Interessen anderer.

Sorgfaltspflicht des Arbeitgebers: Diese umfasst alle Vorkehrungen zum Schutze von Leben und Gesundheit seiner Arbeitnehmer, bei der Regelung seines Geschäftsbetriebs, z.B. Instandhaltung der Geschäftsräume und Unfallverhütung.

Sozialbilanz

Freiwillige Form einer systematischen und regelmäßigen Berichterstattung, die dazu dient, Informationen über die gesellschaftlich positiven und/oder negativen Auswirkungen von Unternehmensaktivitäten zu veröffentlichen.

Soziale Angelegenheiten

Begriff des Betriebsverfassungs- bzw. Personalvertretungsrechts. Der Betriebsrat hat, soweit eine gesetzliche oder tarifliche Regelung nicht besteht (Tarifvorrang), in sozialen Angelegenheiten ein erzwingbares Mitbestimmungsrecht; u.a. bei den Fragen der Ordnung des Betriebs und des Verhaltens der Arbeitnehmer im Betrieb, bei Festlegung der Lage der Arbeitszeit, bei vorübergehender Verkürzung oder Verlängerung der betriebsüblichen Arbeitszeit und v.a. auch bei Fragen der betrieblichen Lohngestaltung, hier v.a. bei der Festsetzung der Akkord- und Prämiensätze und Regelung der betrieblichen Altersversorgung (bAV) (§ 87 BetrVG). § 87 I BetrVG enthält eine erschöpfende Aufzählung derjenigen sozialen Angelegenheiten, in denen ein erzwingbares Mitbestimmungsrecht des Betriebsrats besteht. Das Gesetz regelt die Erzwingung in der Weise, dass im Fall der Nichteinigung zwischen Arbeitgeber und Betriebsrat die Einigungsstelle entscheidet und der Spruch der Einigungsstelle die Einigung zwischen Arbeitgeber und Betriebsrat ersetzt (§ 87 II BetrVG).

Soziale Betriebsgestaltung

Schlagwort für die Berücksichtigung gerechtfertigter Forderungen der Arbeitnehmer an den Betrieb, Würdigung der Persönlichkeit und Schaffung eines guten Betriebsklimas.

1. *Zweck:* Soziale Betriebsgestaltung dient:

(1) dem Arbeitnehmer;

(2) dem Betrieb durch Steigerung des Leistungswillens der Belegschaft.

2. *Mittel der sozialen Betriebsgestaltung:* Gerechte Entlohnung, (betriebliche Lohngestaltung), Gewinnbeteiligung, Mitwirkung, Mitbestimmung, Miteigentum.

Sozialeinrichtung

Begriff des Betriebsverfassungsrechts. Der Betriebsrat hat ein erzwingbares Mitbestimmungsrecht in sozialen Angelegenheiten nach § 87 I Nr. 8 BetrVG hinsichtlich der Form, Ausgestaltung und Verwaltung von Sozialeinrichtungen, deren Wirkungsbereich auf den Betrieb, das Unternehmen oder den Konzern beschränkt ist (z.b. Kantinen, Lehrlingsheime, Betriebskindergärten, Werksbüchereien, Pensions- und Unterstützungskassen). Der Betriebsrat kann die Errichtung von Sozialeinrichtungen nicht erzwingen, ihre Schließung nicht verhindern. Im Rahmen der vom Arbeitgeber für die Sozialeinrichtung zur Verfügung gestellten Mittel erstreckt sich das Mitbestimmungsrecht bes. auf die Verteilung der Mittel. Die Errichtung von Sozialeinrichtungen kann der Betriebsrat durch Abschluss einer freiwilligen Betriebsvereinbarung erreichen (§ 88 Nr. 2 BetrVG).

Sozialkasse

Gemeinsame Einrichtung der Tarifvertragsparteien des Baugewerbes. Die Sozialkassen sind errichtet und geregelt durch Tarifverträge, für die Allgemeinverbindlichkeitserklärung erfolgte. Die Urlaubs- und Lohnausgleichskasse (ULAK) der Bauwirtschaft erbringt Leistungen im Urlaubs- und Lohnausgleichs- und Berufsausbildungsverfahren, die Zusatzversorgungskasse des Baugewerbes (ZVK-Bau) gewährt zusätzliche Leistungen zu den gesetzlichen Renten. Sitz dieser Kassen ist Wiesbaden. Für Bayern und Berlin bestehen bes. Kassen. Die ZVK-Bau zieht für alle Kassen bei allen Betrieben des Baugewerbes die Beiträge ein. Der Sozialkassenbeitrag liegt bei 19 Prozent der Bruttolöhne der gewerblichen Arbeitnehmer, wobei darin 14,45 Prozent für den Urlaub enthalten sind.

Das Bundesarbeitsgericht hat unlängst entschieden, dass die Allgemeinverbindlicherklärungen des Tarifvertrags über das Sozialkassenverfahren im Baugewerbe vom 15.05.2008 und 25.06.2010 sowie vom 17.03.2014 mangels Vorliegen der gesetzlichen Voraussetzungen nach § 5 TVG a.F. unwirksam sind (BAG, 21.09.2016 – 10 ABR 33/15 und 10 ABR 48/15). Die Auswirkungen dieser beiden Entscheidungen sind noch unklar.

Sozialplan

1. *Begriff*: Betriebsvereinbarung zwischen Arbeitgeber und Betriebsrat über den *Ausgleich oder die Milderung der wirtschaftlichen Nachteile,* die Arbeitnehmern durch eine geplante Betriebsänderung entstehen (§ 112 I 2 BetrVG).

2. *Erzwingbare Mitbestimmung* zur Aufstellung eines Sozialplans bei Betriebsänderungen in Unternehmen mit mehr als 20 Arbeitnehmern. Besteht die Betriebsänderung lediglich in einem Personalabbau, sind die bes. Voraussetzungen des § 112a I BetrVG zu beachten. Im Fall der Betriebsänderung bei einem *neugegründeten Unternehmen* finden während der ersten vier Jahre nach der Gründung die Vorschriften über die Erzwingbarkeit eines Sozialplans keine Anwendung (§ 112a II BetrVG).

3. *Verfahren zur Herbeiführung einer Einigung über den Sozialplan:* Es entspricht zunächst dem des Interessenausgleichs. Kommt eine freiwillige Einigung zwischen Arbeitgeber und Betriebsrat auch unter Vermittlung der Einigungsstelle nicht zustande, so entscheidet diese *verbindlich* über die Aufstellung eines Sozialplans, der die Wirkung einer Betriebsvereinbarung hat (§ 112 IV, I 3 BetrVG). Die Einigungsstelle hat nach § 112 V BetrVG eine Interessenabwägung zwischen den sozialen Belangen der betroffenen Arbeitnehmer und der wirtschaftlichen Vertretbarkeit der Belastungen für das Unternehmen vorzunehmen. Dabei soll nach näherer Maßgabe des § 112 V BetrVG den Gegebenheiten des Einzelfalls Rechnung getragen werden.

4. *Inhalt des Sozialplans:* Ausgleich oder Milderung der wirtschaftlichen Nachteile des Arbeitnehmers. I.d.R. werden pauschale Abfindungen vorgesehen, die sich nach Lebensalter, Betriebszugehörigkeit und Monatsentgelt richten z.B. als Produkt aus diesen Faktoren, geteilt durch einen Divisor oder nach einer Punktetabelle. Weiter kommen in Betracht Übernahme in

eine Qualifizierungsgesellschaft, Zahlungen von Lohnausgleich, Beihilfe für Umschulungsmaßnahmen, Weitergewährung von Deputaten, Werkswohnungen etc.

Spannenklausel

Art der Differenzierungsklausel. Sie sichert den tarifgebundenen Arbeitnehmern eine bestimmte Vergünstigung derart, dass es dem Arbeitgeber zwar nicht verboten ist, auch den nicht tarifgebundenen einen Vorteil der gleichen Art zu gewähren; er muss nur diese Vergünstigung den Tarifgebundenen zusätzlich gewähren. Spannenklauseln sind nach der Rechtsprechung unzulässig, da die Tarifvertragsparteien mit einer solchen Regelung ihre Tarifmacht überschreiten (vgl. BAG, 23.3.2011 – 4 AZR 366/09).

Stellensuche

Nach der Kündigung eines dauernden (nicht nur auf kurze Zeit abgeschlossenen) Arbeitsverhältnisses hat der Arbeitnehmer einen unabdingbaren Anspruch auf angemessene Freistellung von der Arbeit zum Aufsuchen einer neuen Stelle (§ 629 BGB). Während dieser Zeit ist das Entgelt fortzuzahlen (§ 616 BGB). Zeit und Dauer der Freistellung sind unter Ausgleichung der beiderseitigen Interessen nach Treu und Glauben zu bestimmen (§ 242 BGB).

Stillzeit

Die der stillenden Mutter, die ihr Kind regelmäßig ganz oder in wesentlichem Umfang auf natürliche Weise stillt, auf ihr Verlangen vom Arbeitgeber zur Verfügung zu stellende, zum Stillen erforderliche Zeit. Mind. zweimal täglich eine halbe Stunde oder einmal täglich eine Stunde (§ 7 MuSchG). Nähere Regelung durch Gewerbeaufsichtsämter.

Durch die Gewährung der Stillzeit darf ein *Verdienstausfall* nicht eintreten. Die Stillzeit darf nicht vor- oder nachgearbeitet und nicht auf die Ruhepausen angerechnet werden.

Streik

1. *Begriff:* Kampfmaßnahme der Arbeitnehmerseite im Arbeitskampf; gemeinsame und planmäßige Arbeitsniederlegung durch eine größere Anzahl von Arbeitnehmern mit dem Ziel, einen bestimmten Kampfzweck zu erreichen und nach Erreichung des Kampfzweckes die Arbeit wieder aufzunehmen. Wie viele Arbeitnehmer die Arbeit niederlegen müssen, damit von einem Streik gesprochen werden kann, hängt von den Umständen des Einzelfalles ab.

2. *Rechtmäßigkeit:*

a) Das Grundgesetz *garantiert verfassungsrechtlich* den Streik als Arbeitskampfmittel (Art. 9 III GG). Ohne das Druckmittel des Streiks könnte die Freiheit der Tarifpartner zum Abschluss von Tarifverträgen (Tarifautonomie) nicht wirksam werden.

b) Es ist jedoch *nicht jeder Streik rechtmäßig;* insoweit besteht keine gesetzliche Regelung. Nach den durch Rechtslehre und -sprechung entwickelten Grundsätzen wird ein Streik von der überwiegenden Meinung nur unter folgenden *Voraussetzungen als rechtmäßiger Streik* anerkannt:

(1) Der Streik muss *von einer Gewerkschaft geführt* werden, d.h. die Gewerkschaft muss den Streik entweder ausrufen oder einen bereits begonnenen Streik genehmigen und fortführen. Jeder Streik, der nicht von einer Gewerkschaft geführt wird, sondern von einer Gruppe von Arbeitnehmern *(wilder Streik)* ist rechtswidrig.

(2) Der Streik muss sich *gegen* einen *Tarifpartner* (Arbeitgeber oder Arbeitgeberverband) richten. Streiks mit dem Ziel, politische Organe (z.B. den Bundestag) zu bestimmten Maßnahmen zu zwingen *(politischer Streik)* sind unzulässig.

(3) Mit dem Streik muss die kollektive *Regelung von Arbeitsbedingungen,* bzw. ein tariflich regelbares und zulässiges *Ziel* erstrebt werden, z.B. die tarifliche Regelung von Löhnen und Urlaub. Daher sind *Demonstrationsstreiks* während der Arbeitszeit, mit denen auf soziale

Missstände hingewiesen werden soll, unzulässig (BAG 23.10.1984 – 1 AZR 126/81).

(4) Der Streik darf nicht gegen *Grundregeln des kollektiven Arbeitsrechts*, v.a. gegen die Einhaltung der tariflichen Friedenspflicht (Tarifvertrag) verstoßen.

(5) Der Streik darf nicht gegen das *Prinzip der Verhältnismäßigkeit* und der *fairen Kampfführung* verstoßen, zu dem v.a. das Unterbleiben von Gewaltandrohungen und -anwendungen gehört. Aus dem Prinzip der fairen Kampfführung folgt auch die Pflicht der den Streik durchführenden Gewerkschaft, einen Notdienst (Erhaltungsarbeiten, Notstandsarbeiten) einzurichten, wenn dieser erforderlich ist, um einen unverhältnismäßig hohen Schaden von dem Arbeitgeber abzuwenden oder um die öffentliche Sicherheit zu gewährleisten.

(6) Die Gewerkschaft muss alle Möglichkeiten der friedlichen Einigung ausgeschöpft haben (Friedenspflicht); der Streik muss das letzte mögliche Mittel, die *ultima ratio*, zur Durchsetzung der gewerkschaftlichen Forderungen sein. Streiks von Beamten laufen der Treuepflicht der Beamten zuwider und sind, soweit sie gegen das Beamtenrecht verstoßen, rechtswidrig.

3. *Zulässige Arten von Streiks*: Die neuere Rechtsprechung ist zugunsten der Gewerkschaften großzügig. Danach sind neben Voll- und Schwerpunktstreiks u.a. grundsätzlich zulässig: Warnstreiks (BAG, 21.6.1988 – 1 AZR 651/86), Sympathiestreiks (BAG, 19.6.2007 – 1 AZR 396/06), Streiks gegen Unternehmen mit OT-Mitgliedschaft (LAG Hessen, 17.9.2008 – 9 SaGa1442/08), sog. Flashmob-Aktionen (BAG, 22.9.2009 – I AZR 972/08; BverfG 26.3.2014 – 1 BvR 3185/09), Streiks zur Erlangung eines Sozialplans (BAG, 24.4.2007 – 1 AZR 252/06).

4. *Statistische Erfassung*: Angaben über vom Streik betroffene Betriebe, beteiligte Arbeitnehmer, Gesamtdauer der Streiks und verlorene Arbeitstage nach Wirtschaftsgruppen werden vierteljährlich von der Bundesagentur für Arbeit veröffentlicht.

5. *Rechtsfolgen:*

a) Der *rechtmäßige Streik* führt nicht zur Auflösung der Arbeitsverhältnisse der Streikenden; er führt lediglich zur Suspendierung der beiderseitigen Rechte und Pflichten aus dem Arbeitsverhältnis. Dementsprechend ist ein rechtmäßiger Streik kein Grund für eine fristlose Kündigung. Der Arbeitgeber hat das Recht zur Aussperrung. Die Arbeitnehmer sind für die Dauer des Streiks nicht verpflichtet zu arbeiten; sie haben für diese Zeit keinen Anspruch auf Arbeitslohn, bezahlten Urlaub oder Arbeitslosengeld.

b) Ein Arbeitnehmer, der sich an einem *rechtswidrigen Streik* beteiligt, begeht einen Arbeitsvertragsbruch. Der Arbeitgeber kann einen Arbeitnehmer aus diesem Grund jedoch nur dann fristlos entlassen (außerordentliche Kündigung), wenn der Arbeitnehmer schuldhaft gehandelt hat, d.h. wenn ihm die Umstände bekannt waren, aus denen die Rechtswidrigkeit des Streiks folgte.

Streikeinsatz von Beamten

Einsatz von Beamten, die selbst nicht streiken dürfen, auf den bestreikten Arbeitsplätzen. Nach der Rechtsprechung verstößt es gegen das Grundrecht der Koalitionsfreiheit des Art. 9 III GG, wenn die Arbeitgeber des öffentlichen Dienstes bei einem rechtmäßigen Streik ihrer Arbeiter und Angestellten um den Abschluss eines Tarifvertrages Beamte auf den bestreikten Arbeitnehmerplätzen einsetzen, solange dafür keine gesetzliche Regelung besteht (BVerfG vom 2.3.1993 (1 BvR 1213/85)). Allerdings wird in jüngster Zeit diskutiert, ob diese Beschränkung nicht nur bei zwangsweisem Einsatz gilt, freiwilliger Einsatz von Beamten auf bestreikten Arbeitnehmerplätzen aber erlaubt sei (vgl. ArbG Bonn, 26.5.2015 – 3 Ga 18/15 – zu einem Streik bei der Deutschen Post).

Streikgelder

Nicht vom Arbeitgeber, sondern von einem Dritten während eines Streikes an Arbeitnehmer gezahlte Unterstützungen.

Steuerliche Behandlung: Streikgelder sind für den Arbeitnehmer zwar Einnahmen, fallen aber nicht unter die steuerpflichtige Einkunftsart „Einkünfte aus nichtselbständige Arbeit", da sie gerade nicht für eine Arbeitsleistung gezahlt werden, sondern als finanzielle Unterstützung während einer Zeit, in der der Arbeitnehmer dem Arbeitsverhältnis gerade nicht nachkommen will; also stammen diese Gelder jedenfalls nicht „aus" der nichtselbständigen Arbeit. Die Rechtsprechung sieht Streikgelder auch nicht als Entschädigung für entgangene Einnahmen aus dem Arbeitsverhältnis an (§ 24 EStG). Somit sind Streikgelder nach der geltenden Rechtsprechung nicht steuerpflichtig.

Da es sich gar nicht erst um „Einkünfte" aus einer der sieben Einkunftsarten handelt, kommt auch die Anwendung des Progressionsvorbehalts auf Streikgelder nicht in Betracht; denn der Progressionsvorbehalt berücksichtigt nach der Konzeption des Gesetzes nur die Existenz von steuerfrei gestellten Einkünften, nicht aber von Bezügen, die gar nicht erst „Einkommen" i.S.d. EStG darstellen.

Streikposten

Personen, die von den streikenden Arbeitnehmern oder von der Gewerkschaft vor den Toren der Betriebe, die bestreikt werden, aufgestellt werden, um die Arbeitswilligen („Streikbrecher ") zu veranlassen, sich an der Arbeitsniederlegung zu beteiligen. Die Tätigkeit der Streikposten darf nicht zur Nötigung (§ 240 StGB) oder sonstigen unerlaubten Handlungen ausarten. Bei Verstößen gegen die Prinzipien fairer Kampfführung (Drohung oder Gewaltanwendung) kann eine Haftung der Streikposten oder des Verbandes, der Streikposten eingesetzt hat, als unerlaubte Handlung in Betracht kommen.

Suspendierung

Einseitige Dienstenthebung durch den Arbeitgeber ohne Auflösung des Arbeitsverhältnisses. Sie kommt häufig in zwei Fallgestaltungen vor: Nach einer ordentlichen Kündigung (Kündigungsschutz) während der laufenden Kündigungsfrist oder vor einer außerordentlichen Kündigung, wenn der Verdacht besteht, dass der Arbeitnehmer für sie einen Grund gesetzt hat. Die Suspendierung ist nur zulässig, wenn die Weiterbeschäftigung des Arbeitnehmers zu einer Gefährdung der Interessen des Arbeitgebers führt. Hält der Arbeitnehmer die Suspendierung für ungerechtfertigt, kann er auf Beschäftigung klagen, auch im Wege der einstweiligen Verfügung. Während der Suspendierung ist der Arbeitgeber grundsätzlich zur Entgeltfortzahlung verpflichtet. Im Arbeitsvertrag kann sich der Arbeitgeber nicht allgemein das Recht zur Suspendierung vorbehalten, entsprechende Klauseln sind unwirksam.

Tarif

Die ausgerechneten Ecklöhne laut Tarifvertrag.

Tarifausschlussklausel

Differenzierungsklausel in Tarifverträgen, die bezweckt, den anders oder nicht organisierten Arbeitnehmern bestimmte tarifvertragliche Vergünstigungen vorzuenthalten und die dem Arbeitgeber die Weitergabe der Vergünstigung an Nicht-Mitglieder der Gewerkschaft untersagt (*qualifizierte Differenzierungsklausel*). Tarifausschlussklauseln sind nach der Rechtsprechung unzulässig. Dagegen ist eine *einfache Differenzierungsklausel*, welche die Weitergabe der Vergünstigung an Nichtmitglieder zulässt, nach neuerer Rechtsprechung zulässig.

Tarifausschuss

Gemäß § 5 TVG vorgesehener Ausschuss, der bei der Allgemeinverbindlichkeitserklärung von Tarifverträgen mitbestimmt. Gemäß VO zur Durchführung des Tarifvertragsgesetzes i.d.F. vom 16.1.1989 (BGBl. I 76) m.spät. Änd. bestellt das Bundesministerium für Arbeit und Soziales je drei Vertreter der Spitzenorganisationen der Arbeitgeber und der Arbeitnehmer als Mitglieder auf deren Vorschlag. Die Leitung des Tarifausschusses obliegt einem Beauftragten des Bundesministeriums. Die Verhandlungen sind öffentlich; Beratungen geheim. Beschlüsse werden bei Anwesenheit aller Mitglieder mit Mehrheit gefasst.

Tarifautonomie

Recht der Koalitionen, unabhängig von staatlicher Einflussnahme, die Arbeits- und Wirtschaftsbedingungen zu regeln.

1. *Grundsätzliches:* Die Tarifautonomie ist in ihrem *Kernbereich* durch die Koalitionsfreiheit (Art. 9 III GG) verfassungsrechtlich mit geschützt. Gesetzlich konkretisiert ist die Tarifautonomie im Tarifvertragsgesetz (TVG). Die Auffassungen über die Legitimation der Tarifvertragsparteien zur Rechtsetzung durch Tarifvertrag sind geteilt: Teilweise wird vertreten, die Autonomie sei vom Staat delegiert; nach anderer Ansicht handelt es

sich um eine originäre Rechtsetzungsbefugnis. Die Rechtsetzungsbefugnis wird auch unmittelbar aus Art. 9 III GG abgeleitet.

2. *Grenzen der Tarifautonomie:*

a) Die Tarifmacht der Tarifvertragsparteien ist auf Verbandsangehörige beschränkt; keine Rechtsetzung gegenüber Außenseitern (§ 4 I TVG).

b) Unzulässig sind qualifizierte Differenzierungsklauseln, welche dem Arbeitgeber die Weitergabe von Vergünstigungen an Nicht-Mitglieder der Gewerkschaften untersagen. Dagegen sind einfache Differenzierungsklauseln nach neuerer Rechtsprechung zulässig.

c) Die Regelungszuständigkeit ist auf die „Wahrung und Förderung der Arbeits- und Wirtschaftsbedingungen" beschränkt. Die Tarifvertragsparteien können z.B. nicht die zwingenden Bestimmungen über die Unternehmensverfassung (AktG, GmbHG, MitbestG) ändern.

d) Die Individualsphäre der Arbeitnehmer ist der tarifvertraglichen Rechtsetzung entzogen, z.B. sind Vorschriften über die Lohnverwendung unzulässig.

e) Unzulässig ist weiter ein Eingriff in bereits entstandene Lohnansprüche (Verstoß gegen Art. 14 GG).

f) Nach überwiegender Auffassung sind die Tarifparteien an das Gemeinwohl gebunden; z.B. können Tarifabschlüsse, die die Erfordernisse des gesamtwirtschaftlichen Gleichgewichts in grober Weise missachten, nichtig sein (§ 138 BGB).

Tariffähigkeit

Fähigkeit, einen Tarifvertrag als Vertragspartei abzuschließen.

1. Nach § 2 I TVG sind *Tarifvertragsparteien* die Gewerkschaften, einzelne Arbeitgeber sowie Vereinigungen von Arbeitgebern. Unter Gewerkschaften und Vereinigungen von Arbeitgebern im Sinn des § 2 I TVG sind nur Koalitionen zu verstehen. Eine tariffähige Vereinigung muss alle Merkmale des Koalitionsbegriffs erfüllen. Umstritten ist, ob die Arbeitnehmervereinigung sich zum Arbeitskampf bekennen muss, um tariffähig zu sein. Nach

der Rechtsprechung gehört zur Tariffähigkeit, dass die Vereinigungen mächtig und leistungsfähig sind. Eine Arbeitnehmerkoalition ist jedenfalls dann tariffähig, wenn sie die Arbeitsbedingungen ihrer Mitglieder bereits durch Tarifverträge regeln konnte, die im Arbeitsleben beachtet werden und die Arbeitsverhältnisse bestimmt haben.

2. *Tariffähigkeit des einzelnen Arbeitgebers:* Diese geht nach § 2 I TVG nicht verloren, wenn er einem Arbeitgeberverband beitritt.

3. *Spitzenorganisationen* der Arbeitgeberverbände und Gewerkschaften sind tariffähig, wenn das zu ihren satzungsgemäßen Aufgaben gehört (§ 2 III TVG) oder wenn sie von den Mitgliedsverbänden entsprechend bevollmächtigt sind (§ 2 II TVG).

4. *Handwerksinnungen* sind durch § 54 III Nr. 1 HandwO mit Tariffähigkeit beliehen.

5. Für die *Entscheidung über die Tariffähigkeit* einer Vereinigung sind die Arbeitsgerichte ausschließlich zuständig, die in diesen Fällen im Beschlussverfahren entscheiden (§§ 2 a I Nr. 3, 97 ArbGG).

Tarifgebundenheit

Bindung an die Normen eines Tarifvertrags (Tarifvertrag IV 1). Normen über Inhalt, Abschluss und Beendigung von Arbeitsverhältnissen gelten nur für die Tarifgebundenen. Tarifgebunden sind gemäß § 3 I TVG die Mitglieder der Tarifvertragsparteien (meist: Arbeitgeberverbände und Gewerkschaften) und der Arbeitgeber, der selbst Partei des Tarifvertrages (Firmentarifvertrag) ist.

Austritt des Tarifgebundenen: Tritt ein Tarifgebundener (Arbeitgeber, Arbeitnehmer) aus dem vertragschließenden Verband aus oder wechselt er in die OT-Mitgliedschaft, so bleibt seine Tarifgebundenheit bestehen, bis der Tarifvertrag endet (§ 3 III TVG). Mit dieser Vorschrift soll verhindert werden, dass sich einzelne Verbandsmitglieder den Pflichten von Tarifverträgen durch Verbandsaustritte oder Wechsel in die OT-Mitgliedschaft entziehen.

Fortbestehen der Tarifgebundenheit nach § 3 III TVG ist von Nachwirkung *der Tarifvertragsnormen* nach § 4 V TVG zu unterscheiden (Tarifvertrag). Entwertung der Geltung der Normen eines Tarifvertrages auf Nicht-Tarif-Gebundene durch Allgemeinverbindlichkeitserklärung von Tarifverträgen.

Tarifliche Schlichtungsstelle

Durch Tarifvertrag zur Beilegung von Meinungsverschiedenheiten zwischen Arbeitgeber und Betriebsrat an die Stelle der Einigungsstelle (§ 76 VIII BetrVG) bestimmte Schlichtungsstelle.

Tariflohn

Das nach Tarifvertrag zu zahlende Arbeitsentgelt.

1. *Zeitlohn:* Lohn, bei dem die Vergütung nach Zeitabschnitten bemessen wird. Dieser wird vorwiegend in Tarifverträgen eingehend geregelt.

2. *Lohn- und Gehaltsgruppen:* Soweit Lohn- und Gehaltsgruppen nach Art der ausgeübten Tätigkeit gebildet werden, werden in Tarifverträgen auch die Tätigkeitsmerkmale beschrieben, die für die Eingruppierung des Arbeitnehmers maßgeblich sind. Die Höhe der Vergütung richtet sich nach der ausgeübten Tätigkeit.

3. *Ecklohn:* In manchen Branchen ist es gebräuchlich, die Vergütung einer mittleren Tariflohngruppe als Ecklohn zu regeln, wobei die Vergütung der anderen Tarifgruppen sich dann in Prozentsätzen des Ecklohns errechnet.

4. *Leistungslohn:* Vielfach stellt der Tarifvertrag auch die Möglichkeit einer Vergütung nach Leistung frei, ohne das System der Leistungsentlohnung im Einzelnen festzulegen. Z.B. kann sich der Tarifvertrag darauf beschränken, einen Akkordrichtsatz anzugeben, während die Zeitvorgaben für einen Arbeitsvorgang betrieblich (betriebliche Lohngestaltung, leistungsbezogene Entgelte) festzulegen sind.

Tariflohnerhöhung

1. *Begriff:* höhere Festsetzung des Tariflohns aufgrund eines Tarifvertrages.

2. *Anrechnung:* Solange der durch Tarifvertrag geregelte Lohn nicht unterschritten wird, kann die Tariflohnerhöhung auf eine übertarifliche Bezahlung angerechnet werden. Besteht eine entgegenstehende vertragliche Abrede, ist eine Anrechnung unzulässig. Besteht der durch einzelvertragliche Abrede höhere Lohn aus Zulagen mit *bes. Zweck* (z.B. Erschwerniszulagen, Leistungszulage), ist im Zweifel davon auszugehen, dass dem Arbeitnehmer die Zulage bei einer tariflichen Erhöhung des Grundlohns verbleibt. Soll eine Tariflohnerhöhung nicht vollständig und bei allen Arbeitnehmern angerechnet werden, ist die *Mitbestimmung des Betriebsrats* zu beachten.

3. *Klauseln im Tarifvertrag über das Verhältnis der Tariflohnerhöhung zum Effektivlohn* (z.B. „Die Tariflohnerhöhung ist effektiv zu gewähren") sind nach der Rechtsprechung unzulässig (Effektivklausel).

Tariföffnungsklausel

Bestimmung in einem Tarifvertrag, die abweichende Abmachungen gestattet (§ 4 III TVG). Abweichende Abmachungen können ein anderer, begrenzter Tarifvertrag, eine Betriebsvereinbarung oder Einzelverträge sein. Ohne Tariföffnungsklausel ist ein Unterschreiten des Tarifvertrags zulasten des Arbeitnehmers unzulässig (Günstigkeitsprinzip). Oft wird für die abweichende Abmachung auf betrieblicher Ebene die Zustimmung der Tarifvertragsparteien verlangt.

Tarifregister

Beim Bundesministerium für Wirtschaft und Arbeit geführtes Verzeichnis, in dem Tarifverträge und Allgemeinverbindlichkeitserklärung von Tarifverträgen eingetragen werden (§ 6 TVG). Jedermann kann in das Tarifregister Einsicht nehmen. Es werden gleichfalls Tarifregister bei den Bundesländern geführt. Die Tarifverträge werden im Tarifregister allerdings nur bezeichnet, ihr Inhalt wird nicht wiedergegeben.

Tarifvertrag

I. *Begriff:*

Entsprechend Tarifvertragsgesetz (TVG) ein bürgerlich-rechtlicher Vertrag zwischen Parteien mit Tariffähigkeit zur Regelung ihrer Rechte und Pflichten (schuldrechtlicher Teil) und zur Festsetzung von arbeitsrechtlichen Normen (normativer Teil). Tarifvertrag bedarf gemäß § 1 II TVG grundsätzlich der Schriftform.

II. *Tarifvertragspartner:*

Auf der Arbeitnehmerseite die Gewerkschaften, auf der Arbeitgeberseite die Arbeitgeberverbände (Verbandstarif) und einzelne Arbeitgeber (Haus-, Werk- oder Firmentarif).

III. *Registrierung:*

Abschluss, Änderung und Aufhebung des Tarifvertrags werden in einem Tarifregister eingetragen, das beim Bundesministerium für Wirtschaft und Arbeit geführt wird. In den Bundesländern werden gleichfalls Tarifregister geführt. Die Eintragung in das Tarifregister ist nicht Wirksamkeitserfordernis des Tarifvertrags.

IV. *Inhalt:*

1. *Normative Bestimmungen:* Rechtsnormen zur Regelung der Rechtsverhältnisse der Mitglieder der beteiligten Tarifvertragsparteien, v.a. der *Arbeitsverhältnisse* (Arbeitsbedingungen). Sie gelten unmittelbar und zwingend zwischen den beiderseits Tarifgebundenen. Sie dürfen nicht gegen zwingendes staatliches Recht verstoßen (sonst Nichtigkeit gemäß § 134 BGB). Sie sind unabdingbar, können also nicht durch Vereinbarung der Arbeitsvertragsparteien zuungunsten des Arbeitnehmers abgeändert werden (Günstigkeitsprinzip).

Wirkung der Normativbestimmungen nach Geltungsbereichen unterschiedlich:

a) *Zeitlicher Geltungsbereich:* Dieser deckt sich im Zweifel mit der Dauer des Tarifvertrags. Abweichende Regelung möglich in der Weise, dass die Geltung der Normen oder eines Teiles davon schon vor Beendigung des Tarifvertrags aufhören soll. Nach Ablauf des Tarifvertrags tritt die Nachwirkung gemäß § 4 V TVG ein.

b) *Räumlicher Geltungsbereich:* ist von den Tarifvertragsparteien beliebig abzugrenzen für das Gebiet, in dem sie satzungsmäßig zuständig sind. Im Zweifel gelten die Normen bei Verbandstarif (Flächentarifvertrag) für das ganze Gebiet der Tarifvertragsparteien und beim Werks-, Haus- oder Firmentarif für sämtliche gleichartigen Betriebe des Arbeitgebers. Je nach Größe des Tarifgebietes unterscheidet man Orts-, Bezirks-, Landes- und Bundestarife.

c) *Sachlicher Geltungsbereich:* Dieser kann sich betrieblich oder fachlich bestimmen, grundsätzlich für einen ganzen Wirtschaftszweig (z.B. Großhandel, Einzelhandel, Metallindustrie). Bei gemischten Betrieben entscheidet der im Betrieb überwiegende Betriebszweck.

Problematisch ist, welcher Tarifvertrag anzuwenden ist, wenn ein Betrieb die fachlichen Geltungsvoraussetzungen mehrerer Tarifverträge erfüllt *(Tarifkonkurrenz).* Ebenso tritt das Problem der Tarifkonkurrenz auf, wenn ein Arbeitgeber aus einem Arbeitgeberverband in einen anderen übertritt. Der Arbeitgeber ist dann einerseits an die vom Verband, dem er zuvor angehörte, geschlossenen Tarifvertrag gebunden (§ 3 III TVG), andererseits tritt durch den Beitritt zu dem anderen Verband eine Tarifbindung an die von diesem geschlossenen Tarifvertrag ein (§ 3 I TVG). Nach der Rechtsprechung des BAG war grundsätzlich davon auszugehen, dass für einen Betrieb immer nur ein Tarifvertrag gelten soll *(Prinzip der Tarifeinheit),* und zwar der aufgrund seiner betrieblichen, fachlichen und räumlichen Nähe speziellere Tarifverträge *(Spezialitätsprinzip).* Allerdings wurde das Prinzip der Tarifeinheit durch das Auftreten von Spartengewerkschaften (Bahn, Luftfahrtbranche) mehr und mehr aufgeweicht und zuletzt auch vom BAG nicht mehr vertreten. Folge: Seit dem 10.7.2015 gibt es das Tarifeinheitsgesetz (BGBl. I 1130). Der durch dieses Gesetz neu eingefügte § 4a TVG bestimmt, dass bei kollidierenden Tarifverträgen im Betrieb nur der Tarifvertrag der Gewerkschaft mit den meisten Mitgliedern anzuwenden ist. Ob das Tarifeinheitsgesetz verfassungskonform, insbesondere mit Art. 9 GG vereinbar ist, ist stark umstritten. Mehrere Gewerkschaften haben Verfassungsbeschwerde beim Bundesverfassungsgericht eingelegt.

d) *Persönlicher Geltungsbereich:* Abgrenzung eines Tarifvertrags nach Merkmalen persönlicher Art. Herkömmlicherweise werden für Angestellte und Arbeiter getrennte Tarifverträge abgeschlossen. Der persönliche Geltungsbereich von Tarifverträgen kann noch enger sein, z.B. eigene Tarifverträge für Auszubildende. Der persönliche Geltungsbereich darf nicht mit der Tarifgebundenheit verwechselt werden.

2. *Schuldrechtliche Bestimmungen:* Abreden, die das Rechtsverhältnis der Parteien des Tarifvertrags untereinander regeln.

a) *Friedenspflicht:* gegenseitige Verpflichtung zur Wahrung des Arbeitsfriedens. Sie verbietet Kampfmaßnahmen, die sich gegen den Bestand des Tarifvertrags richten, wenn mit ihnen die vorzeitige Aufhebung oder Änderung eines Tarifvertrags oder einzelner Teile bezweckt wird.

b) *Einwirkungspflicht:* Verpflichtung der Tarifvertragsparteien, auf ihre Verbandsmitglieder im Sinne eines tarifgemäßen Verhaltens einzuwirken. Sie verpflichtet jedoch nicht zum Eingreifen gegen tarifwidriges Verhalten im Einzelfall, sondern nur bei der Verletzung kollektiver Interessen. Bei *Verletzung der Friedens- und Einwirkungspflicht* Schadensersatzansprüche.

V. *Beendigung/Nachwirkung:*

Ein Tarifvertrag endet mit Ablauf der vereinbarten Zeit. Er kann auch von den Parteien des Tarifvertrags aufgehoben oder durch einen neuen Tarifvertrag ersetzt werden. Viele Tarifverträge sehen die Möglichkeit einer befristeten Kündigung vor. Den Tarifgebundenen gegenüber entfällt mit dem Ende des Tarifvertrags noch nicht jede Wirkung. Gemäß § 4 V TVG gelten die Rechtsnormen – nicht dagegen die schuldrechtlichen Vereinbarungen – eines Tarifvertrags nach dessen Ablauf weiter, bis sie durch eine andere Abmachung ersetzt werden. Die nachwirkenden Normen sind aber dispositiv, weichen daher auch einzelvertraglichen Abreden.

VI. *Unverbrüchlichkeit tariflicher Rechte:*

Ein Verzicht auf entstandene tarifliche Rechte ist nach § 4 IV 1 TVG nur in einem von den Tarifvertragsparteien gebilligten Vergleich zulässig. Nach § 4 IV 2 ist auch die Verwirkung tariflicher Rechte ausgeschlossen. Tarifliche Rechte sind Rechte, die zwar im Arbeitsvertrag ihre Grundlage haben, aber durch den Tarifvertrag dem Umfang nach festgelegt sind, z.B. Ansprüche auf tarifliche Vergütung oder auf den tariflichen Urlaub.

Tarifvertragliche Mitbestimmung

Variante zur Mitbestimmung bzw. Unternehmensverfassung in zweifacher Ausprägung.

1. *Gegenstands- oder problembezogene Mitbestimmung* durch Tarifvertrag bzw. Tarifverhandlungen zwischen Arbeitgebern und Gewerkschaft in unternehmensinternen Entscheidungsgremien (MoMitbestG, MitbestG, BetrVG, DrittelbeteiligungsG). Gegenstand können alle unternehmenspolitischen, administrativen und operativen Entscheidungen sein. Wird praktiziert v.a. in Italien, Großbritannien, Schweden und den USA.

2. *Einführung und Ausgestaltung der Mitbestimmung* in Unternehmen und Betrieb *durch Tarifverhandlungen* zwischen Arbeitgebern und Gewerkschaften; Gegensatz zur dt. Tradition der gesetzlichen Mitbestimmung. Wird z.B. praktiziert in Schweden; mit dem Gesetz über Mitbestimmung im Arbeitsleben 1976 wurden „Spielregeln" für Verhandlungen zwischen den Tarifvertragsparteien über die organisatorische Ausgestaltung der Mitbestimmung festgelegt. Durch Mitbestimmungstarifverträge (1979–1982) wurde eine interessendualistische Unternehmensverfassung mit tendenziell gleichgewichtigem Einfluss von Kapital und Arbeit entwickelt. Die Parität ergibt sich durch die Möglichkeit der Gewerkschaften, alle unternehmenspolitischen und betrieblichen Entscheidungen im Konfliktfall aus den unternehmensinternen Mitbestimmungsgremien heraus in das streikbewehrte Tarifverhandlungssystem verlagern zu können.

Tarifvertragsgesetz (TVG)

Gesetz i.d.F. vom 25.8.1969 (BGBl. I 1323) m.spät.Änd. Rechtsgrundlage des Tarifvertragsrechts (Tarifvertrag, Allgemeinverbindlichkeitserklärung von Tarifverträgen, Ausschlussfristen, Berufsverbände, Günstigkeitsprinzip, Koalition, Koalitionsfreiheit, Tariffähigkeit, Tarifgebundenheit, Tariflohn, Tarifordnungen, Tarifzuständigkeit, Verwirkung).

Tarifzuständigkeit

Zuständigkeit der Verbände für einen abzuschließenden Tarifvertrag. Tarifzuständigkeit ist nach überwiegender Auffassung ein Erfordernis für die Gültigkeit eines abgeschlossenen Tarifvertrags (nicht zu verwechseln mit dem persönlichen Geltungsbereich eines Tarifvertrags). Maßgebend für Tarifzuständigkeit ist die Satzung der Verbände, z.B. der nach dem Industrieverbandsprinzip gegliederten Einzelgewerkschaften; so können die Verbände der Metallindustrie keine Tarifverträge für den öffentlichen Dienst abschließen. In Zweifelsfällen sind die Satzungen so auszulegen, dass keine Überschneidung auftritt. Grundsätzlich sollte nach der Rechtsprechung des BAG in einem Betrieb nur ein Tarifvertrag gelten (Prinzip der Tarifeinheit). Dieses Prinzip wurde aber durch das Auftreten von Spartengewerkschaften mehr und mehr aufgeweicht und am Schluss auch nicht mehr vom BAG vertreten. Folge: Seit dem 10.7.2015 gibt es das Tarifeinheitsgesetz (BGBl. I 1130). Der durch dieses Gesetz neu eingefügte § 4a TVG bestimmt, dass bei kollidierenden Tarifverträgen im Betrieb nur der Tarifvertrag der Gewerkschaft mit den meisten Mitgliedern anzuwenden ist. Ob das Tarifeinheitsgesetz verfassungskonform, insbesondere mit Art. 9 GG vereinbar ist, ist stark umstritten. Mehrere Gewerkschaften haben Verfassungsbeschwerde beim Bundesverfassungsgericht eingelegt.

Für die *Entscheidung über die Tarifzuständigkeit* sind die Arbeitsgerichte ausschließlich zuständig, die in diesen Fällen im Beschlussverfahren entscheiden (§§ 2 a I Nr. 3, 97 ArbGG). Die Frage, wer Mehrheitsgewerkschaft nach dem Tarifeinheitsgesetz ist, ist ebenfalls im arbeitsgerichtlichen Beschlussverfahren zu klären (§§ 2 a I Nr. 6, 99 ArbGG).

Teilkündigung

Kündigung, die unter Aufrechterhaltung des Arbeitsverhältnisses nur einzelne Abreden (z.B. die Vergütungsregelung) beseitigen soll. Eine Teilkündigung ist grundsätzlich ausgeschlossen wegen Umgehung des Kündigungsschutzes von Änderungskündigungen. Etwas anderes gilt nur, wenn die Parteien des Arbeitsvertrages klar und AGB-fest vereinbart haben, dass bestimmte Arbeitsbedingungen unter einem Widerrufsvorbehalt stehen. Der Widerruf muss aber einer Billigkeitskontrolle nach § 315 BGB genügen.

Teilzeitarbeitsverhältnis

Arbeitsverhältnis mit gegenüber der tariflichen oder betriebsüblichen verkürzter Arbeitszeit.

1. *Allgemeine arbeitsrechtliche Vorschriften:* Sie gelten grundsätzlich auch für das Teilzeitarbeitsverhältnis, v.a. die Pflichten des Arbeitgebers zur Entgeltfortzahlung im Krankheitsfall, Fürsorgepflicht des Arbeitgebers, Gewährung des gesetzlichen Mindesturlaubs. Zu zahlen ist das Entgelt, das auch sonst während der Urlaubszeit zu leisten wäre.

2. *Gesetzliche Regelung im Gesetz über Teilzeitarbeit und befristete Arbeitsverträge (TzBfG)* vom 21.12.2000 (BGBl. I 1966) m.spät.Änd.:

a) Der Arbeitgeber darf einen teilzeitbeschäftigten Arbeitnehmer nicht wegen der Teilzeitarbeit unterschiedlich behandeln (Verstoß gegen den Grundsatz der Gleichbehandlung); es sei denn, dass sachliche Gründe eine unterschiedliche Behandlung rechtfertigen (§ 3 TzBfG). Der Arbeitgeber darf Teilzeitbeschäftigte nicht ohne Weiteres von freiwilligen Leistungen (z.B. einer betrieblichen Altersversorgung) ausschließen. Gratifikationen kann der Arbeitgeber entsprechend dem Maß der Arbeitsleistung abstufen.

b) Arbeitgeber haben Arbeitnehmern, auch in leitenden Positionen, Teilzeitarbeit nach dem TzBfG zu ermöglichen. Ein Arbeitnehmer kann verlangen, dass seine vertraglich vereinbarte Arbeitszeit *verringert* wird, wenn das Arbeitsverhältnis länger als sechs Monate bestanden hat und der Arbeitgeber i.d.R. mehr als 15 Arbeitnehmer beschäftigt. Der Arbeitgeber hat der Verringerung und der verlangten Verteilung zuzustimmen, soweit betriebliche Gründe nicht entgegenstehen. Ein betrieblicher Grund liegt v.a. vor, wenn die Verringerung die Organisation, den Arbeitsablauf oder die Sicherheit im Betrieb wesentlich beeinträchtigt oder unverhältnismäßige Kosten verursacht (zu Einzelheiten und zum Verfahren §4 TzBfG). Auf eine *Verlängerung* hat ein teilzeitbeschäftigter Arbeitnehmer keinen Anspruch, allerdings kann er bevorzugte Berücksichtigung verlangen (§ 9 TzBfG).

3. *Bes. Formen des Teilzeitarbeitsverhältnisses:* Job Sharing, Arbeit auf Abruf.

Telearbeit

Dezentralisierte Bürotätigkeiten mithilfe von Informations- und Kommunikationstechniken.

1. *Formen:* Tele-Heimarbeit, mobile Telearbeit, Telearbeit im Satellitenbüro, Telearbeit in einem Nachbarschaftsbüro (Zweigstelle oder selbstständiges Servicebüro).

2. *Voraussetzungen an die Technik:* Computer, Modem, Telekommunikationssoftware.

3. *Voraussetzungen an die Tätigkeit:* informationsverarbeitende Tätigkeit, Tätigkeit relativ unabhängig von persönlichen Kontakten und sonstigem betrieblichen Geschehen, Aufgabe eindeutig definierbar, Ergebnis bewertbar.

4. *Arbeitsrechtliche Beurteilung:* Die Einführung von Telearbeit ist sozialpolitisch umstritten. Der Telearbeiter kann entsprechend der Ausgestaltung des Vertragsverhältnisses Selbstständiger, Arbeitnehmer, Heimarbeiter oder arbeitnehmerähnliche Person sein. Arbeitnehmereigenschaft kommt v.a. in Betracht, wenn der ausgelagerte Arbeitsplatz mit dem Zentralrechner im Onlinebetrieb (direkte Verbindung zur Zentrale) verbunden ist. Vielfach werden Telearbeiter Arbeit auf Abruf leisten. In Bezug auf Arbeitnehmer und Heimarbeiter stehen dem Betriebsrat dieselben Rechte zu wie in Bezug auf die übrigen Arbeitnehmer (vgl. § 5 I BetrVG);

der ausgelagerte Arbeitsplatz gehört zum Betrieb. Viele arbeitsrechtliche Fragen sind im Einzelnen noch umstritten.

Torkontrolle

Untersuchung der von Arbeitnehmern mitgeführten Gegenstände zur Vermeidung von Werksdiebstählen. Eine arbeitsvertragliche Pflicht zur Duldung von Torkontrollen wird überwiegend bejaht, wenn die Untersuchung im Zuge einer systematischen Präventivkontrolle erfolgt, die alle Arbeitnehmer gleichmäßig erfasst. Voraussetzung der Zuverlässigkeit einer Torkontrolle ist die gleichmäßige Kontrolle aller Arbeitnehmer (Gleichbehandlung).

Der Betriebsrat hat bei der allg. Regelung ein erzwingbares *Mitbestimmungsrecht* in sozialen Angelegenheiten nach § 87 I Nr. 1 BetrVG (Ordnung des Betriebs). In der Regel werden bei der Torkontrolle technische Hilfsmittel benutzt, dann kommt auch eine Mitbestimmung nach § 87 I Nr. 6 BetrVG in Betracht.

Treuepflicht des Arbeitnehmers

1. *Allgemeines:* Neben der Arbeitspflicht bestehende Nebenpflicht des Arbeitnehmers, aus dem Arbeitsvertrag zur Wahrung schutzwürdiger Interessen des Arbeitgebers. *Gesetzliche Grundlage:* § 241 II BGB. Es sind einzelne Unterlassungspflichten, aber auch Pflichten zum positiven Tun.

2. *Einzelpflichten* sind u.a.:

a)   Der Arbeitnehmer darf Dritten keine Betriebs- und Geschäftsgeheimnisse mitteilen.

b)   Aus der Verschwiegenheitspflicht folgt auch, dass der Arbeitnehmer ruf- und kreditschädigende Mitteilungen zu unterlassen hat.

c)   Der Arbeitnehmer darf keine Schmiergelder annehmen, d.h. Zuwendungen von geldwerten Geschenken oder anderen Vorteilen, durch die der Arbeitnehmer zu einem pflichtwidrigen Tun veranlasst werden soll.

d) Arbeitnehmer dürfen im Geschäftszweig des Arbeitgebers diesem keine Konkurrenz machen (Wettbewerbsverbot).

e) Den Arbeitnehmer treffen u.U. Mitteilungs- und Anzeigepflichten: Er hat z.B. die Pflicht zur Anzeige drohender Schäden (z.B. bei Störungen an Maschinen).

f) Pflicht, arbeitgeberseitige Weisungen zu befolgen (korrespondierend: Direktionsrecht des Arbeitgebers).

3. Bei *schuldhafter Verletzung von Nebenpflichten* kann ein Schadensersatzanspruch gegeben sein, falls ein Schaden entstanden ist. Auch eine verhaltensbedingte Kündigung ist in Betracht zu ziehen. Die Einhaltung von Unterlassungspflichten kann durch Klage durchgesetzt werden.

Trunkenheit am Arbeitsplatz

Alkoholisierter Zustand eines Arbeitnehmers, der es dem Arbeitgeber verbietet, ihn weiter zu beschäftigen. Gibt der Arbeitnehmer durch sein Verhalten (Körperkontrolle, Sprechweise etc.) Anlass zu der Vermutung, dass er unter Alkoholeinfluss steht, so muss der Arbeitgeber oder der unmittelbare Fach- und/oder Disziplinarvorgesetzte darüber entscheiden, ob der Mitarbeiter ohne Gefahr für sich und andere seiner Tätigkeit weiter nachgehen kann.

1. *Kündigung:* Ist Genuss von Alkohol im Dienst verboten (z.B. aufgrund einer Arbeitsordnung), kann Trunkenheit am Arbeitsplatz bei vorheriger Abmahnung nach den Umständen des Falles die *verhaltensbedingte Kündigung* rechtfertigen. Hat der Alkoholmissbrauch krankhaften Umfang, können die Grundsätze über die Kündigung wegen Krankheit zur Anwendung kommen (*personenbedingte Kündigung*).

2. *Haftung des Arbeitnehmers* für Schäden, die er bei Ausführung seiner Dienstleistung verursacht, jedenfalls dann, wenn ihm grobe Fahrlässigkeit vorzuwerfen ist.

3. *Entgeltfortzahlung:* Nach neuerer Auffassung gibt es keinen Erfahrungs-satz, wonach Arbeitnehmer eine krankhafte Alkoholabhängigkeit ver-schuldet hat. Maßgebend ist die Beurteilung im Einzelfall.

4. Alkoholgenuss im Betrieb kann der Annahme eines *Unfalls* (§ 8 SBG VII) entgegenstehen, wenn infolge des Genusses von Alkohol der Zusam-menhang mit der versicherten Tätigkeit und dem Unfallereignis fehlt oder wenn der Arbeitnehmer derartig betrunken ist, dass er keine wirtschaftli-che Arbeit mehr leisten kann.

TVöD

1. *Begriff:* Tarifvertrag für den öffentlichen Dienst (TVöD) vom 13.9.2005 m.spät.Änd., in Kraft seit 1.10.2005. Regelt als Nachfolge des Bundes-An-gestellten-Tarifvertrags (BAT) und der Tarifverträge für Arbeiter das Rechtsverhältnis der Beschäftigten des Bundes und der Kommunen. Das Rechtsverhältnis der Beschäftigten der Länder wird im Tarifvertrag-Länder geregelt, soweit die Länder Mitglied der Tarifgemeinschaft deutscher Län-der sind.

2. *Inhalte:* Der TVöD besteht aus einem allgemeinen Teil und einem besonderen Teil, der Spezialregelungen enthält für Verwaltung, Kranken-häuser, Entsorgung, Flughäfen und Sparkassen. Geregelt wird die Arbeits-zeit, der Urlaub, die Entgeltfortzahlung im Krankheitsfall, das Entgelt und Kündigung.

3. *Wesentliches Reformziel* bei der Ablösung des BAT war der Einstieg in das Leistungsentgelt. Zielgröße ist, dass zusätzlich zum Tabellenentgelt ein Leistungsentgelt bis zu 8 Prozent erreicht werden kann.

Überstunden

1. *Begriff:* Überschreiten der Arbeitszeit, die durch Arbeitsvertrag, Betriebsvereinbarung oder Tarifvertrag festgelegt ist. Da die betriebliche Arbeitszeit fast überall unterhalb der gesetzlichen Normalarbeitszeit liegt, ist oft Überarbeit gegeben, ohne dass gleichzeitig Mehrarbeit vorliegt.

2. *Überstunden und Arbeitspflicht:* Der Arbeitnehmer hat dem Arbeitgeber seine Arbeitskraft für die vorgesehene Stundenzahl zur Verfügung zu stellen. Überstunden braucht er grundsätzlich nicht zu leisten, es sei denn, dass etwas anderes durch Tarifvertrag, Betriebsvereinbarung oder Einzelvertrag bestimmt ist. Als Nebenpflicht aus dem Arbeitsvertrag (Treuepflicht des Arbeitnehmers) kann sich u.U. eine Pflicht zur Leistung von Überstunden ergeben, z.B. in dringenden Fällen, um drohende Schäden vom Betrieb fernzuhalten.

3. *Vergütung:* Überstunden müssen i.d.R. vergütet werden. Bei leitenden Angestellten ist vielfach der Arbeitsvertrag dahin auszulegen, dass Überstunden durch das normale Gehalt abgegolten sein sollen. Bei anderen Arbeitnehmern kann der Arbeitsvertrag bestimmen, dass eine gewisse Anzahl von Überstunden mit dem Gehalt abgegolten sind (etwa 10 Stunden im Monat). Die pauschale Abgeltung aller Überstunden mit dem Gehalt ist bei Arbeitnehmern unterhalb von leitenden Angestellten in der Regel unzulässig. Ob für Überstunden, die nicht gleichzeitig Mehrarbeit sind, eine höhere Vergütung als die Normalvergütung zu bezahlen ist, richtet sich nach den getroffenen Vereinbarungen, auch nach der betrieblichen Übung. In Tarifverträgen ist i.d.R. ein Überstundenzuschlag vereinbart.

4. *Mitbestimmung:* Die Anordnung von Überstunden unterliegt der zwingenden Mitbestimmung des Betriebsrats in sozialen Angelegenheiten nach § 87 I Nr. 3 BetrVG. Dieses Mitbestimmungsrecht greift auch dann ein, wenn der Arbeitgeber nur für einen Arbeitnehmer Überstunden anordnen will. Es entfällt, wenn die Maßnahme durch nur den einzelnen Arbeitnehmer betreffende Umstände veranlasst wird.

5. *Pfändung:* Überstundenlohn ist zur Hälfte unpfändbar (§ 850a Nr. 1 ZPO).

Übertarifliche Bezahlung

In einem Arbeitsvertrag zwischen Arbeitgeber und Arbeitnehmer vereinbartes übertarifliches Arbeitsentgelt. Tarifverträge stehen der übertrariflichen Bezahlung nicht entgegen (Günstigkeitsprinzip).

Umgruppierung

Begriff des Arbeitsrechts. Umgruppierung ist die Änderung der Zuordnung des Arbeitnehmers zu der für ihn maßgeblichen Lohn- bzw. Gehaltsgruppe. Änderung kann erfolgen aufgrund einer Versetzung durch den Arbeitgeber oder aufgrund einer neuen Lohn- bzw. Gehaltsgruppeneinteilung. Umgruppierung kann Höher- oder Rückgruppierung sein.

In Betrieben mit mehr als 20 Arbeitnehmern besteht bei Umgruppierung ein *Mitbestimmungsrecht* des Betriebsrats nach den §§ 99–101 BetrVG wie bei Eingruppierungen.

Unternehmung

Das Arbeitsrecht (z.B. BetrVG oder KSchG) kennt keinen eigenen Unternehmungsbegriff, sondern setzt ihn voraus. Er wird weitgehend durch die in den Gesetzen für die Unternehmung vorgesehenen Rechts- und Organisationsformen bestimmt, die durchweg zwingend sind. Die Unternehmung lässt sich durch die organisatorische Einheit des dahinter stehenden wirtschaftlichen oder ideellen Zwecks kennzeichnen. Eine Unternehmung kann aus mehreren Betrieben bestehen, wenn der mit der Unternehmung verfolgte Zweck durch mehrere organisatorisch verselbstständigte Zweckeinheiten erstrebt wird. In diesem Fall hat der Begriff der Unternehmung neben dem des Betriebs eine eigenständige betriebsverfassungsrechtliche Bedeutung, da er Anknüpfungspunkt für die Bildung des Gesamtbetriebsrats ist. Andererseits ist es möglich, dass arbeitsrechtlich mehrere Unternehmen einen (gemeinsamen) Betrieb bilden.

Urabstimmung

Geheime Abstimmung derjenigen Mitglieder einer Gewerkschaft, die für eine Teilnahme am Streik in Betracht kommen. Ob es Voraussetzung eines rechtmäßigen Streiks ist, dass die Gewerkschaft das satzungsmäßig vorgesehene Verfahren eingehalten, bes. eine Urabstimmung durchgeführt und die erforderliche Mehrheit erzielt haben muss, ist umstritten.

Begründung: Die satzungsmäßige Verpflichtung zur Urabstimmung gehört zum Selbstverwaltungsrecht der Gewerkschaft und entfaltet keine Rechtswirkung für Dritte.

Urlaub

I. *Erholungsurlaub:*

1. *Begriff:* Bezahlte Freizeit, die der Wiederherstellung und Erhaltung der Arbeitskraft des Arbeitnehmers dienen soll. Während des Urlaubs darf der Arbeitnehmer deshalb keine dem Urlaubszweck widersprechende Erwerbstätigkeit leisten.

2. *Rechtsgrundlage:* Bundesurlaubsgesetz (BUrlG) vom 8.1.1963 (BGBl. I 2) m.spät.Änd.

a) *Geltungsbereich:* Das Gesetz gilt für Arbeitnehmer, d.h. Arbeiter, Angestellte, zu ihrer Berufsausbildung Beschäftigte und für arbeitnehmerähnliche Personen.

b) *Sonderregelungen:* Heimarbeiter (§ 12 BUrlG); nach dem Arbeitsplatzschutzgesetz (Arbeitsplatzschutz); Seearbeitsgesetz; für schwerbehinderte Menschen (Schwerbehindertenrecht); Beamte; Jugendliche.

c) *Abweichungen* vom Bundesurlaubsgesetz mit Ausnahme des Grundsatzes des Urlaubsanspruchs und der Mindestdauer durch Tarifvertrag zugunsten des Arbeitnehmers zulässig. Für das Baugewerbe und sonstige Wirtschaftszweige mit häufig kurzfristigen Arbeitsverhältnissen sind weitergehende tarifvertragliche Änderungen zulässig.

3. *Urlaubsdauer:* jährlich mind. 24 Werktage. Als Werktage gelten alle Kalendertage, die nicht Sonntage oder gesetzliche Feiertage sind, also auch der Samstag bei 6-Tage-Woche. Durch Tarifverträge und Arbeitsverträge ist jedoch meist auf die 5-Tage-Woche umgestellt worden.

4. *Wartezeit:*

a) *Voller Urlaubsanspruch* erst nach sechsmonatigem Bestehen des Arbeitsverhältnisses (§ 4 BUrlG).

b) Anspruch auf 1/12 *des Jahresurlaubs* für jeden vollen Monat des Bestehens des Arbeitsverhältnisses hat jeder Arbeitnehmer

(1) für Zeiten eines Kalenderjahres, für die er wegen Nichterfüllung der Wartezeit in diesem Kalenderjahr keinen vollen Urlaubsanspruch erwirbt;

(2) wenn er vor erfüllter Wartezeit aus dem Arbeitsverhältnis ausscheidet;

(3) wenn er nach erfüllter Wartezeit in der ersten Hälfte eines Kalenderjahres aus dem Arbeitsverhältnis ausscheidet.

Bruchteile von Urlaubstagen, die mind. einen halben Tag ergeben, sind auf volle Urlaubstage aufzurunden.

5. *Gewährung des Urlaubs:*

a) *zeitliche Festlegung des Urlaubs:* Dabei sind die Urlaubswünsche der Arbeitnehmer zu berücksichtigen, wenn nicht dringende betriebliche Belange oder aus sozialen Gesichtspunkten vorrangige Urlaubswünsche anderer Arbeitnehmer entgegenstehen.

b) Der Urlaub ist *zusammenhängend zu gewähren,* wenn nicht betriebliche oder in der Person des Arbeitnehmers liegende Gründe eine *Urlaubsteilung* erfordern.

c) Der Urlaub muss *im laufenden Kalenderjahr* gewährt und genommen werden. Nur aus dringenden betrieblichen oder in der Person des Arbeitnehmers liegenden Gründen ist eine Übertragung des Urlaubs auf das nächste Kalenderjahr statthaft; in diesem Fall muss der Urlaub in den ersten drei Monaten des folgenden Kalenderjahrs gewährt und genommen werden. Hat der Arbeitnehmer im laufenden Urlaubsjahr nur einen Teilanspruch wegen nicht erfüllter Wartezeit, so ist dieser Urlaub auf Verlangen des Arbeitnehmers auf das ganze nächste Urlaubsjahr zu übertragen und mit dem Urlaub des folgenden Jahres zu gewähren. Mit Ablauf des Übertragungszeitraums wird der Arbeitgeber von der Verpflichtung zur Urlaubsgewährung frei, soweit er nicht die Unmöglichkeit der Urlaubsgewährung zu vertreten hat.

d) Kann der Urlaub wegen *Beendigung des Arbeitsverhältnisses* ganz oder teilweise nicht mehr gewährt werden, so ist er abzugelten. Während des Bestehens des Arbeitsverhältnisses gilt ein Abgeltungsverbot.

e) *Erkrankt* ein Arbeitnehmer während des Urlaubs, so werden die durch ärztliches Zeugnis nachgewiesenen Tage der Arbeitsunfähigkeit auf den Jahresurlaub nicht angerechnet.

f) *Kuren und Schonzeiten* dürfen nicht auf den Urlaub angerechnet werden, soweit ein Anspruch auf Entgeltfortzahlung im Krankheitsfall besteht.

6. *Vergütung:* Urlaubsentgelt, Urlaubsgeld.

7. *Mitbestimmung des Betriebsrats:* Nach § 87 I Nr. 5 BetrVG besitzt der Betriebsrat Mitbestimmungsrecht bei der Aufstellung allg. Urlaubsgrundsätze (z.B. allg. Richtlinien über Betriebsferien unter Schließung des Betriebs) und des Urlaubsplans sowie der Festsetzung der zeitlichen Lage des Urlaubs für einzelne Arbeitnehmer, wenn zwischen dem Arbeitgeber und den beteiligten Arbeitnehmern kein Einverständnis erzielt wird. Im Fall der Nichteinigung wird die Einigungsstelle angerufen.

8. *Sonderregelungen:*

a) Bei *Jugendlichen*, die zu Beginn des Kalenderjahrs noch nicht 18 Jahre alt sind (§ 19 JArbSchG), beträgt die Urlaubsdauer mind. 30 (bis 16 Jahre), 27 (bis 17 Jahre) und 25 (bis 18 Jahre) Werktage.

b) *Schwerbehinderte Menschen* haben Anspruch auf bezahlten Zusatzurlaub von fünf Arbeitstagen (§ 125 SGB IX; Schwerbehindertenrecht).

II. *Sonderformen:*

Bildungsurlaub, Elternzeit.

III. *Sonstige Freistellungen:*

Kurzfristige gesetzliche Freistellungsansprüche bestehen nach § 616 BGB (vorübergehende Verhinderung), §§ 37, 65 BetrVG, § 96 SGB IX (Betriebsrat, Vertrauensperson der schwerbehinderten Menschen), §§ 9, 43 JArb-SchG (Berufsschulpflicht, ärztliche Untersuchungen), § 16 MuSchG (ärztliche Untersuchung), § 14 ArbPlSchG (Erfassung Wehrpflichtiger), § 629 BGB (Stellensuche), § 45 III SGB V (Betreuung erkrankter Kinder), § 2, 3 Pflegezeitgesetz (Betreuung pflegebedürftiger naher Angehörige) und § 26 ArbGG, § 20 SGG (ehrenamtliche Richtertätigkeit).

IV. *Unbezahlter Urlaub:*

Der gesetzliche, tarifliche oder einzelvertragliche Urlaub kann um unbezahlten Urlaub aufgestockt werden. Dient der unbezahlte Sonderurlaub der Erholung, gilt § 9 BUrlG, d.h. im Fall der Erkrankung werden die durch ärztliches Zeugnis nachgewiesenen Tage der Arbeitsunfähigkeit auf den Jahresurlaub nicht angerechnet. Im Fall krankheitsbedingter Arbeitsunfähigkeit verliert der Arbeitnehmer nicht den gesetzlichen Anspruch auf Krankenvergütung (§ 3 EntgeltfortzG). Gewährt der Arbeitgeber *auf Wunsch des Arbeitnehmers* Sonderurlaub und wird zugleich vereinbart, dass das Arbeitsverhältnis in der Zeit des Sonderurlaubs ruht, so ist § 9 BUrlG abgedungen. Der Arbeitnehmer hat dann im Fall der Erkrankung keinen Anspruch auf Entgeltfortzahlung.

Urlaubsarbeit

Dem Urlaubszweck widersprechende Erwerbsarbeit während des gesetzlichen (Mindest-)Urlaubs. Urlaubsarbeit ist nach § 8 BUrlG verboten. Bei Zuwiderhandlung kann der Arbeitgeber Unterlassung verlangen und ggf. kündigen. Dagegen kann er nicht das Urlaubsentgelt zurückfordern.

Urlaubsbescheinigung

Bescheinigung des Arbeitgebers über den im laufenden Kalenderjahr gewährten oder abgegoltenen Urlaub des Arbeitnehmers. Die Urlaubsbescheinigung ist bei Beendigung des Arbeitsverhältnisses dem Arbeitnehmer auszuhändigen (§ 6 II BUrlG). Zweck der Urlaubsbescheinigung: Verhinderung von Doppelurlaub bei altem wie neuem Arbeitgeber im laufenden Kalenderjahr (vgl. § 6 I BUrlG).

Urlaubsgeld

1. *Begriff:*

a) An den Arbeitnehmer während des Urlaubs weitergezahltes Arbeitsentgelt; auch *Urlaubslohn.*

b) Zusätzlich zum Urlaubsentgelt gewährtes Urlaubsgeld oder eine Urlaubsgratifikation (Gratifikation), z.T. tarifvertraglich festgelegt (z.B. die Hälfte eines „13. Gehalts").

c) Bei Verzicht auf Urlaub dem Arbeitnehmer gewährte Entschädigung.

2. *Lohnsteuerrecht:* Als Urlaubsgeld im Sinn des EStG werden alle unter 1 a) bis c) genannten Begriffe angesehen. Urlaubsgeld gemäß a) ist als laufender Arbeitslohn, Urlaubsgeld gemäß b) und c) als sonstige Bezüge zu versteuern.

Urlaubsplan

Systematische Übersicht für die zeitliche Ordnung, in der den einzelnen Arbeitnehmern der Urlaub im Laufe des Kalenderjahrs gewährt werden soll. Zum Urlaubsplan gehört auch der Plan der Vertretung der im Urlaub befindlichen Arbeitnehmer. Der (verbindliche) Urlaubsplan ist abzugrenzen von der Urlaubsliste, in welcher die Arbeitnehmer ihre Urlaubswünsche eintragen.

Mitbestimmung: Die Aufstellung des Urlaubsplans unterliegt der zwingenden Mitbestimmung des Betriebsrats in sozialen Angelegenheiten (§ 87 I Nr. 5 BetrVG). Im Fall der Nichteinigung wird die Einigungsstelle angerufen. Die bloße Urlaubsliste ist nicht mitbestimmungspflichtig.

Verbandstarifvertrag

Tarifvertrag, bei dem als Vertragspartei auf Arbeitgeberseite ein Verband (Berufsverband, Tariffähigkeit) auftritt (§ 2 I TVG). Die Verbände bestimmen, für welche Branchen der Verbandstarifvertrag gilt. Der Verbandstarifvertrag gilt i.d.R. als Flächentarifvertrag für bestimmte Gebiete (Tarifbezirke, Länder, Bundesgebiet), meist entsprechend dem Gebiet der jeweiligen Verbände oder ihrer Untergliederungen.

Verdachtskündigung

Außerordentliche Kündigung aus wichtigem Grund wegen des *Verdachts* einer strafbaren Handlung oder einer sonstigen schwerwiegenden Verfehlung des Arbeitnehmers. Der Verdacht kann ein wichtiger Grund zur außerordentlichen Kündigung sein, wenn er das zur Fortsetzung des Arbeitsverhältnisses notwendige Vertrauen in die Rechtschaffenheit des Arbeitnehmers zerstört oder in anderer Hinsicht eine unerträgliche Belastung des Arbeitsverhältnisses darstellt. Für die Zulässigkeit ist erforderlich, dass der Verdacht dringend, durch Tatsachen objektiv begründet und alles Zumutbare zur Aufklärung des Sachverhalts geschehen ist. Der Arbeitnehmer muss vor Ausspruch der Verdachtskündigung gehört worden sein. Stellt sich nachträglich die Unschuld des verdächtigten Arbeitnehmers heraus, so ist dies während des Kündigungsrechtsstreits zu seinen Gunsten zu berücksichtigen. Nach dessen Beendigung kann ein Wiedereinstellungsanspruch bestehen. Auch Entlastungsvorbringen, das der Arbeitgeber nicht kannte, ist vom Gericht zu berücksichtigen. Die Kündigungserklärungsfrist des § 626 II BGB (außerordentliche Kündigung) beginnt, sobald die Verdachtsmomente überprüft sind. Ist diese Frist verpasst, kommt auch eine ordentliche Verdachtskündigung in Betracht.

Statt oder vor einer Kündigung kommt auch die *Suspendierung des Arbeitsverhältnisses* in Betracht (Beschäftigungsanspruch). Die vom Bundesarbeitsgericht seit langem anerkannte Rechtsfigur der Verdachtskündigung wird bisweilen kritisiert, weil sie gegen die Unschuldvermutung verstoße.

Allerdings gilt die Unschuldsvermutung ausschließlich im Strafrecht, nicht aber zwischen den Parteien des Arbeitsvertrags.

Verhaltensbedingte Kündigung

Ordentliche Kündigung des Arbeitsverhältnisses, die aus Gründen, die in dem Verhalten des Arbeitnehmers liegen, sozial gerechtfertigt sein kann (§ 1 II KSchG). Gründe im Verhalten des Arbeitnehmers sind v.a. Pflichtverletzungen des Arbeitsvertrags (Vertragsbruch) wie z.B. Unpünktlichkeit, anhaltende mangelhafte Arbeitsleistung, Nichtbeachtung erteilter Weisungen. Einmalige und geringfügige Vertragsverstöße können eine verhaltensbedingte Kündigung nicht rechtfertigen. Bei der verhaltensbedingten Kündigung ist i.d.R. eine vorherige Abmahnung erforderlich, es sei denn, es handelt sich um ein krasses Fehlverhalten (Beispiel für letzteres: Diebstahl, Veruntreuung im Arbeitsverhältnis). Bei Bagatelldiebstahl und -delikten ist die Rechtsprechung seit der „Emmely-Entscheidung" des BAG, 10.6.2010 – 2 AZR 541/09 – NZA 2010, 1227, nicht mehr ganz so strikt zulasten des Arbeitnehmers. In solchen Fällen bedarf es vielmehr auch einer Interessenabwägung, in der insbesondere ein bisher störungsfreier Verlauf des Arbeitsverhältnisses und eine lange Betriebszugehörigkeit zugunsten des Arbeitnehmers ins Felde geführt werden können.

Verrechnungsklausel

Klausel im Tarifvertrag, dass die neuen tariflichen Leistungen mit den bisher (freiwillig) vom Arbeitgeber bezahlten Leistungen verrechnet werden. Hat sich aber der Arbeitgeber bereits verpflichtet – etwa im Arbeitsvertrag –, bestimmte Leistungen zusätzlich zu dem jeweiligen Tariflohn zu gewähren (Zulagen), kann eine solche Verpflichtung nicht durch eine Verrechnungsklausel beseitigt werden. Ansonsten geben sie nur die allg. Rechtslage wieder (Tariflohnerhöhung).

Versetzung

1. *Begriff:* Jede nicht nur vorübergehende Änderung des Tätigkeitsbereichs des Arbeitnehmers nach Art, Ort und Umfang seiner Tätigkeit. Es hängt

vom Inhalt des Arbeitsvertrags ab, ob der Arbeitgeber die Versetzung einseitig kraft Direktionsrechts anordnen kann, oder ob der Aufgabenbereich des Arbeitnehmers vertraglich so genau abgegrenzt ist, dass die Versetzung nur mit Zustimmung des Arbeitnehmers (Änderungsvertrag) oder im Weg der Änderungskündigung erfolgen kann. Vorformulierte vertragliche Versetzungsbefugnisse unterliegen allerdings einer AGB-rechtlichen Überprüfung.

2. *Zulässigkeit:*

a) Ist der Arbeitnehmer vorbehaltlos *für eine bestimmte Tätigkeit eingestellt,* so kann ihm nicht einseitig eine andere Beschäftigung zugewiesen werden.

b) Ist der Arbeitnehmer für *jede Tätigkeit* eingestellt worden, die bei Abschluss des Arbeitsvertrags voraussehbar war, ist eine Versetzung möglich.

c) Grundsätzlich besteht ohne bes. Vereinbarung kein Recht zur Versetzung auf einen *geringer entlohnten Arbeitsplatz.*

3. *Unwirksamkeit wegen fehlender Beteiligung des Betriebsrats:* Wurde der Betriebsrat nicht beteiligt, ist die Versetzung auch individualrechtlich unwirksam.

Vertragliche Einheitsregelung

Begriff des Arbeitsrechts für gleiche einzelvertragliche Regelungen, die der Arbeitgeber mit allen oder mit einer Vielzahl seiner Arbeitnehmer vereinbart.

Weitgehend identisch mit: Gesamtzusage. Vielfach werden freiwillige Sozialleistungen mit vertraglichen Einheitsregelungen vereinbart: Z.B. Gratifikationen, Deputate, betriebliche Versorgungsleistungen, Zulagen, Darlehen, Jubiläumszuwendungen.

Bei veränderten wirtschaftlichen Rahmenbedingungen stellt sich die Frage, ob solche vertraglichen Einheitsregelungen durch *ablösende Betriebsvereinbarungen* gekürzt werden können. Nach der Entscheidung des Großen

Senats des BAG vom 16.9.1986 (GS 1/82) ist es grundsätzlich nicht zulässig, die vertraglichen Einheitsregelungen durch Betriebsvereinbarung insgesamt zu verschlechtern, da sonst das Günstigkeitsprinzip verletzt wird. Zulässig sind aber *umstrukturierende Betriebsvereinbarungen*, die im Vergleich zu den vorangehenden vertraglichen Einheitsregelungen bei kollektiver Betrachtungsweise insgesamt für die Belegschaft nicht ungünstiger sind, z.B. nur andere Verteilungsgrundsätze verwirklichen. Eine Verschlechterung durch ablösende Betriebsvereinbarung ist aber dann möglich, wenn der Arbeitsvertrag oder die Gesamtzusage betriebsvereinbarungsoffen gestaltet sind, d.h. einen entsprechenden Verschlechterungsvorbehalt enthalten.

Vertragsbruch

1. *Nichtleistung der Arbeit* (z.B. vorzeitige Aufgabe der Stellung durch den Arbeitnehmer ohne vorherige ordentliche oder außerordentliche Kündigung): Verweigert der Arbeitnehmer schuldhaft die Arbeit, kann der Arbeitgeber den Lohn für die nicht geleistete Arbeit einbehalten (§ 320 BGB) und den vertragsbrüchigen Arbeitnehmer nach Abmahnung ordentlich (verhaltensbedingte Kündigung), bei Vorliegen eines wichtigen Grundes auch außerordentlich (außerordentliche Kündigung) kündigen. Außerdem kann er bei Vorliegen eines Schadens Schadensersatzansprüche gegen den Arbeitnehmer geltend machen (z.B. Ersatz der Kosten der Stellenanzeigen, wenn diese Kosten bei ordnungsgemäßer Einhaltung der Kündigungsfristen durch den Arbeitnehmer vermeidbar gewesen wären).

Zur Sicherung der Arbeitspflicht kann der Arbeitgeber auch eine Vertragsstrafe mit dem Arbeitnehmer vereinbaren. Im Berufsausbildungsverhältnis sind Vertragsstrafen nicht erlaubt (§ 12 II Nr. 2 BBiG).

2. *Schlechterfüllung der Arbeitspflicht (Schlechtleistung)* hat i.Allg. keine Minderung des Arbeitsentgelts zur Folge, da es Gewährleistungsrechte wie beim Kauf- oder Werkvertrag im Dienst- und Arbeitsvertragsrecht nicht gibt.

Bei Leistungsentlohnung (z.B. Akkord) kann jedoch vereinbart sein, dass Leistungslohn nur für einwandfreie Arbeitsergebnisse gezahlt wird.

Wiederholte Schlechtleistung kann den Arbeitgeber u.U. zur Kündigung berechtigen.

3. Fügt der Arbeitnehmer bei Ausüben der ihm übertragenen Tätigkeiten dem Arbeitgeber einen *Sachschaden* zu, gelten die Besonderheiten über die Haftung im Arbeitsverhältnis.

Vertragsstrafe

Vertragsstrafe kann zur Sicherung eines *Wettbewerbsverbots* des Arbeitnehmers (§ 75c HGB) oder zur Absicherung des Arbeitgebers gegen *Arbeitsvertragsbruch* abgeschlossen, um als Druckmittel zur Erfüllung der Hauptverbindlichkeit zu dienen oder im Fall ihrer Verwirkung dem Arbeitgeber den Nachweis des Schadens zu erleichtern. Derartige Vertragsstrafen sind grundsätzlich wirksam, unterliegen aber einer AGB-Kontrolle. Zwar ist § 309 Nr. 6 BGB nicht einschlägig. Die Vertragsstrafe darf aber nicht überraschend sein; außerdem muss sie inhaltlich bestimmt und angemessen sein, anderenfalls ist die Regelung aus AGB-rechtlichen Gründen unwirksam. Eine Vertragsstrafe von mehr als 1 Monatsgehalt wird häufig als unangemessen und unwirksam gewertet. Eine solche Klausel kann dann nicht mithilfe von § 343 BGB gerettet werden. Unzulässig ist die Vertragsstrafe für den Fall einer fristgemäßen Kündigung des Arbeitnehmers. Nichtig ist die Vereinbarung über Vertragsstrafen im *Berufsausbildungsvertrag* (§ 12 II Nr. 2 BBiG).

Vertrauensleute der Gewerkschaft

Der jeweiligen Gewerkschaft angehörende Arbeitnehmer, die Aufgaben der Gewerkschaft im Betrieb wahrzunehmen haben, die sich aus der Satzung und den Richtlinien der jeweiligen Einzelgewerkschaften ergeben. Sie sind keine Vertretungsorgane der Arbeitnehmer gegenüber dem Arbeitgeber im Sinn des BetrVG. Vertrauensleute der Gewerkschaft sind durch Art. 9 III GG (Koalitionsfreiheit) geschützt; überwiegend wird es aber für möglich gehalten, wenn (z.B. durch Tarifverträge) den Vertrauensleuten der Gewerkschaft ähnliche Funktionen und ein ähnlicher Schutz wie Betriebsratsmitgliedern (Betriebsrat) gesichert werden. Ein Anspruch gegen den

Arbeitgeber auf Durchführung der Wahl der Vertrauensleute im Betrieb besteht nicht, und zwar auch dann nicht, wenn die betrieblichen Abläufe dadurch nicht gestört werden (BAG, 8.12.1978 - AZ 1 AZR 303/77, DB 1979, 1043).

Verwarnung

Die Verwarnung ist entweder eine Vorstufe zur individualrechtlichen Abmahnung (dann auch „Ermahnung") oder eine Maßnahme der Betriebsbuße.

Verzicht

1. *Arbeits-, Tarifvertrag und Betriebsvereinbarung:* Ein vertraglicher Verzicht des Arbeitnehmers auf Ansprüche aus dem Arbeitsverhältnis ist in vielen arbeitsrechtlichen Gesetzen ausgeschlossen (z.B. § 13 BUrlG, § 12 EntgeltfortzG). Ebenso sind Ansprüche aus Tarifverträgen und Betriebsvereinbarungen unverzichtbar (§ 4 IV TVG, § 77 IV BetrVG).

2. *Gerichtliche Vergleiche:* In gerichtlichen Vergleichen behelfen sich die Arbeitsvertragsparteien häufig damit, dass sie keinen Verzicht regeln, sondern nur den Streit über das tatsächliche Vorliegen von gesetzlichen, tariflichen, betriebsverfassungsrechtlichen Ansprüchen beilegen (z.B. Zahl der Arbeitsstunden; Bestehen oder Nichtbestehen offener Urlaubsansprüche etc.). Es handelt sich dann um einen zulässigen sog. Tatsachenvergleich.

3. Auf solche Ansprüche kann auch nicht ohne Weiteres durch *Ausgleichsquittungen* verzichtet werden. Zudem unterliegen solche Ausgleichsquittungen einer AGB-rechtlichen Prüfung.

Volontär

1. *Begriff:*

a) Nach *früherem Verständnis:* Person, die, ohne als Auszubildender angenommen zu sein, zum Zweck der Ausbildung unentgeltlich in den Diensten eines anderen beschäftigt wird (vgl. den früher geltenden § 82a HGB).

b) *Heutiges Verständnis:* Nach Inkrafttreten des Berufsbildungsgesetzes (BBiG) ist die rechtliche Stellung des Volontärs umstritten. Überwiegend wird angenommen, dass ein Volontärverhältnis im arbeitsrechtlichen Sinn dann anzunehmen ist, wenn den Volontär eine Arbeitspflicht trifft. Ist das vereinbart, sind §§ 26, 17 BBiG anzuwenden, ist die Arbeit des Volontärs also zu vergüten. Soweit keine Arbeitspflicht besteht und die Eigenschaft als Arbeitnehmer zu verneinen ist, ist nach umstrittener Auffassung § 17 BBiG auch nicht entsprechend anzuwenden.

2. *Abgrenzung von Volontär und Praktikant:* Die Ausbildung des Volontärs dient im Vergleich zum Praktikanten mehr einer allg. Orientierung im Betrieb, während das Praktikum Vorstufe einer weiteren Ausbildung ist.

Vorruhestand

Vorzeitiges Ausscheiden älterer Arbeitnehmer aus dem Arbeitsleben. Der Vorruhestand ist ein Rechtsverhältnis eigener Art zwischen dem beendeten Arbeitsverhältnis und dem Eintritt in den Ruhestand. Versorgungsanwartschaften werden unverfallbar, wenn ein Arbeitnehmer aufgrund einer Vorruhestandsregelung ausscheidet und er ansonsten die Wartezeit und die sonstigen Voraussetzungen für den Bezug betrieblicher Altersversorgung (bAV) hätte erfüllen können, § 1 Abs. 1 S. 2 Betriebsrentengesetz (BetrAVG). Das den Vorruhestand regelnde Vorruhestandsgesetz ist ausgelaufen. Ähnliche Ziele mit anderen Mitteln verfolgt das Altersteilzeitgesetz (ATG).

Vorschuss

Vorauszahlung i.d.R. auf noch nicht fällige Forderungen.

1. *Allgemeines:* Ein *Rechtsanspruch* auf Vorschuss für künftige Auslagen besteht, soweit es sich um eine Geschäftsbesorgung (Geschäftsbesorgungsvertrag) und um gemäß §§ 675, 670 BGB zu ersetzende Auslagen (Aufwendungsersatz) handelt, so z.B. für Arbeitnehmer, geschäftsführende Gesellschafter, Kommissionäre etc., die mit einer Geschäftsbesorgung betraut sind (§ 669 BGB).

2. *Vorschuss für Arbeitnehmer:* Vorschüsse werden v.a. aus bes. Anlass als Vorauszahlungen auf den künftig fällig werdenden Arbeitslohn und, anders als bei vertraglich vorgesehenen Abschlagszahlungen (Teilzahlung), ohne rechtliche Verpflichtung gewährt. Derartige Vorschüsse können ohne die für die Aufrechnung geltenden Beschränkungen bei der Lohnzahlung einbehalten werden.

Vorstellungskosten

Die dem zur persönlichen Vorstellung (Vorstellungsgespräch) aufgeforderten Bewerber entstehenden Kosten. Berechtigte, tatsächlich verursachte Aufwendungen, insbesondere Reisekosten und die für Übernachtung und Verpflegung entstandenen Auslagen sind dem Bewerber entsprechend § 670 BGB zu ersetzen, soweit die Übernahme nicht bei Aufforderung zur Vorstellung ausdrücklich durch den potentiellen Arbeitgeber ausgeschlossen wurde.

Vorstrafe

1. *Begriff:* Die im Bundeszentralregister eingetragene, noch nicht getilgte, gerichtliche Strafe einer Person.

2. *Arbeitsrecht:* Die Offenbarungs- und Auskunftspflicht des Arbeitnehmers gegenüber seinem zukünftigen Arbeitgeber ist nicht unumstritten:

a) *Unaufgefordert* braucht der Arbeitnehmer Vorstrafen nur ausnahmsweise anzugeben, wenn dies nach Treu und Glauben erwartet werden muss, z.B. bei Bewerbung um bes. qualifizierte Vertrauensstellung.

b) *Auf Befragen* hat der Arbeitnehmer Vorstrafen anzugeben, die für seine Verwendung im Betrieb von Bedeutung sein können (z.B. Kraftfahrer hinsichtlich Vorstrafen wegen Verkehrsdelikten). Für die betriebliche Praxis empfiehlt es sich oft, die Befragung auf derartige Delikte zu beschränken. Lügt der Arbeitnehmer auf eine zulässige Frage nach einer einschlägigen Vorstrafe, so kann der Arbeitgeber den Arbeitsvertrag wegen arglistiger Täuschung anfechten (§ 123 BGB). Fragt er allerdings nach Vorstrafen, die für die Verwendung im Betrieb bedeutungslos sind, wird im Verschweigen solcher Vorstrafen i.d.R. noch keine arglistige Täuschung liegen.

Warnstreik

Kurzer und zeitlich befristeter Streik, zu dem die Gewerkschaft während laufender Tarifverhandlungen nach Ablauf der vertraglich vereinbarten Friedenspflicht (Tarifvertrag) aufruft ("Neue Beweglichkeit"). Ein solcher Aufruf bedeutet zugleich, dass die laufenden Tarifverhandlungen gescheitert sind. Warnstreiks sind nach der Rechtsprechung des Bundesarbeitsgerichts grundsätzlich zulässig.

Wartezeit

I. *Arbeitszeit:*

Teil der Grundzeit (t_g). Planmäßiges Warten der Menschen auf das Ende von Ablaufabschnitten, bei denen Betriebsmittel oder Arbeitsgegenstand zeitbestimmend sind.

Kurzzeichen nach REFA-Verband für Arbeitsstudien, Betriebsorganisation und Unternehmensentwicklung e.V.: t_w. Ist der Anteil der Wartezeit (unbeeinflussbare Zeit) hoch, ist der Akkordlohn als Lohnform nicht anwendbar.

II. *Arbeitsrecht:*

1. *Urlaub:* Der volle Urlaubsanspruch wird erstmalig nach sechsmonatigem Bestehen des Arbeitsverhältnisses erworben (§ 4 BUrlG).

2. *Ruhegeldzusagen:* Diese werden oft nur unter der aufschiebenden Bedingung gewährt, dass eine bestimmte Wartezeit erfüllt ist, d.h. dass der Arbeitnehmer bei Eintritt des Versorgungsfalls eine bestimmte Mindestzeit im Arbeitsverhältnis zurückgelegt hat oder bis zu einem bestimmten Lebensalter im Betrieb tätig wird.

3. *Anders:* Unverfallbarkeitsfristen (Begriff des Betriebsrentengesetzes).

Wartezeit für Kündigungsschutz

Begriff des Arbeitsrechts: Die Zeit, nach der das Kündigungsschutzgesetz anwendbar ist. Dies sind sechs Monate Betriebszugehörigkeit, § 1 I KSchG. Bei einer kürzeren Betriebszugehörigkeit kann das Arbeitsverhältnis grundsätzlich frei gekündigt werden. Die Parteien können aber auch vereinbaren, dass das Kündigungsschutzgesetz ab dem ersten Tag gilt. Die Wartezeit ist abzugrenzen von der Probezeit. Letztere hat Auswirkungen auf die Kündigungsfrist.

Weisung

Anordnung des Arbeitgebers an den Arbeitnehmer im Rahmen des Direktionsrechts (Weisungsrecht).

Werkdienstwohnung

Wohnung, die im Rahmen eines Dienstverhältnisses (Arbeitsverhältnisses) ohne gesonderten Mietvertrag und ohne gesonderten Mietzins überlassen ist (z.B. Hausmeister). Die gesetzliche Regelung findet sich in § 576 b BGB. Die Beendigung von Werkdienstvertrag und Dienstvertrag (Arbeitsvertrag) erfolgt einheitlich. Für die Beendigung des Mietverhältnisses gelten aber die mietvertraglichen Vorschriften, wenn der Arbeitnehmer – wie meistens – mit seiner Familie dort wohnt oder die Wohnung selbst ausgestattet hat (§ 576 b BGB). In solchen Fällen kann auch im Rahmen des Dienstverhältnisses ein Mietvertrag geschlossen werden, der allerdings die Verknüpfung (Einheit) mit dem Dienstvertag klar regeln muss.

Der Betriebsrat hat kein Mitbestimmungsrecht bei Werkdienstwohnungen, wohl aber bei Werkmietwohnungen. Bei Streitigkeiten sind die Arbeitsgerichte zuständig.

Werkmietwohnung

1. *Begriff:* Wohnung, über die zwischen Arbeitgeber und Arbeitnehmer neben dem Arbeitsvertrag ein Mietvertrag abgeschlossen wird (§§ 576, 576a BGB).

2. Arbeitgeber kann nicht zur *Errichtung von Werkmietwohnungen* gezwungen werden; möglich ist der Abschluss einer freiwilligen Betriebsvereinbarung (§ 88 Nr. 2 BetrVG).

3. Die *Zuweisung und Kündigung von Werkmietwohnungen* sowie die *allg. Festlegung der Nutzungsbedingungen* unterliegen der erzwingbaren

Mitbestimmung des Betriebsrats in sozialen Angelegenheiten nach § 87 I Nr. 9 BetrVG. Die Mitbestimmung erstreckt sich auf jeden Einzelfall der Zuweisung und Kündigung einer Werkmietwohnung. Das Fehlen der Zustimmung des Betriebsrats kann der Arbeitnehmer in einem anhängigen Mietprozess einwenden. Umstritten ist, ob das Mitbestimmungsrecht auch noch nach eingetretener Auflösung des Arbeitsverhältnisses fortbesteht. Zur *zivilrechtlichen Wirksamkeit* der Kündigung der Werkmietwohnung vgl. §§ 576, 576a BGB.

4. Mitbestimmung bei der *allg. Festlegung der Nutzungsbedingungen* bedeutet z.B. Mitbestimmung bei dem Entwurf eines Mustermietvertrages, aber auch bei der allg. Festlegung der Grundsätze über die Mietzinsbildung im Rahmen der vom Arbeitgeber zur Verfügung gestellten Mittel (nicht: Festsetzung des Mietzinses für jede einzelne Werkmietwohnung).

5. *Streitigkeiten*: Bei Streitigkeiten zwischen Arbeitgeber und Arbeitnehmer über die Werkmietwohnung sind die Zivilgerichte zuständig, nicht die Arbeitsgerichte.

Werkspionage

1. *Begriff:* Insgeheim durchgeführte Tätigkeit, die darauf zielt, Betriebs- und Geschäftsgeheimnisse der Konkurrenz (Zahlen des industriellen Rechnungswesens, Daten der wirtschaftlichen und technischen Planung, Verfahrensweisen, Rezepte, und Entwicklungen etc.) aufzudecken oder Pläne eines Vertragspartners in Erfahrung zu bringen.

2. Werksspionage ist vielfach *strafbar,* auch wenn sie nicht in Zusammenhang mit einer anderen strafbaren Handlung (z.B. Diebstahl, Einbruch etc.) durchgeführt wird (Geheimnisverrat).

3. *Arbeitsrechtliche Folgen:* Außerordentliche Kündigung von Arbeitnehmern bei Weitergabe von Betriebsgeheimnissen an andere wegen Verstoßes gegen die dem Arbeitgeber gegenüber bestehende Treuepflicht.

Wettbewerbsabrede

Für die Zeit nach Beendigung des Arbeitsverhältnisses mit dem Arbeitnehmer getroffene, diesen in der freien Berufsausübung beschränkende Vereinbarung. Nach der Rechtsprechung des BAG gelten die §§ 74 ff. HGB analog für alle Arbeitnehmer.

Wettbewerbsklausel

Vereinbarung, i.d.R. zwischen dem Unternehmer und seinen Angestellten (aber auch mit Gesellschaftern, Handelsvertretern, Geschäftsführern einer GmbH etc.), die den Unternehmer vor Wettbewerb *nach* Beendigung des Dienstverhältnisses schützen soll (während des Dienstverhältnisses Wettbewerbsverbot).

Wettbewerbsverbot

1. *Während des rechtlichen Bestehens des Arbeitsverhältnisses:*

a) *Kaufmännische Angestellte und alle anderen Arbeitnehmer* (Handlungsgehilfe): Sie dürfen ohne Einwilligung des Arbeitgebers im Handelszweig des Arbeitgebers weder ein eigenes Handelsgewerbe betreiben noch für eigene oder fremde Rechnung Geschäfte machen (§ 60 HGB). Verletzt der Arbeitnehmer das Wettbewerbsverbot, so kann der Arbeitgeber Unterlassung verlangen, u.U. zur außerordentlichen Kündigung berechtigt sein, Schadensersatz fordern oder verlangen, dass der Arbeitnehmer die für eigene Rechnung abgeschlossenen Geschäfte als für Rechnung des Arbeitgebers eingegangen gelten lässt oder die aus Geschäften für fremde Rechnung bezogene Vergütung herausgibt (§ 61 HGB).

b) *Auszubildende:* Eine entsprechende Verpflichtung ist zu bejahen (vgl. § 10 II BBiG).

2. *Nach Beendigung des Arbeitsverhältnisses:* Es besteht kein gesetzliches Wettbewerbsverbot. Der Wettbewerb kann aber durch vertragliche Abmachungen über das Ende des Arbeitsverhältnisses hinaus beschränkt werden. Da diese die Freiheit des Arbeitnehmers und sein berufliches

Fortkommen (Art. 12 GG) erheblich beeinträchtigen können, unterliegen sie bestimmten gesetzlichen Beschränkungen (§§ 74 ff. HGB, Wettbewerbsklausel).

a) *Kaufmännische Angestellte:* Die Wettbewerbsabrede bedarf nach der Regelung der §§ 74 ff. HGB der Schriftform; sie darf sich nicht über zwei Jahre erstrecken. Weitere Voraussetzungen:

(1) *Konkurrenzentschädigung:* Der Arbeitgeber muss sich verpflichten, dem Arbeitnehmer für die Dauer des Verbots monatlich eine Entschädigung zu zahlen, die mind. die Hälfte der letzten vertraglichen Bezüge des Arbeitnehmers erreicht (§ 74 II HGB). Die Verbindlichkeit eines Wettbewerbsverbots hängt auch bei hochbezahlten Angestellten und bei Arbeitnehmern, die für eine Tätigkeit außerhalb Europas eingestellt werden, von der Zusage der gesetzlichen Karenzentschädigung ab. Auf die Karenzentschädigung muss sich der Arbeitnehmer anrechnen lassen, was er während des Zeitraums, für den sie gezahlt wird, durch anderweitige Verwertung seiner Arbeitskraft erwirbt oder zu erwerben böswillig unterlässt, soweit die Entschädigung unter Hinzurechnung dieses Betrags den Betrag der zuletzt von ihm bezogenen Arbeitsvergütung um 10 Prozent und im Fall eines durch das Wettbewerbsverbot bedingten Umzugs um 25 Prozent übersteigen würde (§ 74c I HGB).

(2) *Unverbindlichkeit:*

(a) *Allgemein:* Das Wettbewerbsverbot ist insoweit unverbindlich, als es nicht zum Schutz eines berechtigten geschäftlichen Interesses des Arbeitgebers dient. Es ist ferner unverbindlich, soweit es unter Berücksichtigung der gewährten Entschädigung nach Ort, Zeit oder Gegenstand eine unbillige Erschwerung des Fortkommens des Handlungsgehilfen enthält (§ 74a I).

(b) *Bedingtes Wettbewerbsverbot:* Bei dem Wettbewerbsverbot darf es sich nicht um ein bedingtes Wettbewerbsverbot handeln. Dies liegt dann vor, wenn das Inkrafttreten des Wettbewerbsverbots nach

Beendigung des Arbeitsverhältnisses davon abhängig gemacht wird, dass der Arbeitgeber es in Anspruch nimmt, oder wenn der Arbeitgeber sich vorbehält, auf ein vereinbartes Wettbewerbsverbot zu verzichten. Solche bedingten Wettbewerbsverbote sind nach der Rechtsprechung für den Arbeitnehmer verbindlich, weil sie einer entschädigungslos vereinbarten Konkurrenzklausel gleichkommen.

(c) *Unverbindliches Wettbewerbsverbot:* Ein unverbindliches Wettbewerbsverbot liegt vor, wenn der Arbeitnehmer zwar nicht an das Wettbewerbsverbot gebunden ist, ihm also eine Konkurrenztätigkeit nicht untersagt ist, er sich aber an die Wettbewerbsvereinbarung halten und dann vom Arbeitgeber die vereinbarte Karenzentschädigung verlangen kann. Ist aber z.B. die Schriftform nicht gewahrt oder hat sich der Arbeitgeber die Erfüllung des Wettbewerbsverbots auf Ehrenwort oder unter ähnlichen Versicherungen versprechen lassen, ist das Wettbewerbsverbot insgesamt nichtig (§ 74a II HGB).

(3) *Ansprüche des Arbeitgebers bei Nichteinhaltung des Wettbewerbsverbots:* Der Arbeitgeber kann gegen den Arbeitnehmer auf Unterlassung von Wettbewerb klagen. Für die Zeit, in der der Arbeitnehmer das Wettbewerbsverbot verletzt hat, kann der Arbeitgeber die Zahlung einer Karenzentschädigung verweigern oder aber Schadensersatzansprüche geltend machen. Die Einhaltung des Wettbewerbsverbots kann auch durch Vertragsstrafen gesichert werden (§ 75c HGB).

(4) *Verzicht durch Arbeitgeber:* Vor Beendigung des Arbeitsverhältnisses kann der Arbeitgeber durch schriftlich eindeutige Erklärung auf das Wettbewerbsverbot verzichten; alsdann wird er mit Ablauf eines Jahres seit Verzichtserklärung von der Zahlungspflicht frei (§ 75a HGB).

(5) *Außerkrafttreten des Wettbewerbsverbots:* Das Wettbewerbsverbot tritt außer Kraft, wenn der Arbeitnehmer das Arbeitsverhältnis wegen vertragswidrigen Verhaltens des Arbeitgebers außerordentlich kündigt und vor Ablauf eines Monats nach Kündigung dem Arbeitgeber schriftlich erklärt, er fühle sich an das Wettbewerbsverbot nicht gebunden (§ 75 I HGB). Entsprechendes gilt nach der Rechtsprechung

des BAG für den Arbeitgeber, wenn dieser das Arbeitsverhältnis wegen vertragswidrigen Verhaltens des Arbeitnehmers außerordentlich kündigt; die Vorschrift des § 75 III HGB, die für diesen Fall den Wegfall der Karenzentschädigung bei weiter bestehendem Wettbewerbsverbot vorsah, ist verfassungswidrig.

Kündigt der Arbeitgeber das Arbeitsverhältnis ohne erheblichen Anlass in der Person des Angestellten und bietet er in diesem Fall dem Arbeitnehmer nicht für die Dauer des Wettbewerbsverbots die Fortzahlung der vollen bisherigen Bezüge als Karenzentschädigung an, wird das Wettbewerbsverbot ebenfalls unwirksam, wenn der Arbeitnehmer vor Ablauf eines Monats nach der Kündigung gegenüber dem Arbeitgeber schriftlich erklärt, er fühle sich an die Wettbewerbsabrede nicht gebunden (§ 75 II HGB).

b) *Gewerbliche Arbeitnehmer:* Das BAG wendet die §§ 74 ff. HGB analog auf Wettbewerbsverbote mit sonstigen Arbeitnehmern, die nicht kaufmännische Angestellte sind, an.

c) *Auszubildende:* Der Abschluss eines Wettbewerbsverbots ist grundsätzlich ausgeschlossen. Es ist nur dann möglich, wenn die Parteien sich innerhalb der letzten sechs Monate des Ausbildungsverhältnisses verpflichten, ein Arbeitsverhältnis einzugehen (§ 12 I 2 BBiG).

Widerruf

1. *Widerruf von Arbeitsvertragsbedingungen:* i.d.R. nur zulässig, wenn er von der widerrufenden Partei vorbehalten wurde. Der Widerruf des Arbeitgebers hat die nach § 315 BGB gesetzten Grenzen ("billiges Ermessen") zu beachten. Ist Widerruf nicht vorbehalten, ist Änderungskündigung erforderlich.

2. *Widerruf von Ruhegeldzusagen:* Aus steuerrechtlichen Gründen spielen nur noch die Mustervorbehalte der Finanzverwaltung in der Praxis eine Rolle.

Bei groben Treueverstößen kann der Widerruf von Versorgungsleistungen gerechtfertigt sein, wenn der Verstoß so schwer wiegt, dass die Berufung auf die Versorgungszusage arglistig erscheint. Ein Widerruf wegen wirtschaftlicher Schwierigkeiten ist nach der Rechtsprechung zulässig, wenn

a)   der Bestand des Unternehmens gefährdet ist;

b)   die Ruhegeldeinstellung in Verbindung mit anderen Maßnahmen geeignet ist, die Sanierung herbeizuführen;

c)   nicht nur den Ruheständlern, sondern auch anderen Personen Opfer zugemutet werden.

Wiedereinstellung

1. Ist ein Arbeitnehmer aufgrund *Verdachtskündigung* entlassen worden, hat er einen Anspruch auf Wiedereinstellung, wenn er in vollem Umfang rehabilitiert ist und die Wiedereinstellung unter Berücksichtigung der beiderseitigen Interessen nach Treu und Glauben zur Beseitigung eines Unrechts erforderlich erscheint. Dem Arbeitnehmer sind dann die gleichen Rechte wieder einzuräumen.

2. Nach *betriebsbedingter Kündigung* besteht ein Recht auf Wiedereinstellung, wenn noch während der Kündigungsfrist der betriebliche Grund entfällt und deshalb eine Weiterbeschäftigung möglich ist.

3. Nach einer das Arbeitsverhältnis (nur ausnahmsweise in Betracht kommenden) lösenden *Aussperrung* haben grundsätzlich alle davon betroffenen Arbeitnehmer einen Anspruch auf Wiedereinstellung. Dies gilt unabhängig davon, ob für die der Tarifbindung unterliegenden Arbeitnehmer eine Wiedereinstellungsklausel vereinbart wurde.

Wirtschaftsausschuss

1. *Begriff:* Einrichtung in Unternehmen mit i.d.R. mehr als 100 ständigen Arbeitnehmern zum Zwecke der Zusammenarbeit zwischen Betriebsrat und Unternehmer sowie der gegenseitigen Unterrichtung in wirtschaftlichen Angelegenheiten (§§ 106 ff. BetrVG).

2. *Zusammensetzung:* Drei bis sieben Angehörige des Unternehmens (davon mind. ein Betriebsratsmitglied), die vom Betriebsrat für die Dauer

seiner Amtszeit bestimmt werden. Der Wirtschaftsausschuss soll monatlich einmal zusammentreten.

3. *Aufgaben:* Dem Wirtschaftsausschuss ist unter Hinzuziehung des Betriebsrats der Jahresabschluss vorzulegen und zu erläutern (§ 108 V BetrVG). Gemeinsam mit dem Wirtschaftsausschuss hat der Unternehmer in Unternehmen mit i.d.R. mehr als 1.000 Arbeitnehmern mind. einmal im Vierteljahr die Belegschaft über die wirtschaftliche Lage und Entwicklung des Unternehmens zu unterrichten.

4. Im *Streitfall* über Umfang der Auskunftspflicht des Arbeitgebers entscheidet Einigungsstelle mit bindender Kraft (§ 109 BetrVG).

Wochenarbeitszeit

Die der Bemessung der Arbeitszeit von Arbeitnehmern sowie der Berechnung des Arbeitsentgelts von Arbeitnehmern i.Allg. zugrunde liegende Tätigkeitszeit. Nach § 3 Satz 1 des Arbeitszeitgesetzes darf die werktägliche Arbeitszeit acht Stunden nicht überschreiten; damit ist von Montag bis Samstag wie bisher eine regelmäßige Wochenarbeitszeit von 48 Stunden zulässig. Nach § 3 Satz 2 des Arbeitszeitgesetzes darf die werktägliche Arbeitszeit auf bis zu 10 Stunden verlängert werden, wenn innerhalb von 6 Monaten oder innerhalb von 24 Wochen im Durchschnitt 8 Stunden werktäglich nicht überschritten werden; in diesen Grenzen ist also ausnahmsweise eine Wochenarbeitszeit von 60 Stunden möglich. Nach den meisten Tarifverträgen ist die durchschnittliche Wochenarbeitszeit deutlich niedriger als 48 Stunden.

Zeugnis

1. *Begriff:* Dem Arbeitnehmer oder Auszubildenden nach Beendigung des Arbeitsverhältnisses oder Berufsausbildungsverhältnisses vom Arbeitgeber oder Ausbildenden auszustellende Urkunde *(Arbeitszeugnis)* gemäß § 630 BGB, § 109 GewO, § 16 BBiG.

2. *Arten:*

a) *Einfaches Zeugnis:* Angabe von Art und Dauer der Beschäftigung. Nur auf Verlangen des Arbeitnehmers weitere Angaben, bes. im Hinblick auf den Grund der Auflösung des Arbeitsverhältnisses.

b) *Qualifiziertes Zeugnis:* Entweder auf Verlangen des Arbeitnehmers oder für Auszubildende auf Führung und Leistung ausgedehntes Zeugnis. Das Zeugnis muss auf das Verhalten und die Tätigkeit im Ganzen gestützt sein; einzelne für den Arbeitnehmer nachteilige Vorkommnisse oder Fehlleistungen sind nicht zu erwähnen. Ob und welche Eigenschaften und Leistungen im Einzelnen aufzuführen sind, bestimmt sich nach der Art der Tätigkeit (z.B. Ehrlichkeit des Kassierers, Verkaufserfolge des Reisenden, Organisationstalent des leitenden Angestellten). Angaben über Gesundheitszustand, Betriebsratstätigkeit oder außerdienstliches Verhalten nur auf ausdrückliches Verlangen. Das Zeugnis soll mit gewissem Wohlwollen ausgestellt werden, muss aber den Tatsachen entsprechen. Hat der Ausbildende die Berufsausbildung nicht selbst durchgeführt, soll auch der Ausbilder das Zeugnis unterschreiben (§ 16 BBiG).

3. *Anspruch des Arbeitnehmers auf Ausstellung* eines vorschriftsmäßigen (d.h. richtigen und für seine jeweiligen beruflichen Bedürfnisse ausreichenden) Zeugnisses, den er notfalls mit der Erfüllungsklage vor den Arbeitsgerichten durchsetzen kann.

4. Der Anspruch auf Erteilung des Zeugnisses ist zum Ende des Arbeitsverhältnisses zu erfüllen; davor besteht ggf. ein Anspruch auf Erteilung eines *Zwischenzeugnisses* (etwa bei Vorgesetztenwechsel), das bei Beendigung des Arbeitsverhältnisses gegen ein endgültiges Zeugnis auszutauschen ist.

5. *Anspruch auf Berichtigung:* Enthält das Zeugnis Unrichtigkeiten, kann der Arbeitnehmer Berichtigung verlangen. Lässt das Zeugnis in Formulierung und Inhalt eine negative Beurteilung zu, so muss sich diese auf konkrete Tatsachen beziehen lassen.

6. *Darlegungs- und Beweislast im Prozess:* Verlangt der Arbeitnehmer eine überdurchschnittliche Beurteilung (= besser als Note 3), obliegt ihm die Darlegungs- und Beweislast; möchte der Arbeitgeber eine unterdurchschnittliches Zeugnis (= schlechter als Note 3) ausstellen, obliegt ihm die Darlegungs- und Beweislast. Besteht bereits ein Zwischenzeugnis, so ist dieses bindend. Derjenige, der eine davon abweichende Beurteilung begehrt, ist für die Änderungen darlegungs- und beweispflichtig.

7. *Schadensersatzanspruch:*

a)   Des *Arbeitnehmers* bei schuldhafter Verweigerung oder Verzögerung der Aushändigung bzw. Ergänzung des Zeugnisses;

b)   des *neuen Arbeitgebers* aus der Erteilung eines falschen Zeugnisses, wenn der Arbeitnehmer im Vertrauen auf die Richtigkeit des Zeugnisses eingestellt, aber den Aufgaben des Arbeitsplatzes nicht gewachsen ist, sofern bewusst etwas Falsches bezeugt und damit gegen die guten Sitten verstoßen ist (§ 826 BGB). Dabei genügt auch schon bedingter Vorsatz, d.h. dass dem Aussteller bewusst gewesen ist, dass das Zeugnis geeignet ist, ein ganz falsches Bild von der Persönlichkeit des Bewerbers um einen neuen Arbeitsplatz hervorzurufen.

8. *Nachwirkende Fürsorgepflicht:* Der frühere Arbeitgeber ist auf Verlangen auch verpflichtet, eine wahrheitsgemäße und sorgfältige *Auskunft* über den früheren Arbeitnehmer zu erteilen.

Zielvereinbarung

1. *Begriff:* Individuelle Vereinbarung zwischen Arbeitgeber und Arbeitnehmer über zu erreichende jährliche Ziele mit Entgeltbezug. Je nach Grad der Zielerreichung erhält der Arbeitnehmer einen jährlichen Bonus. Ist vereinbart, dass der Arbeitgeber Ziele vorgibt, handelt es sich nicht um eine Zielvereinbarung, sondern um eine Zielvorgabe; der Arbeitgeber hat bei der Zielvorgabe die üblichen Ermessensgrenzen zu beachten.

2. *Vertragswidriges Nichtzustandekommen der Zielvereinbarung:* Kommt die Zielvereinbarung nicht zustande, so heißt das nicht, dass der Arbeitnehmer keine finanziellen Ansprüche hat. Vielmehr hat er einen

Schadensersatzanspruch, dessen Höhe die Arbeitsgerichte zu schätzen haben. Ein etwaiges (Mit-)Verschulden des Arbeitnehmers am Nichtzustandekommen der Zielvereinbarung ist anspruchsmindernd zu berücksichtigen.

3. *Mitbestimmung des Betriebsrats*: Eine Mitbestimmungspflicht des Betriebsrats kann sich aus § 87 I Nr. 10, 11 BetrVG ergeben.

Zulage

Teil des vertraglich vereinbarten oder freiwilligen Arbeitsentgeltes, die dem Lohn zugeschlagen werden, um bes. Gegebenheiten des Betriebes im Hinblick auf die Arbeitsverhältnisse und Arbeitsbedingungen gerecht zu werden.

Beispiele: Zulage aufgrund ungünstiger Arbeitsbedingungen (Erschwerniszulage), Zeitzuschläge (Mehrarbeitszuschlag), Zulage aufgrund der Lebenshaltung (z.B. Ortszuschlag), Zulage aufgrund persönlicher Verhältnisse (z.B. Sozial-, Familien- und Treuezulagen).

Hat sich der Arbeitgeber den *Widerruf einer* Zulage vorbehalten und ist die entsprechende Vertragsklausel wirksam, so kann er diese im Zweifel nur nach billigem Ermessen widerrufen. Ist ein Widerruf nicht vorbehalten, so kann der Anspruch nur durch Änderungskündigung beseitigt werden.

Zwischenmeister

Person, die die von Gewerbetreibenden (Industrie- und Handelsunternehmungen) übergebenen Arbeiten an Heimarbeiter oder Hausgewerbetreibende weitergeben, vgl. § 2 III HAG.

Printed in the United States
By Bookmasters